创业者结构洞与创业绩效

双元机会开发的中介作用

苗　领　孙晓曦　著

中国财富出版社有限公司

图书在版编目（CIP）数据

创业者结构洞与创业绩效：双元机会开发的中介作用 / 苗领，孙晓曦著. — 北京：中国财富出版社有限公司，2023.10

ISBN 978-7-5047-7995-3

Ⅰ. ①创… Ⅱ. ①苗… ②孙… Ⅲ. ①企业绩效—研究 Ⅳ. ① F272.5

中国国家版本馆 CIP 数据核字（2023）第 200195 号

策划编辑	郑晓雯	**责任编辑**	张红燕　张思怡	**版权编辑**	李　洋
责任印制	尚立业	**责任校对**	卓闪闪	**责任发行**	董　倩

出版发行	中国财富出版社有限公司		
社　　址	北京市丰台区南四环西路 188 号 5 区 20 楼	**邮政编码**	100070
电　　话	010－52227588 转 2098（发行部）		010－52227588 转 321（总编室）
	010－52227566（24 小时读者服务）		010－52227588 转 305（质检部）
网　　址	http：//www.cfpress.com.cn	**排　　版**	宝蕾元
经　　销	新华书店	**印　　刷**	宝蕾元仁浩（天津）印刷有限公司
书　　号	ISBN 978－7－5047－7995－3/F・3594		
开　　本	710mm × 1000mm　1/16	**版　　次**	2024 年 1 月第 1 版
印　　张	15.25	**印　　次**	2024 年 1 月第 1 次印刷
字　　数	258 千字	**定　　价**	59.80 元

前　言

随着国家“双创”战略的实施和发展，创新创业已成为国家稳定就业和实现经济高质量发展的重要举措。近年来，在国家大力推进和地方政府竭力扶持下，我国创新创业企业蓬勃发展，创业企业数量庞大，创业投资活跃。创业企业所处环境不断优化，创业型经济发展正处于黄金时期。但创业企业普遍在生存和发展等方面遇到困难，创业孵化成功率较低，创业企业在发展路径中缺乏持续成长动力的状况尤为明显。因此，当前阶段研究我国创业企业如何提升创业绩效具有重要的现实意义。

从理论上看，处于初创阶段的创业企业怎样有效提高生存和发展质量，已成为学者讨论的热门话题。近年来的研究中，学者们逐渐从外部的环境规制和政策环境等宏观视角转向人力资源和合作创新等微观视角，并重视企业家社会网络对创新绩效的影响。相较于组织架构、内部治理等因素在成熟企业中的地位，创业者在创业企业中发挥绝对的支配和主导作用。现有研究中，学者多聚焦于创业者的性别差异、内控性高低、对风险的偏好程度、成就动机等个体层面的特质和创业企业绩效的具体影响作用机制，但是如果将这些问题放在现实生活中去观察，创业活动的发起和后续的不同阶段是极具社会化的过程。在整个过程中，创业企业的创业者需要不断地开发、占据专属结构洞，这些极具社会化和网络化的结构洞对创业企业在绩效提升及未来发展都能起到十分重要的作用。

本研究聚焦创业的社会化和网络化，探索创业者如何有效开发、占据结构洞，最终对创业企业绩效提升产生影响，同时对影响机理中双元机会开发发挥的具体中介作用予以关注。除此之外，在整个创业过程中，创业企业必须时刻关注外部环境，因此在模型中还将对创业环境发挥的调节作用结合数据进行检验。

在对回收整理的有效问卷数据进行多元回归分析等实证检验的基础上，

本研究取得的主要结论有：一是在对创业者、结构洞、双元机会、创业绩效、创业环境等概念界定的基础上，划分结构洞、双元机会、创业绩效、创业环境的维度，开发多个题项测量量表；二是从三个维度（多样化、丰富化和受限制程度）检验创业者结构洞对创业绩效正向作用的显著性，以及一定的负面性；三是检验双元机会开发的两个维度（探索型创业机会和利用型创业机会）对创业者结构洞与创业绩效关系的中介协调性；四是验证创业环境两个维度（动态复杂型环境和宽松稳定型环境）的调节作用，动态复杂型环境与宽松稳定型环境对双元机会开发与创业绩效关系调节均具有显著性，因此创业者管理的创业企业应时刻关注创业环境的变化，并根据所处的环境制定双元机会开发战略。

本研究的贡献主要在体现以下几方面：一是构建创业者结构洞与创业绩效关系的研究模型，一定程度上丰富和完善结构洞与创业绩效的关系研究；二是开发创业者结构洞影响创业绩效的测量量表；三是开展创业者结构洞与创业绩效的内在作用机制研究，揭示结构洞、创业机会开发、创业环境三个维度对创业绩效的具体作用路径，一定程度上丰富和完善创业绩效前因变量研究，并为分析创业者结构洞如何影响创业绩效和创业机会开发提供新的视角，同时，为创业企业在不同阶段选择不同类型的创业机会指明方向；四是构建创业环境不同维度影响下双元机会开发与创业绩效关系研究模型，分别检验动态复杂型环境、宽松稳定型环境对双元机会开发与创业绩效关系的调节作用，帮助创业者拓宽创业绩效研究思路，同时，为创业企业在不同环境下如何进行机会开发活动提供建议。

本研究第一章至第三章由孙晓曦编写，第四章至第七章由苗领编写。

目　录

第一章　绪论

1.1　研究背景

当前，我国正在大力推进“大众创业，万众创新”双创发展战略。时任国务院总理李克强2014年9月出席夏季达沃斯论坛时提出要建设“大众创业，万众创新”的双创时代，特别指出要在我国960万平方公里的土地上掀起一个“大众创业”“草根创业”的新浪潮，形成“万众创新”“人人创新”的新态势，将创业活动的战略地位提升到了一个全新的高度。

但现实中，我国创业企业虽然表现得非常活跃，但创业成功率不高。创业企业普遍具有新创弱性①，在其他国家的经济市场中也普遍面临着“长不大、做不强”的窘迫处境。所以对于如何构筑竞争优势来帮助企业顺利跨越成长壮大时的瓶颈期，成为创业企业急需解决的现实问题。有数据显示，创业企业普遍存在经营周期较短的情况，其中有10%的企业小于1年，34%的企业为1～5年，23%的企业为5～10年，能够坚持10年以上的企业为33%。通过这些数据可以看出，在较短的创业周期内，创业企业在初创期能够凭借企业的机会开发能力和先期拉拢到的资源实现创业机会的商业化转换，这种商业化转换能够帮助企业获得短期的绩效回报与稳定的利润收入；可是从较长的周期看，创业企业必须构筑竞争优势才能应对外部环境动态变化与振荡对企业经营带来的影响，需要创业者具备一定的资源和关系对危机进行有效处理。

创业是在特定环境下，对创业者的所有资源进行整合利用，根据企业发展目标进行决策，承担风险以获取收益的活动。这需要创业者及团队拥有很强的获取信息和资源的能力。管理学科产生的主要驱动力量是集体活动的存

---

① 指新创企业缺少成熟企业所拥有的资源、人员及合法性以与供应商、顾客发展关系。

在和需求，研究对象主要是组织活动。大企业和相对规范的经营管理工作需要靠组织的力量来完成。创业活动不同，特别是初期的创业活动更多地靠个人的力量和智慧。长期以来，一种普遍的认识是创业的成败主要取决于创业者的个人禀赋和资源积累。目前，学术界争论甚至驳斥创业成败取决于创业者天赋的论断，不是否定创业者的作用，而是关心创业者所具有的品质与技能是否为天生的，是否能通过自主学习或后天培养获得。

创业是创业者在高度资源约束的情况下开展的商业活动。大多数创业者都经历了“白手起家”的过程。一些创业活动十分活跃的地区，一定程度上并不属于资源丰富的地区，如浙江温州。怎么会出现这样的情况？实际上是由多方面的原因共同造成的。现实生活中，创业经常是将一些不可能的事情变为可能。生活中会有一些事情大家普遍认为是不可能实现的，因此这些被认为是天方夜谭的事情，投资方自然也就不愿意主动提供本就稀缺的资源给创业者去冒险。另外，个人和单一的组织所拥有或能收集笼络的资源是十分有限的，这样就会造成创业者在创业初期只能筹措到十分有限的资源，因此不得不选择白手起家。由于资源有限，创业者要在创业过程中不断寻找、开发那些不需要大量资源投入的机会，并利用这些机会开展创业活动，最终的结果是大多数的创业活动都不需要很高的启动资金。创业活动的这一特点会给创业者带来完全不同的结果：一部分创业者会因为资源受到极大的约束而直接选择自力更生，会选择不向银行贷款，但这会极大地影响企业未来的发展空间；一部分创业者会为了摆脱资源约束的困境，在创业过程中积极探索出创造性整合资源的新机制，并将其作为成功创业的重要保证。

创业是在高度不确定的环境中开展的商业活动。高度不确定性是创业活动最突出的特点。肇始于40多年前的中国改革开放也是典型的创业活动。回顾改革开放历程，“摸着石头过河”“不管白猫黑猫，捉住老鼠就是好猫”这两句话给人们的印象很深刻，许多创业活动也是这样开展的。为什么要这样做，而不是按照明确的目标，有计划地开展创业活动？因为创业者面临着高度不确定性。

第一，颠覆性、创造性和混乱的状况难以准确计划和预测。计划和预测只能基于长期稳定的运营历史和相对简单、静态的环境，这些条件是创业者及创业企业不能企及的。创业是开拓新事业的过程，很多情形都不可知，即使是有过创业经历的创业者，也不可能直接将过往的经验简单复制到新一次创业中。当然，大企业所面临的环境也是不确定的，但大企业运用自身的资源优势和丰富的经验等，能够降低不确定性，创业企业由于自身的缺陷和外部条件的制约，所面临的不确定性更强。

第二，顾客是谁、顾客的价值何在等都是未知数。创业存在的必要性是借助向顾客提供利益来创造价值，离开顾客谈创业没有任何意义，但是很多情况下，顾客并不清楚自己需要什么。亨利·福特借助汽车的制造和销售改变了世界，他回忆说："如果当年我去问顾客他们想要什么，他们肯定会告诉我需要一匹跑得更快的马而不是汽车。"苹果公司的创始人史蒂夫·乔布斯的认识更加透彻，他指出，消费者并没有义务去了解和调查自己的真实需求，任何一名消费者都是只知道自己的抽象需求，如好吃的、好看的、舒服的、暖的、冷的、好的、坏的等。需要把抽象的需求具体化，把潜在的需求显现化，把缓慢的需求紧迫化，把片面的需求全面化，把次要的需求重要化。著名管理学家彼得·德鲁克则强调企业存在的唯一目的就是创造顾客。

第三，模糊性和快速变化的不稳定性。创业的最终结果不可预知，严格地说，创业者很可能无法做出科学的决策。另外，不确定性还具体表现为不连续性，即今天可能发生的状况并不是昨天的延续，二者之间是没有具体联系的。不连续性在现实中的表现往往是快速变化的。

随着企业内外部环境的复杂化和动态化，企业在实践中经常会因为环境因素面临左右为难、举步维艰的局面。造成这一局面的主要原因是创业企业在创业过程中的各影响因素之间会产生一定的冲突，如探索与利用、竞争与合作、长期目标与短期目标、稳定与变革等。相应地，创业理论、结构洞理论也逐渐成为管理理论的重要分支。在研究深度方面，严亚兰等（2019）发现，1992—2019年，管理学领域各主题的结构洞研究存在明显的持续上升趋势。这些研究整体来说可以归纳为三个主题，结构洞的定义和内涵、发挥的效应以及具体应用。所以也就可以看出，利用结构洞理论来研究和提升创业者的创业成功率具有一定的现实依据。

社会网络已成为开展创新活动的重要前置因素。在创业过程中，创业者开展整合、搜索、学习等一系列创新活动的重要特征主要在于其不断利用自身具备的能力或社会关系，从企业所处的外部环境中搜寻新的技术解决方案；同时，对企业内部的有关资源进行有效整合，在创业过程中持续不断地增强自身的创造能力和社会关系网络；此外，随着创新难度的提高，跨越边界的协同创新也越来越常见。

随着学术界对于社会网络研究的不断深入，社会网络作为研究构建的理论模型中影响创新的一个重要前置变量，已经得到学者们的充分认可。其中，社会网络具备的一些特征，如合作伙伴数量、合作形式、控制结构、时间范围和关系密度等，将推动不同形式的协作，并最终对创业绩效产生不同程度的影响。Demirkan（2012）在对1990—2016年生物技术行业创新的研究中发现，企业的创新（如专利和技术）与创新领军人物间的交流和生产知识的社会网络密切相关，某些网络特征如参与者之间关系的质量可能会对知识交流产生深远的影响，从而影响企业的专利产出。网络和特定关系资源可以帮助市场中的任一企业或组织获取通过市场交易可能无法得到的特殊资源，继而最终影响其竞争优势。已有的实证研究表明，社会网络特别是其特征，是影响企业、团队资源获取、能力等多方面的重要变量。

美国著名学者Burt（罗纳德·伯特）在《结构洞——竞争的社会结构》一书中率先提出结构洞理论（Structural Holes）。Burt认为可以结合结构洞理论研究人际网络的结构形态，帮助人们分析什么样的网络结构能够为网络行动主体带来更多的利益或更高的投资回报。该书中，Burt认为结构洞具体指的是社会网络中存在的空隙，即在任意一个社会网络中某些个体间能够发生直接联系，但与其他个体不能发生直接联系，换句话说，即没有直接关系或存在关系间断的情况，从宏观上看就好像网络结构中出现了一个洞穴。因此，在二者缺少直接联系的情况下，必须通过网络中的第三者来辅助二者建立联系，那么第三者就在这个关系网络中占据了一个结构洞。可以看出，任何一个结构洞是针对第三者来说的。Burt还认为，对于任意一个行动主体来说，在网络中占据的位置比关系的强弱程度更重要，在网络中占据的位置决定了该主体掌握的信息、拥有的资源和权力。所以，无论关系强弱，如果在网络中存在任意一个结构洞，那么将没有直接联系的两个行动者联系起来的第三者就会因为该结构洞最终拥有信息优势和控制优势，结构洞能够为第三者提供更多的服务和回报。因而，Burt认为个人或组织如果想在竞争中始终保持特殊优势，就必须努力尝试建立更广泛的联系，以帮助自己占据更多的结构洞，继而从中掌握更多的一手信息。

随着对这一主题研究的不断深入，社会网络从单一的个人属性逐步拓展到团队、组织属性，目前，个人或企业团队的社会网络如何影响探索型创业机会和利用型创业机会尚未得到充分解决。个人或企业团队的社会网络作为关系形成的网络结构，体现了成员间以及与外部其他网络参与者正式或非正式的关系。Choi和Lee（2016）、龙静（2015）等学者的研究也表明，个人或团队的社会网络是一切社会资源的载体，是信息、资源、情感等交换与流通的渠道，社会网络可以对个人或团队学习、知识交流等行为产生深刻的影响，并最终会对组织团队绩效产生积极的影响。结合结构洞理论开展研究能够将前置影响因素归于一个具体的理论范围内，更有利于学者或有关企业结合现实问题进行研究分析。同时，学者们普遍认为创业作为一种商业活动具有较强的特殊性。

但是从现实生活中的案例可以看出，行动个体占据结构洞数量的增多，并未能带来人们意想中与之匹配的创业成功率，我国创业企业也没有爆发出井喷式的成长态势，并且在市场中甚少有独角兽企业出现。与此同时，反观创业企业在社会发展路径中的具体实践过程，可以看出创业企业普遍有生存能力低下的情况，导致最终出现“拥有多且丰富的社会关系，却无法将社会关系成功转换成必要的创业资源”的窘境，这是我国创业企业成长和发展过程中普遍面临的主要问题。这些现象的本质是其深层次中隐匿的高投入与低回报不匹配，最终引发对一个重要问题的研究和深入思考：创业者应该如何重视结构洞发挥的影响效应，才能使这种效应通过创业机会开发作用于创业企业的成长和生存？最优的路径机制又是什么？相关数据显示，在创业者群体中，74%的人开发结构洞的目的在于结构洞能够帮助其获取创业过程中的稀缺性资源，但是从结构洞丰厚的资源支持与创业企业成长的反差现实困境可以看出，结构洞虽然能在一定程度上弥补创业企业面临的资源窘境，但是仍然难以缓解创业企业外部环境的动态变化对创业机会开发与创业绩效的影响。研究创业者创业成效中四个重要维度，揭示与优化其中的路径和机制，对于创业企业的生存和成长尤为重要。

创业成效三维度模型包括机会开发、整合资源（网络结构）、创造价值（创业绩效），能够充分反映出创业活动的主要特征，如资源高度约束。该定义对环境不确定性关注不够，所以在后续的研究中才会考虑验证创业环境的调节作用，并且可以结合该背景以及创业过程的蒂蒙斯模型引出创业者创业绩效三维度研究框架（见图1–1）。

综上所述，创业企业要想有一个良好的创业绩效表现离不开两个重要因素，即创业者结构洞及双元视角。这也是进一步探索开发两者间具体机理的背景。

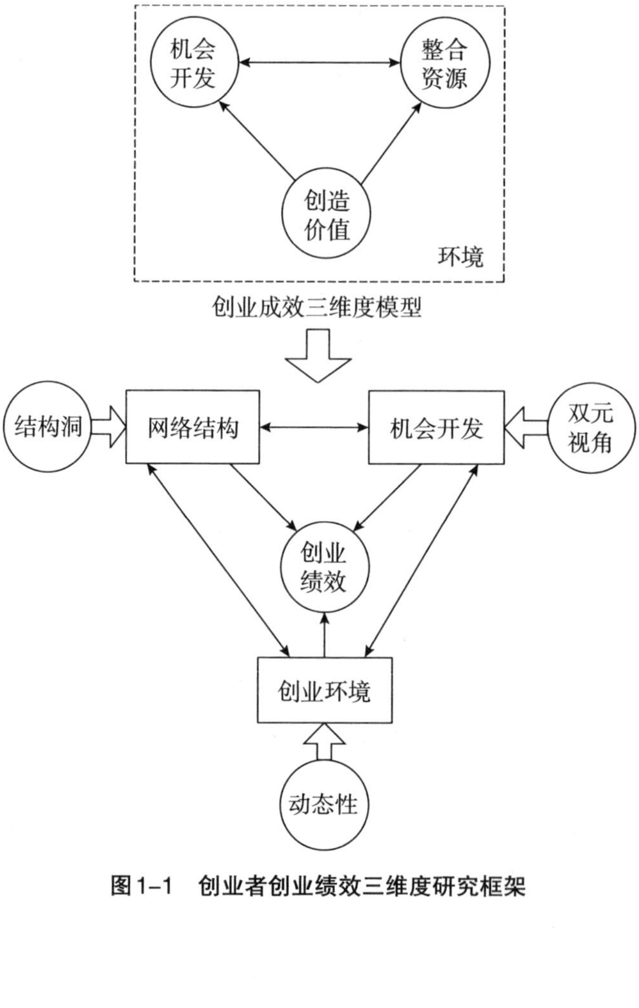

图1–1 创业者创业绩效三维度研究框架

1.2 研究目标

结合上文的分析研究及相关背景，本研究主要是基于创业企业绩效低、创业失败率高的现实问题，进一步分析结构洞、不同类型的双元机会开发与创业企业生存、创业绩效三者之间的关系，以帮助创业者改善创业企业的创业绩效。具体研究目标主要体现在以下三方面。

第一，构建“创业者结构洞—双元机会开发—创业绩效”理论模型。通过问卷调查回收、整合数据，并应用实证数据检验创业者结构洞、双元机会开发与创业企业绩效三者之间的关系。在充分回顾研究文献的基础上，遴选出可能对创业绩效产生影响的前因变量，进而构建“创业者结构洞—双元机会开发—创业绩效”理论模型，把人们在创业管理中遇到的现实问题转化为理论研究层面的问题；深度解析结构洞通过双元机会开发对创业企业绩效产生影响的机理。分别将理论模型中涉及的每一个变量细分成具体研究维度，综合探讨不同维度对创业企业绩效的影响关系。通过研究帮助创业者更好地通过开发结构洞获取更多的创业机会，并继而影响创业企业不同方面的绩效表现。

第二，构建“双元机会开发—创业环境—创业绩效”有调节的中介效应模型，同时在理论模型搭建中识别双元机会开发影响创业绩效的调节变量。笔者在撰写本书时，希望能够通过具体研究的开展，证明创业环境是双元机会开发与创业企业绩效两个变量之间的重要调节变量，帮助政府相关部门在制定、出台创业扶持政策以及管理创业企业等方面提供参考。

第三，探讨最有助于提高创业成功率的影响因素及内涵。结合 SPSS（社会科学统计软件包）、AMOS（使用结构方程式探索变量间关系的软件）、UCINET（网络分析集成软件）等数据分析软件，对样本数据进行基本的统计分析和结构方程模型分析，验证研究提出的假设关系，挖掘创业企业绩效背后的本质，并结合假设关系的验证结果进行深入的分析和探讨，为创业者提高创业成功率以及管理创业企业提供相应的参考。

1.3 研究意义

本研究聚焦创业者占据结构洞开发、积累社会资本，对结构洞的内涵、维度和发挥的作用进行分析研究，同时结合调查问卷收集数据进行实证研究，分析其对创业企业成长绩效和生存绩效的影响效用，以及外部创业环境发挥的调节效应等，研究意义可以归纳如下。

（1）对于创业者社会网络资本中的结构维度与创业企业成长之间的关系，大部分学者仅从宏观层面进行研究，这就可能造成在研究设计里缺乏对创业路径中掺杂的整体性与互动性的考虑，研究结构洞的丰富性以及多样性和受限制程度会帮助学者更好地拓宽研究视角。本研究在回溯已有研究文献的基础上，从创业者在双元机会开发时作出的决策出发，对结构洞与创业绩效的作用机理进行分析，同时尝试对结构洞的研究维度进行划分和定义，结合搭建的理论模型着重探讨不同维度与创业企业生存绩效和成长绩效之间的关系，有利于弥补已有研究中存在的某些缺陷，并进一步完善结构洞、组织双元、创业等基础理论。具体体现在以下三方面。

一是不同于大部分学者选择企业组织的角度作为研究切入点，本研究从个体的角度出发，有助于弥补现有研究中存在的不足。通过问卷调查的方式收集实证数据来验证作用机理，完善与丰富双元机会开发理论在创业企业生存绩效和成长绩效方面的研究。二是结合社会关系网络研究领域中的结构洞理论，深入探究影响创业绩效的因素。通过分析创业者结构洞，将其细分为丰富化程度、多样化程度、受限制程度三个研究维度，着重探讨这几个研究维度对创业企业生存绩效和成长绩效的影响，为创业者选择开发结构洞提供参考依据。三是本研究构建的理论模型把创业企业所处的外部环境作为重要的内生因素。同类型研究经历了“平台论”“因素论”“系统论”几个阶段，目前还在不断深入探讨的阶段。可是现有研究对于企业所处的不同属性的创业环境对创业企业生存和成长之间的影响机理的探索还不够深入，单单把环境中的某一特定属性产生的影响作为研究重点，缺少完整、系统的研究。综上，本研究会在研究过程中将不同属性的创业环境作为重要的情景变量，与研究搭建的理论模型有机地结合在一起，并采用实证分析来验证理论模型的合理性。

（2）本研究整合“探索—利用和技术—市场分析框架”，在创业者开发结构洞中三个研究维度的背景下，探索创业企业如何在技术和市场两方面寻求双元机会并分析其对绩效的影响。通过分析不同环境下的创业者机会选择问题，指导创业者在不同环境下构建组织双元性，从而实现资源、信息、企业行为与环境的匹配。

一是帮助创业者开发不同类型的双元机会，改善创业绩效。将创业环境因素的影响纳入模型研究，为创业者针对不同属性的创业环境采取不同的发展策略提供理论层面的参考依据。

二是为地方政府更好地打造创业型城市、发展创业型经济提供思路，为创业企业的成长营造良好的创业环境氛围。创业企业相对于那些成熟的大中型企业来说，一般对于开发合适的机会更有欲望。同时，在双元机会开发过程中，更多的是创业者与外部资源网络的互动，最终形成企业内部的竞争优势。这个资源交换过程一定会受到企业所处创业环境的影响，本研究最终取得的结论有利于政府部门在改善创业环境时能够从理论层面获得一些启示。

综上所述，本研究基于一定的现实背景与理论背景提出，具有一定的理论和现实意义，希望能为创业企业的成长和生存发展提供理论上的支撑和实践指导。

1.4　研究框架与研究内容

本研究框架如图 1–2 所示。依据研究框架，本研究共分为七章，每章的具体研究内容如下。

第一章，绪论。本章的主要目的是要先明确本研究的核心问题是什么，同时结合现实背景和理论背景来说明这个研究问题的重要性，以及如何通过合适的研究手段和方法来找出该研究问题的解决办法。所以本章节的内容主要从以下几方面展开：第一，综合论述该选题的现实背景和理论背景，并在论述的基础上提出本研究的核心问题；第二，对本研究的理论意义和现实意义进行论述；第三，基于以上两个步骤，根据本研究的核心问题，进一步细化并提炼研究内容，同时构建本研究的框架；第四，结合前面几个步骤选择了合适的研究方法，主要是为了能够保障最后得出的结论具有科学性、可验证性和可重复性。另外，还对本研究想要最终达到的目的和可能产生的创新点进行了阐述。

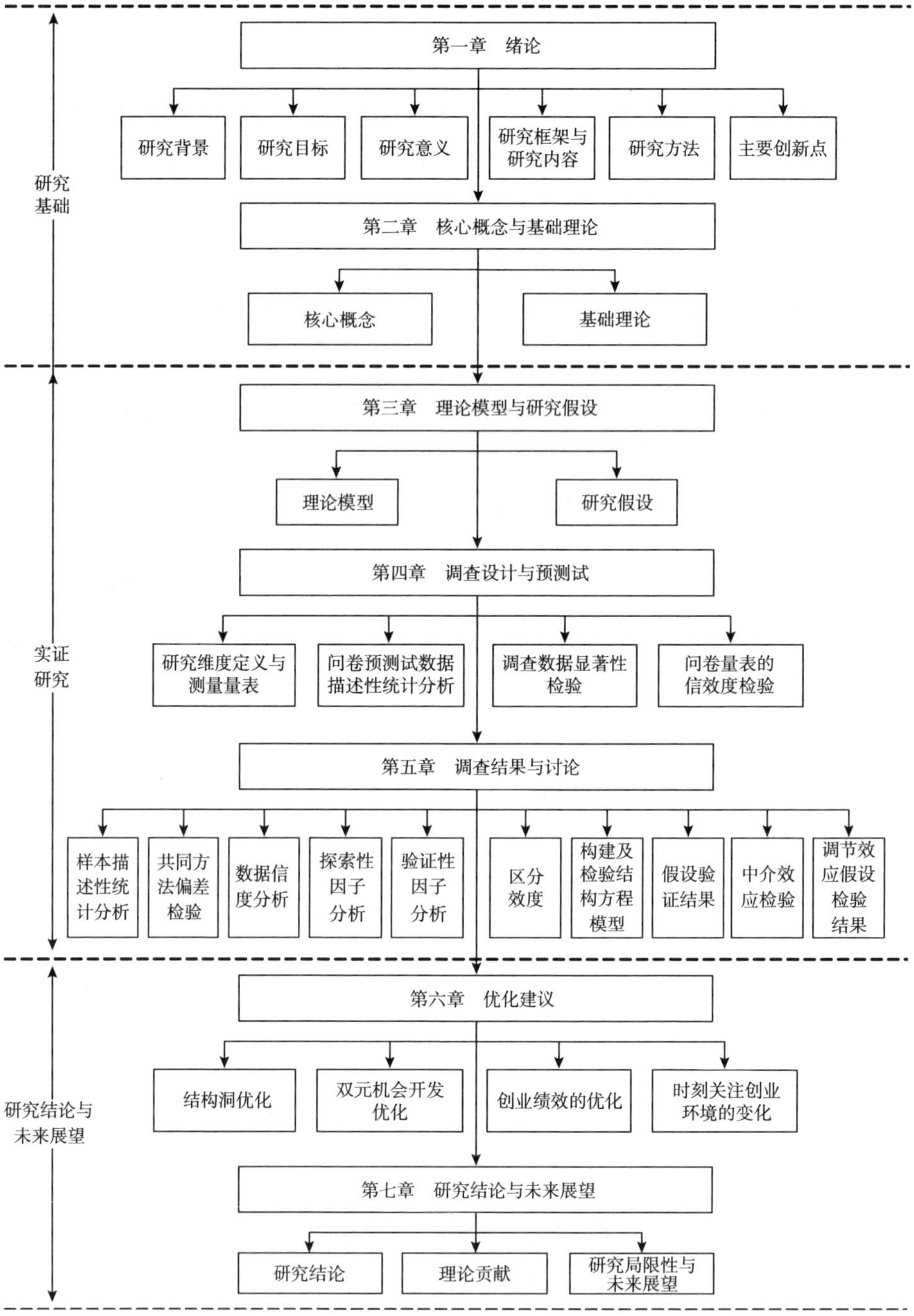
研究基础
第一章 绪论
研究背景
研究目标
研究意义
研究框架与研究内容
研究方法
主要创新点
第二章 核心概念与基础理论
核心概念
基础理论
实证研究
第三章 理论模型与研究假设
理论模型
研究假设
第四章 调查设计与预测试
研究维度定义与测量量表
问卷预测试数据描述性统计分析
调查数据显著性检验
问卷量表的信效度检验
第五章 调查结果与讨论
样本描述性统计分析
共同方法偏差检验
数据信度分析
探索性因子分析
验证性因子分析
区分效度
构建及检验结构方程模型
假设验证结果
中介效应检验
调节效应假设检验结果
研究结论与未来展望
第六章 优化建议
结构洞优化
双元机会开发优化
创业绩效的优化
时刻关注创业环境的变化
第七章 研究结论与未来展望
研究结论
理论贡献
研究局限性与未来展望

图1-2 研究框架

第二章，概念界定与基础理论。通过第一章中得出的研究问题，结合中国知网、Web of Science（WOS，信息检索平台）等文献数据库，整合有关研究文献来界定本研究涉及的核心概念和内涵，即创业者、结构洞、双元机会、创业绩效、创业环境等，并系统性地回溯分析了创业理论、结构洞理论、组织双元理论的发展脉络。这一章的主要目的是结合研究基础文献对本研究中涉及的基础理论进行回溯整理分析，在文献的基础上给出不同概念名词的定义，为后续建构的理论模型提供支撑。对学者们围绕结构洞、双元机会开发、创业绩效、创业环境等理论的研究文献进行系统性回溯梳理，并对研究进行述评，发现现有研究中存在的不足，从中找出可以继续进行探索挖掘的研究主题，最终为本研究建立理论框架提供扎实的理论基础。主要从以下三方面进行：第一，从中国知网、万方数据知识服务平台、Research Gate（科研社交网络服务网站）等文献数据库搜集关于结构洞、双元机会、创业绩效和创业环境等相关的研究文献，并系统性地对现有研究文献进行编码、梳理、回溯；第二，试图对现有研究中所用到的方法和研究问题进行总结归纳；第三，在前面回溯文献的基础上试图提炼和归纳出现有研究的局限之处，为后续的理论建构提供强有力的支撑。

第三章，构建理论模型与提出研究假设。基于基础理论和整理回溯的文献综述，本章尝试建构概念模型和理论框架，从以下三方面展开：第一，结合相关的基础理论，如结构洞、创业环境、组织双元等基础理论，建构本研究的概念模型；第二，利用整合分析研究文献，对模型中创业者结构洞、双元机会开发、创业绩效、创业环境等变量关系进行推导，并基于此总结和提炼模型；第三，比较研究文献中的模型与本研究提出的理论模型，并完善修正得出最终的理论模型。紧接着主要是提出研究假设。这一部分是本研究的核心，主要围绕以下五个研究问题开展：一是结构洞是否为创业者开发创业机会的重要影响因素？二是创业者结构洞是如何通过影响创业机会开发最终作用于创业绩效的？三是创业者结构洞的三个维度对探索型创业机会和利用型创业机会的开发发挥着何种作用？四是创业环境是否能够在结构洞与创业机会开发的关系上发挥调节效应？五是双元机会开发是否能够在结构洞影响创业绩效过程上起到中介作用？目的是揭示创业者结构洞在创业企业成长和发展中发挥的作用，以及双元机会开发和创业环境对创业企业创业效果产生的具体影响。基于以上这五个核心问题，首先，结合相关文献进一步分析了创业者结构洞和双元机会开发间的关系，并以此为基础提出相应的假设；其次，探讨双元机会开发与创业绩效二者间的作用关系，并提出相应的假设；接着，深入分析了创业者结构洞对创业绩效产生的影响，并结合文献提出相应的假设；然后，着重探讨创业环境对双元机会开发行为和创业绩效的调节作用关系，并结合有关文献提出相应的假设；最后，剖析双元机会开发在创业者结构洞和创业绩效间的中介作用，并提出相应的假设。这一章的内容为本研究假设的提出奠定了理论基础，提供了理论指导。

第四章，研究设计。本章的有关内容主要是基于前面罗列出来的研究内容和建立的理论模型展开的。本章主要设计了有关研究方法，紧接着结合预调研对实证研究中用到的测量题项进行优化删减。第一节主要是对本研究的样本选择、调研对象、问卷设计过程、变量度量进行详细的阐述说明；第二节主要罗列的是围绕本研究涉及的相关变量，结合有效问卷搜集来的数据，经过SPSS软件处理分析后得到信度、效度和项目分析结果；第三节根据上一节得到的有关分析结果，找出其中不适用于本研究的测量题项，对题项进行优化删减，最终形成本研究所用的正式问卷。

第五章，实证分析与结果讨论。本章主要是利用回收整理的有效问卷数据，对样本数据结合SPSS、AMOS数据处理软件，借鉴和利用诸如多元回归分析等实证研究方法，检验本研究在第四章中提出的所有研究假设。主要步骤有：第一，运用样本数据的描述性统计分析、Pearson相关分析以及多元线性回归分析等方法，验证研究提出的相关假设；第二，经过第一步的验证，主要展示了实证分析的相关结果；第三，基于前面两个步骤，阐述总结最终研究假设验证结果。

第六章，具体优化办法。通过实证研究得到的结果和相关学者提出的观点，提出创业者在结构洞、双元机会开发选择、创业绩效、创业环境等方面可行的优化办法，并结合实证研究证实的假设，提出创业者应该在经营创业企业过程中关注哪些方面的创业要素，以及在不同环境要素中如何帮助创业企业获得稳定的收入。

第七章，研究结论与未来展望。本章主要总结整理本研究结束后得出的相关结论，列出对理论产生的贡献，以及创业者管理创业企业的注意事项，总结调研和研究过程中数据处理分析方面存在的局限性和不足。最后在研究的基础上，进行合理的未来展望。

1.5 研究方法

围绕研究问题、内容，本研究主要采用以下方法。

第一，实证分析法。在前面几章的内容里会分析相关理论文献，并推演搭建研究用到的概念模型。在确定研究模型后，结合概念模型确定研究要用到的测量工具，并确定调查所用的测量题项，之后通过小样本预测试对调查问卷的题项进行优化删减。随后，选择合适的调研对象以及通过不同的途径发放正式问卷。成功回收、整合问卷数据后，结合SPSS、AMOS等数字分析软件对理论模型中各个变量之间的关系进行系统性检验，这样做主要是为了检验研究提出的相关假设，证实结构洞对创业绩效的影响机理。在研究中，还应综合考虑不同创业环境属性特征发挥的调节效应。

第二，文献回顾研究法。第二、三章的主要内容是回顾和整理分析相关文献，同时界定核心概念，对结构洞、创业以及组织双元等基础理论进行回顾并总结梳理，能够对与本研究相关联的研究前沿有一个系统性的了解，并从现有研究中发现其中存在的缺陷和空白，在此基础上为本研究选定一个可行性高、价值性强的研究方向。通过回顾研究文献可以初步确定各个维度之间的关系，分析其与创业企业绩效的关系机理，并最终在理论推演的过程中，构建出结构洞、双元机会开发、创业环境与创业企业绩效的理论研究模型，提出需要用数据验证的研究假设。

第三，半结构访谈法。创业理论与本书提出的研究假设应当与创业的实际情况紧密结合，避免出现脱节的情况，才能真正意义上做到理论指导实践，从而使本研究具有较强的实践指导性，同时能为后续的问卷变量维度设计提供参考。因此，本研究选择通过半结构访谈法在创业实践中找到合适的案例企业进行实地访谈，对理论模型的可行性和可信度进行具体验证。在与案例企业的创始人及员工的访谈过程中，结合企业创始人的真实感受对问卷的有关测量题项（结构洞、双元机会开发、创业企业绩效、创业环境）进行修改完善，尽可能地使问卷题项通俗易懂。通过对该方法的灵活运用，还可以对变量间的逻辑关系进行深度探究。通过访谈掌握的一手数据，计算出企业的结构洞指数并找出其在运营中存在的实际问题，为后续问卷设计奠定扎实的实践基础。

1.6 主要创新点

本研究主要在以下三方面体现一定的创新性。

第一，基于结构洞理论、创业理论、创业企业的相关特性，以及在整个创业活动中具体显现出的互动性，建构了结构洞的研究维度。在研究中，基于创业企业自身具备的基础特性，认为创业者在企业绩效表现中起到十分重要的作用：在回顾研究结构洞理论的基础上，发现在整个创业活动中，创业者作为创业企业的核心需要不断地与外界进行各方面的交流互动，创业者占据的结构洞数量、种类及受限制程度，将直接影响创业企业在不同方面的绩效表现。本研究在充分回顾已有研究的基础上，将结构洞的研究维度进一步深化。在结构洞理论的基础上，重点分析其内涵中三个维度对解决创业企业在绩效表现上的具体问题，有效地帮助创业者更从容地面对创业资源短缺与创业机会开发等问题，为结构洞理论的具体应用提供了新的范围以及新的研究思路，也为学者研究创业绩效提供了新的切入点。

第二，基于组织双元理论，推演构建了创业者结构洞的作用机理理论模型。本研究认为，创业企业在不同方面绩效表现的重要决定因素是能够从外界获取足够的资源来支撑创业机会的开发，在借助创业理论和结构洞理论以及组织双元理论的基础上，结合创业企业的相关特征，从创业者结构洞这一个体层面将创业机会划分为探索型创业机会、利用型创业机会两个维度，构建创业者结构洞与双元机会开发的理论模型，探讨创业者结构洞的作用机理，并通过实证数据证实创业者结构洞的三个维度对创业机会均产生一定影响。本研究从创业者个体层面的角度对结构洞具体作用机理进行深入探索，从而补全完善结构洞理论与创业绩效的关系链条，在现有研究基础上持续深化学者对结构洞理论的认知。

第三，从创业环境主题中的基础理论出发，将创业环境作为重要的情景要素融入双元机会开发作用机理的理论模型中。在研究中，构建双元机会开发对创业绩效影响的研究模型。除此之外，在系列研究的基础上，基于创业情景理论，探讨不同创业环境属性对双元机会开发的调节作用机理。在此基础上，本书会在研究过程中，将企业外部的创业环境与内部的双元机会开发作用机理有机结合，从不同方面分别阐述不同创业环境属性均有利于双元机会开发、提升创业企业绩效，并通过搜集数据来验证研究提出的假设，这对于企业资源观的丰富以及创业理论的发展具有十分重要的意义。

第二章　核心概念与基础理论

2.1　核心概念

2.1.1　创业者

12世纪古法语中的Entreprendre一词是创业者最早的出处，词典中对该词语的解释是承担风险的人。经济学家Cantillon在其著作《商业性质概论》中将Enterpreneur引入经济管理研究领域，他根据研究掌握的相关情况界定了创业者的具体概念。此概念认为，任何一名创业者都可以被看成组织生产经营且在面临风险的情况下勇于作出最终决策的人。在Cantillon界定了创业者的具体概念之后，一部分学者开始在研究中对创业者的有关问题进行重点探索，并尝试从不同研究角度、利用不同研究方法，对创业者作出更为合理的解释和说明。

20世纪经济学领域的天才学者Schumpeter（1934）主要通过对创新的研究和分析，重新对创业者在企业创新中的作用进行了界定。在定义中，Schumpeter认为创业者可以完全主导其所经营企业中的所有创新活动，而且可以最终将这种活动进行成功的商业化转换。企业能够通过这一转换打破原有的市场壁垒，并可以在现实中将其转化为企业的经济利益。此定义将创业者作用从组织企业经营、进行决策并承担风险细化到主导企业创新和实现创新后的商业化进程。

Cromie等（1993）在所做的研究中参考了Donckles等（1987）取得的研究结论，从创新性和建立实体方面定义创业者：没有先前经验并至少建立或拥有一家或几家企业的个体就可以被认为是一名创业者。Bruyat等（2001）结合研究结论从创业者发起整合资源的功能角度，认为创业者就是创业创造的主导者，是在现实生活中可以将各种资源组合起来之后，利用这些资源来创造新价值的主导者；如果没有创业者发起的资源整合，也就无法实现新价值的创造。在这几位学者之后，Drucker和Maciariello（2004）对这一名词进行研究后认为，创业者其实是一种在生活和创业过程中不断寻求突破和打破现有规范的人，这种观点也是对创新性工作观的认可。另外，这两位学者还在给出的定义中认为创业者普遍具有寻求改变的特质，所有的这些特质其实本质上都和创业者所从事的创新性事业密不可分。Turner和Nguyen（2005）在研究中认为，创业者是十分善于利用各种可获得性资源来帮助企业作出正确决策的领导者，这支持了整合资源观。Freiling和Laudien（2013）在研究结论中系统性地总结了创业者的有关特点，在给出的定义中认为创业者普遍具备四个方面的特征：善于组织管理资源并敢于承担不确定的风险；能够准确识别市场机会并从中获得可观的利润；普遍具有百折不挠的创业精神；能够选择并利用合适的时机来帮助企业转嫁承担的风险。这两位学者认为只要具备这四方面特征的人都可以被称为创业者。以上四方面的创业者特征不仅关注创业者创业精神、识别机会、承担风险、获取盈利的特质，更注重创业者自身经营决策能力，而忽视了创业者需要与外界资源与环境进行交互的动态需要。

Kirzner（1978）则选择将创业机会作为研究的切入点，结合创业理论定义创业者。他认为创业者就是能够识别市场中潜在的创业机会，并且根据创业机会来调用早期积累的各种创业资源，最终能够通过这一过程获得可观利益的人。这种观点关注到创业者个人特征论与资源整合论的结合。Schumpeter（1990）在研究结论的基础上，赋予创业者打破已有经济均衡状态的“破坏性创造力”，在提出的主要观点中表述了对创业者职能角色的考察应该脱离生产组织进行，而且这一工作必须是以经济体系运行为背景开展的。这将视角从创业者个人身上扩大到创业者进行创业活动需要依赖的整体经济环境和经济运行体系。

可以看出，以上这些学者在先后进行的研究中将创新形象比喻成一场颠覆式的革命，普遍认为创业者是“通过利用一种新发明，或者是更直接地利用一种未经验证的技术可能性来帮助企业生产新的商品，或者是利用新的方法来生产旧商品；另外，还会选择开辟原料供应的新来源或开辟产品在市场中的新销路；并会通过改组工业结构等手段来达成改良或彻底改革生产模式的目的”。在研究中，学者们还指出“创业可以被看作经济过程本身的主要推动力之一”。

上述的这些定义也帮助创业者顺理成章地成为经济体系的重要解构者。在后续研究过程中，有学者将创业者定义为新冒险的寻觅者（Ahmed，1985；Begley和Boyd，1987；Gatewood等，1995）。也有学者将其定义为小型生意的拥有者（Sheng，2020）。还有学者认为，创业者是在创业之初就有坚定的愿景，能够在创业的全过程中始终保有一颗强烈的企图心，在任何情况下都懂得利用一切可以利用的机会，并且在企业内部是愿意主动承担事业运作过程中全部或大部分风险的人（Amore等，2020）。

德鲁克提出创业就是一种敢于不断尝试、打破常规的创新精神。在此之前，熊彼得在1912年出版的《经济发展理论》一书中认为，创业是创业者能够依照自己的真实想法及努力工作在经济市场中开创一个新事业，并提出了五种创新理念。其中主要包括创立新的公司、在组织中成立新的单位，以及面对消费者群体提供的新产品或新服务等，这些行为都会帮助创业者实现自己的理想。如果抛开一切主观因素，从客观层面分析创业，其本质主要是一种无中生有的历程。在整个历程中，只要创业者能够具备求新、求变、求发展的心态，并以创造新价值的方式为新事业创造出源源不断的利润，此过程中就会饱含创业精神（Shames，1974；Siropolis，1990）。

除了上述几点内容，创业行为是在一个时间段内由个人或团队发起的一段持续性的过程，是创业者在分析并识别潜在创业机会的基础上，充分调动并利用可控资源对该创业机会进行成功开发，以及后续对其进行持续综合管理的一系列活动（Feng和Chen，2020）。具体指的是为了能使新组织成长壮大而实施的任务组合（王秀峰，2016），创业者能在这种任务组合的全过程发挥资源整合、识别和成功开发创业机会的关键作用，因此也就顺理成章地在创业企业中占据核心地位。

Venkataramen等（2012）界定了创业研究在管理学领域中的具体范畴，为后来创业理论的发展起到指引作用。根据这一范畴的指引，学术界中开始有越来越多的研究者把研究的核心问题聚焦于创业者与创业机会之间的关系。这两名学者在研究中认为，创业是一种“在不拘泥于当前资源条件限制下对于机会的捕捉和利用”的冒险尝试行为。创业研究在管理领域中的研究视角突出强调创业活动的核心实际上就是创业者有意识的战略选择过程，反映了创业者在一定环境下的较优战略选择。在关于此类研究取得的结论中，战略学派的学者们普遍认为创业绩效提升的关键在于创业者开发机会、制定形成发展战略、整合资源并采取首创行动实现其战略意图。虽然在应不应该严格区分创业研究与战略管理问题上，战略管理视角的普遍回答是否定的，但这种否定是建立在两者存在整合机会（Zahra等，2013）和融合手段（Ireland等，2001）的基础上的。另外，对这些机会开发及其使用手段等问题的探讨和研究，能从一定程度上反映在战略管理理论对创业的兼容上需要搭建桥梁，也能从另一方面反映出创业行为具有十分独特的属性。

Brandstätter（2011）则指出，创业理论领域中的机会学派能够帮助创业研究打破创业者类型分析的框架约束，使其向在市场不均衡条件下或信息不完备条件下对创业机会的研究上发展。该学者还在最终得出的研究结论中指出，创业研究的最基本问题是能否真正解释清楚创业机会的出现和存在。Shook等（2003）则根据之前的学者研究取得的结论，在自己的研究中归纳总结出创业活动的四个基本步骤：第一，创业者初步形成意愿；第二，根据形成的意愿在身边搜寻和发现合适的机会；第三，帮助企业提出可行的创业战略；第四，根据决策对创业机会进行合理利用。Sarason等（2006）则在所做的研究中通过借鉴结构化分析法，在Venkataramen等学者得到的理论基础上进一步分析后提出，现实生活中任何一名创业者都是同其所处的外部社会环境共同成长壮大的，这些创业者能够在自主发起的创业全过程中不断根据外部环境变化制定调整战略，因此，创业者与机会之间主要呈现的是对偶性，机会的出现一定程度上会受到创业者的影响。

Alvarez和Barney（2005）则在研究结论中提出，创业者普遍都是在条件不确定的情况下开始创业的，这种不确定的条件以及外部环境的变动，会直接导致创业者要在创业企业未来业绩和社会价值无法被预知的情况下妥善且谨慎地对资源进行组织和调配。而在这样开发与利用机会的全过程里，创业者要紧密地依靠自身的专长和人格魅力来聚集资源，组建并做大做强企业。这两名学者在该研究中秉持的核心观点是创业者开发和利用机会的过程可以被看作不断获取资源来组建企业的过程。Ramoglou 等（2020）在研究中认为，合格的创业者十分擅长在市场中抓住潜在的创业机会，并在短时间内将其快速地转换成企业所必需的创业资源，且能够有效地利用该资源开展自己的创业活动。

张秀娥和王超（2020）则在研究结论中认为能够从广义和狭义两个层面来定义创业者这一名词：从广义的层面看，能够参与创业的全过程，并在这个过程中扮演重要角色的人员可以被称为创业者，因为这部分群体都直接或间接地参与了创业企业的创建与后续发展壮大；从狭义的层面看，只有真正参与创业活动的核心人员才能有资格被称为创业者，也只有参与创业活动的核心人员才能具备创业者的所有特点。这两位学者还认为，创业者应当具备风险承担性、创新性、先动性等显著的特点。

张淑梅和罗国锋（2021）从精神和物质两个维度界定了创业者。他们认为创业者需在精神层面具有创业者精神，在物质层面实现新的价值创造（为社会提供新的产品和服务、发明新技术新方法、建立新的企业组织形式、拓展完善新的制度等），并将企业家与更重视短期利益进行投机的生意人和更多强调创新和冒险精神而非开创精神的企业家进行比较。

综合以上研究观点，创业者就是参与创业的全过程，并且能够在这个过程中对创业资源的获取、资源的整合调配、识别及成功开发机会、组织产品的有序生产及创业企业的日常运营等核心环节发挥主导作用，同时能够引领创业价值的产生并推动创业活动持续发展的人。所以可以据此归纳创业者应当具备的几个显著特点：承担风险的能力，运用自身积累的社会关系开发和利用机会，懂得结合个人与组织的目标建立新企业，能通过新企业的发展壮大来创造新的价值，能从整个创业过程中获得稳定的收益，能主动承担社会责任并推动社会经济发展。

基于以上归纳总结的研究文献，本研究对创业者的界定如下：创业者主要指的是一部分具有冒险创业精神，在发起创业行为中能有效地开发和利用机会，懂得及时地组织调配身边各种类型的资源，创立并参与创业企业的经营和日常管理全过程的个体。创业者通常在初始阶段独自创业，并且需要在创业过程中扮演不同的角色并承担相应的责任，需要在创业过程中承担一定程度的个人风险以及声誉上的风险，在创业过程中起关键的推动和领导作用，包括创业机会的识别和开发，企业组织的创立、融资、产品创新、资源获取和有效配置及运用等。

2.1.2　结构洞

1. 结构洞的定义

学术界在对结构性嵌入展开的相关研究里，国内外学者主要通过考察社会网络整体的结构特征，以及作为个体节点的企业在社会网络中的结构性特征对其经济行为和经济活动的影响作用、影响机制进行有针对性的研究，研究中用到的主要指标有网络规模、网络位置、密度、中介度、中心性等。近些年来，跨组织网络为人们带来的效益与日俱增，这一组织形式越来越受到学术界及商界的关注，相应主题的研究更是呈现指数级增长的趋势。Burt（2000）在研究里对结构洞理论中的相关细节进行了具体的阐述和解释说明。该学者认为，结构洞是社会网络关系中各个节点间存在的洞隙，因为这些洞隙的存在，网络中节点上的主体间不能建立起直接联系或两个不同行为主体之间的沟通交流关系存在断裂。王海峰和李垣（2016）两位学者在系统性地回顾梳理相关文献之后，认为一个社会关系网络中结构洞越多，拥有网络桥接位置的点就会通过该社会关系网络获得更多有用的信息，并且该点对整个网络的控制能力也会随之增强，同时在研究中为中国情境下结构洞理论研究提出客观依据与启示，并指出了该领域未来的研究方向。

图 2–1 主要展示的是现实生活中一个社会网络中的具体结构分布情况，图中的每个点主要表示的是存在于该网络中的独立个体，连接点与点的线表示不同个体之间存在联系，用线的虚实来指示关联的强弱。另外，还可以从图中看出任意一个集群内的线密度显著高于集群间的线密度，这也就说明在一个相同的集群里，个体之间如果存在更加频繁的信息交流，同时信息的冗余度也较高的情况下，集群之间的空白处就可以表示为一个结构洞。结构洞两边的集群分别会以不同的信息流进行传播，但是不管以何种方式的信息流进行传播，占据结构洞位置的个体总是能够从信息流动中获取大量非冗余异质性信息，并能够凭借这些获取到的信息在该网络中充分享有信息优势和控制优势，最终在竞争中取得最后的胜利（Burt，2015）。

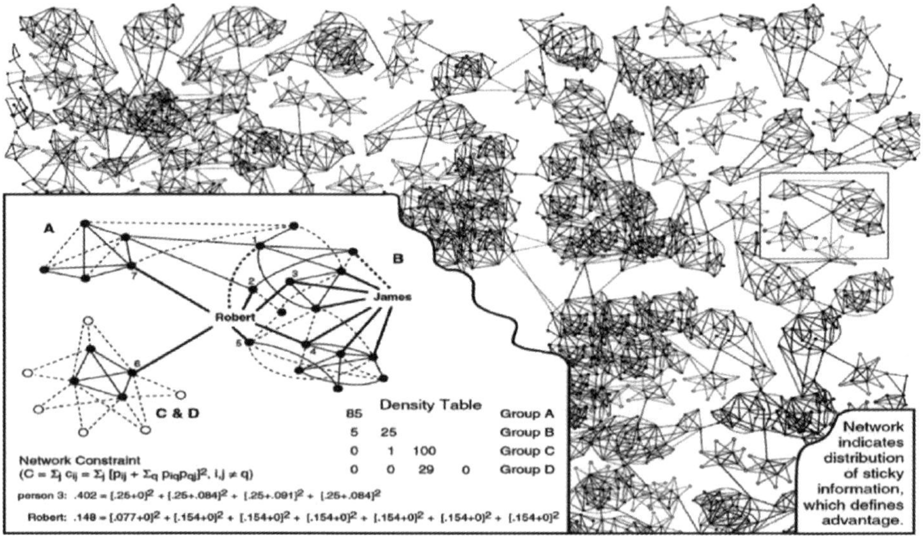

图2–1　结构洞说明

Burt在研究中对结构洞作用的调节要素、个体特征与结构洞之间存在的关系、结构洞究竟能够对创新最终取得的效果产生什么样的影响等问题进行了尝试性的深入探索，并结合研究取得的结论系统性地归纳总结了结构洞在现实情境中发挥的具体作用机理（Burt，1995；Burt等，1998；Burt，2014）。Burt取得的研究结论极大地完善、丰富了结构洞理论的内涵，并在一定程度上推动了后续相关社会网络分析研究的发展。

学者们普遍认为不同的外部因素能够在一定程度上影响结构洞具体作用的发挥，如结构洞所在区域的社会文化环境等；内部因素同样能在一定程度上影响结构洞发挥作用，如结构洞的内部结构及所包含的网络内容等。关于社会文化环境对结构洞作用产生影响的研究中，Batjargal（2010）在研究中发现，与中国制度环境相比，结构洞在俄罗斯的社会文化环境中能够更好地发挥应有的作用。关于内部因素对结构洞作用产生影响的研究中，Burt等（2020）在结论中提出，位于同一层级的中间人的数量会对结构洞获取信息和控制收益产生一定的影响，当位于同一层级的中间人数量较少时，由于不再受众多竞争者的约束和限制，个体所占据的结构洞的价值就会更为显著。

网络结构的特点帮助结构洞具备了信息获取和整合的优势，如果在竞争中想真正意义上持续获取优势，主要还是取决于信息网络所传递的内容，即在一个网络中是否存在非冗余的信息或知识。假如在联系人之间流动的信息或知识大体上是相似的，那么即便在这个网络中存在再多的结构洞，其所能带来的效用也是毫无价值的（Davis等，2020）。

李昕和杨皎平（2020）通过数量定性简洁地概括了结构洞，认为结构洞意味着在三名或三名以上行动者构成的特殊关系结构中，中间连接者可以通过中介行为获得利益。

综上所述，本研究对结构洞的定义界定为：社会网络关系中各个节点间存在洞隙，因为这些洞隙的存在，网络中节点上的主体间不能建立起直接联系或两个不同行为主体之间的沟通交流关系存在断裂，此时该社会关系网络中便存在任意数量的结构洞。创业者拥有的结构洞数量越多，就越有利于其掌握更多的非冗余异质性信息，继而开发出更多的创业机会。

2. 结构洞的具体分类

在Burt提出结构洞这一概念后，他又提出了局部结构洞和次级结构洞的分类。Reagans和McEvily（2003）在研究该理论的基础上，也将其种类进行细分并提出了全局结构洞这一相对于局部结构洞的分类。他们认为此分类是一种更高层次的结构抽象分类。此后，Soda等（2004）和Padula（2008）在研究中分别将原本隶属于团队或群体之间的全局结构洞用适合的研究方法抽象化后进行研究和分析。然而该分类在分析时存在一个十分明显的缺陷，学者需要在研究全局结构洞时对网络结构进行单独的处理。但是进行这种处理时，无论在所用方法的要求上还是在计算量上都有一定的困难。除了上面这种分类，Shipilov和Li（2012）提出了另外一种具体分类——虚拟结构洞，认为这种分类主要是基于聚焦企业联系人（企业）之间的一种特殊关系，但是因为在技术领域等方面存在较为悬殊的差异，双方实际上并不存在进一步增强关系强度的意愿，这也就造成了此时双方的连接并未真正实现其作用和价值。

孙笑明等（2014）通过梳理现有研究，对结构洞的基本概念和具体分类进行了严格的界定，从静态和动态两方面总结了关于结构洞与企业创新绩效关系的相关研究，并重点剖析了动态结构洞的研究方向和研究意义，指出了目前学术界对于结构洞研究的有关争议和缺陷，提出了未来研究的建议。

在结构洞这一概念以及不同分类被Burt和众多学者依次提出之后，针对这一理论进行的研究中比较有代表性的文章可以总结如下（见表2–1）。

表2–1 结构洞的代表性研究汇总

作者	时间	关注问题
Hargadon等	1997年	任何一个设计者占据的结构洞数量越多，对不同技术整合继而产生创新性的新产品越有利
Ahuja	2000年	任何一个管理者在处理新任务时，结构洞能够帮助其提高协调能力和灵活性
Rodan等	2004年	结构洞能够在管理绩效和创新绩效两方面发挥知识异质性的调节作用
Nerkar等	2005年	在组织内部的研发者拥有的知识网络上开发占据的结构洞数量会影响其对创新的选择
Balkundi等	2007年	在任何一个团队创新绩效的提高方面，结构洞都能发挥一定的作用
Fleming等	2007年	在研发者对知识进行整合时，结构洞会发挥一定的作用
Xiao等	2007年	在中国这样一个极度崇尚集体主义及奉献精神的国度里，如果组织拥有过多结构洞，其内部员工的绩效表现就会越低
Shipilov等	2008年	企业想提升自身地位时，结构洞会发挥促进作用
Chai等	2010年	东西方文化之间存在差异会影响结构洞发挥的具体作用
Paruchuri	2010年	企业在不同组织间网络占据的任何一个结构洞中，研发者处于企业内部创新网络的中心位置会提升对组织创新活动的影响力
Vasudeva等	2013年	国家制度环境会影响结构洞的绩效表现
孙笑明等	2013年	团队的网络中心性差异和地位差异均对结构洞的填充产生显著的正向影响；团队的知识范围差异与结构洞填充之间存在倒U形关系
应洪斌	2016年	结构洞的数量对企业产品创新绩效的作用机理
王建平等	2020年	结构洞在网络位置通过产品创新战略的中介作用影响创新绩效

3. 结构洞的具体度量方法

在所有收集到的实证文献中，通过回顾和分析可以发现当下学者主要从两个研究视角对结构洞开展研究，并在研究中结合客观和主观数据。收集客观数据主要运用档案数据法，收集主观数据主要运用问卷调研法。

（1）结构洞指数。

学者们在处理整合不同渠道收集来的数据后，会选择结合UCINET软件对结构洞指数进行计算，并可以结合得到的数值对企业的结构洞进行研究分析。

邻接矩阵被学者用来表示不同顶点之间存在的相邻关系矩阵，可以设 $G=(V, E)$ 为一个图形，如果用一个等式来表示，即 $V=\{V_1, V_2, \cdots, V_n\}$。该定义的具体种类又可以分为有向图邻接矩阵和无向图邻接矩阵，可以通过验证矩阵是否对称来初步判断是有向图邻接矩阵或是无向图邻接矩阵。后者呈现的一定是对称关系，而前者呈现的不一定是对称关系。在研究中选择采用邻接矩阵表示图，可以很轻易地确定图中的任意两个顶点间是否存在边相连的情况。结合图2–2的例子可以更形象地解释这一概念。

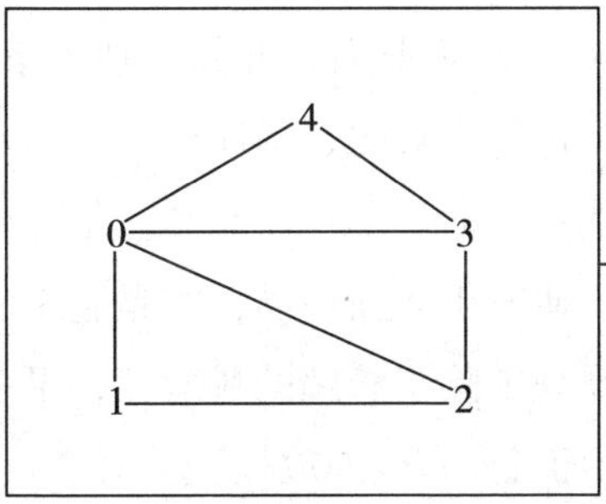

$$A=\begin{array}{c|ccccc} & 0 & 1 & 2 & 3 & 4 \\ \hline 0 & 0 & 1 & 1 & 1 & 1 \\ 1 & 1 & 0 & 1 & 0 & 0 \\ 2 & 1 & 1 & 0 & 1 & 0 \\ 3 & 1 & 0 & 1 & 0 & 1 \\ 4 & 1 & 0 & 0 & 1 & 0 \end{array}$$

b

图2–2　表示无向图邻接矩阵*A*

图2–2中，a为网络图，b则是用邻接矩阵方法表示a的网络关系图。用“1”表示二者有关联，“0”表示没有关联。以行为准，逐个判断从0至4与第一行第一个的关联关系。

结构洞指数是用计算出来的具体数值来量化结构洞。列出矩阵形式后，通过拉普拉斯特征值求解方法计算出具体的数值来表示非冗余关系。如图2–3

所示，四个主要影响因素会对结构洞指数测量指标产生影响，分别是：结构洞的有效规模、效率、受限制程度和等级度。

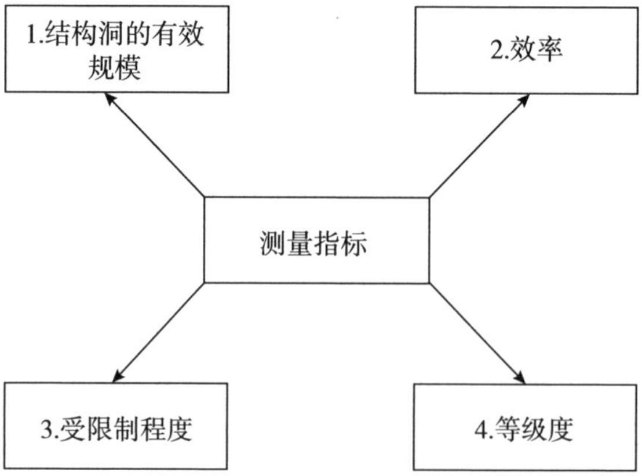

图2-3 影响结构洞指数测量指标的四个主要因素

第一，结构洞的有效规模越大，说明该网络中各个节点之间出现重复的概率越小，则节点间就很有可能存在结构洞。企业规模大小能决定有效规模的影响程度。企业在初创阶段，组织是小规模的、非官僚制的和非正规化的，企业的主要精力还是集中在企业生产和单一产品的生产及服务上。随着企业的发展逐步成熟，就会出现官僚制特征：一是企业内部开始增加大量人员，并建立明晰的层级制度和专业化劳动分工进行正规化、程序化的工作；二是从企业发展战略的角度来看，主要发展战略方向从单一产品和求生存变成提高企业自身稳定性，占据更多市场份额，研发更多新产品；三是管理者的管理能力开始发生变化，这个阶段管理者展现的除了管理的科学性，更多是管理的艺术性，不仅不能对权力失去控制，而且要有效地放权。

第二，节点上的效率越高，说明这个节点在网络中越具有高效的行动效率，也会对其他个体产生较大的影响。若是从企业内部个人层面上谈效率，可以举一个合适的例子——图书策划人。这一职业既要有一定的商业头脑，又要具备对图书的市场判断能力，并且能与目标作者开展有效的沟通交流，还要能搞定复杂的出版流程，能到印刷厂和工人协调印刷、装订的各方面内容。这样占据结构洞节点的图书策划人就是组织产品部门运营中的关键。

第三，受限制程度越低表明覆盖的网络越开放，即网络中的结构洞数量越多。行业整体的辐射范围越是广阔，就意味着限制要求更低一些，那么，在此范围内会产生的结构洞数量就会增加，很有可能在社会关系网络中出现跨领域、多层次的结构洞。

第四，计算出的等级度数值越低，说明占据该节点的个体越接近网络的核心位置，对整个网络的控制力相应也就越大。存在的等级度可以被用来类比成组织中的层级数，层级数越多，管理幅度越少，组织呈现权力高度集中的模式。

当计算出企业的结构洞指数后，学者主要从个人、团队和组织三个层面对结构洞展开具体的讨论分析。

第一，个人层面。在社会学、经济学等领域，学者进行了结构洞理论的应用和尝试，总的来说，个人人际网络是结构洞研究的重点，通过优化个人在社会和企业中的关系网络来获取资源和效益，对在组织内部的应用也有涉及。Burt等人最早就从个人角度出发研究个体层面的结构洞理论。在研究中把大型银行的所有内部组织部门作为研究对象，结合最终得到的结论，成功证明在一个更加开放的社会关系网络中的个人更可能获得优秀的评价。1993年，Burt等人还以大型金融组织内部的银行家为调查对象，最终结合收集的数据分析得到网络受限制程度和银行家可以得到的分红之间存在负向的关系。除了上述两个不同的研究，Burt还在其他研究中将1997年法国大型化学制药公司内部的跨职能部门高级经理的网络数据进行收集和整理，分析后认为在同等的条件下，存在跨结构洞情况的高级经理会比其他高级经理获得更高的薪资回报。除了Burt，Geletkanycz和Hambrick（1997）两位学者也在研究中认为，当企业内部的高级经理可以有效地掌握跨越企业以及产业边界的关系时，其所在的企业更容易在市场中获得良好的绩效表现。

第二，团队层面。团队式结构就是以任务形式需要来组成一个团体的组织结构，能及时随外部环境的变化做出快速反应。根据任务或解决问题的类型可以组成不同专长的团队，这些团队要在短时间内迅速组建完毕，并完成最终的任务要求。跟随不同的需求弹性组合成不同性质的团队，组织内部应该以一种松散、分散的方式对其进行有效的管理。除此之外，还存在许多庞大的内外部组织结构，为了实现一些跨越原有功能限制或部门无法达成的工作目标，克服科层结构组织中因为横向协调出现的不足，一些企业的领导也会在组织中有意识地插入这种类型的结构体，帮助企业克服周围环境带来的挑战。学者也对运用这种模式运营的企业进行了结构洞理论的相关研究，Rosenthal选择将运用全面质量管理的制造型企业内部的团队作为研究对象，通过研究取得的结论证明：拥有网络跨越型结构洞的个人所组成的团队组织更容易被外界认为是相对成功的代表；Hansen等在研究中提出，任何一个组织选取那些具备跨团队非冗余联系人的成员来构建新产品研发团队时，交付给该团队完成的任务速度也会随之变快。

第三，组织层面。从社会网络理论的有关研究中可以看出，任意一个行动发起的主体并不能独立地在具体价格信息的引导下作出企业收益最大化的决策，其最终的决策行为和自身具备的能力都会受到所在社会关系网络的影响。Ahuja在研究中提出，当任何一个组织处于所在行业内合作企业的网络或联盟上层且牢牢占据经纪人的位置时，该组织会拥有更多的专利；Stuart和Podolny两位学者认为，如果企业和自身经营技术领域之外的企业构建起联盟关系，企业产生创新行为的可能性也就会随之提升；McEvily和Zaheer结合研究结论证明，当中小规模的职介公司在市场中可以有效接触到更多的非冗余咨询资源时，在组织内部获得有竞争力的主意会变得更容易。在企业董事的社会关系网络中，任何一家企业的董事会都是由这些董事组成的小型团体，企业外部的非兼任董事和市场中其他企业内部的董事之间并不存在直接联系，在交流时必须选择通过连锁董事的关系来间接实现，而在这种情况下拥有关系主导权利董事的企业将因其在该社会关系网络中占据的结构洞位置，最终享有在信息交流上的优势和网络控制的优势。基于结构洞理论，在研究中采用结构洞的丰富化程度来衡量案例企业中的创办者社会关系网络位置，能够在结论中帮助学者更为有效地反映董事社会关系网络对企业运营模式的改善具有潜在的影响，也从另一方面提示企业应该积极、主动地构建网络关系，对占据结构洞位置带来的信息交流优势和网络控制优势加以利用，最终在组织内部实施更有利于企业未来发展的模式。

（2）主观数据。

学者在客观数据获取困难时会选择主观设计调查问卷，选择合适的目标企业或组织为研究对象进行实地调研收集数据，对收集到的数据进行整合处理后，可以结合得到的结果来衡量企业或组织间各种类型的联系，这种方法被称为问卷调研法。Perry-Smith（2006）认为，运用问卷调研法可以帮助学者从不同的角度衡量组织和企业之间的关系，使得原本很难从数据库中获得客观数据变得容易起来，诸如关系建立时间、友好程度认知、交流互动频率等都是被用来衡量关系的不同角度。在此之前，Wu（2011）认为企业或组织关系还能从市场关系、政治关系、技术关系、建议等角度进行具体的区分。Batjargal等（2013）采用名字启发方法找到合适的研究对象，并请这些研究对象如实填写其获取企业运营建议或商业资源等的来源。

周志民等（2015）在研究中通过网络调研平台问卷星收集到500份问卷，采用自我中心网的关系数据，通过UCINET软件计算结构洞位置，再使用最小二乘法进行实证检验，结果表明产品只是对结构洞位置的占据有正向影响。

雷宏振和高扬眉（2016）以结构洞为背景，研究文化异质性对信息传播的影响，并运用SPSS软件对问卷收集来的结构洞数据进行相关分析和回归分析，得到实验结果。相关网络数据通过姓名生成（Name generator）和姓名解释（Name interpreter）两个不同的研究过程获取。

从研究文献普遍可以看出，在学者们的调查过程中，受访者需要回答以下几个十分常见的测量问题：经常与之讨论业务问题、消磨业余时光的共事者，汇报对象，最具潜力的下属，在企业内部对其帮助最大的联系人，最不想接触的联系人等。接下来，受访者需要按照实际情况如实回答他们同每一位联系人的联系强度，一般采用李克特量表对受访者进行测量。

由于主要是基于主观调研的方法，通过问卷调研法得到的社会网络关系数据更被认为是企业或组织间关系的真实情况的反映。也正因为主观调研中采用问卷调研法得到的数据被某些学者认为具有一定的主观性，最终结合数据分析得到的结果也会被一些学者质疑，研究构建的模型也可能由于在研究中共同方法变异造成一定的偏差。所以，问卷调研法还有一定的改进空间。但是，由于该方法本身更贴近真实情况的优点不容忽略，所以如果在研究中想调查现实中存在的某些具体问题，诸多学者的最优选还是问卷调研法。基于以上几点原因，本研究主要采用的还是问卷调研法收集数据。

4.结构洞发挥的效应

结构洞理论是在一个充满竞争的社会结构中由Burt率先提出的，这样的背景决定该理论能够帮助人们对竞争产生不同于以往的认知。在结构洞理论中学者们普遍认为，左右竞争参与者胜负的不是参与者本身的特殊属性，而是竞争双方拥有的不同关系网络的竞争。所以在一场客观条件都相同的平等竞争中，参与竞争的任何一方占据更多的结构洞位置无疑会拥有更多的优势。具体从企业、个人两个层面体现。

（1）提升企业竞争优势。

结构洞理论诞生至今，大多数学者在研究中重点关注企业如何从开发占据的结构洞中获得竞争优势。在社会学研究领域中，学者对结构洞可以有效提升企业的竞争优势纷纷表示认同。首先，Markovsky等（1988）认为，竞争中的所有资源都会被与关系间断的两个合作伙伴分别有交往的团队所掌握；其次，不同机构的普查资料可以证明，当不同产业制造商之间有紧密联系，并且市场上同时存在大量非冗余的供应商和客户时，产业获得的边际利润也会随之提升（Burt，1995）；最后，通过占据结构洞产生的位置优势，能够在竞争中为任何一家企业带来不重复、质量高、时效性强的新信息。在企业开发占据更多的结构洞时，就会在网络中拥有强信息流控制能力，并通过这种能力间接地从中获取有限分配网络资源的权利，即该企业在整个网络中拥有很强的结构自主性，这就是学者在研究中反复提到的结构洞控制作用。Gnyawali等（2001）指出，对于结构自主性高的企业来说，通过对社交网络中流通的资产、信息和其他资源的整合利用，企业更容易产生资源不对称，进而通过这种不对称在市场中确立独特的竞争优势。除此之外，Rowley和Baum（2008）利用加拿大近40年来所有承销银团的数据进行研究，结果发现牵头银行在选择银团合作伙伴时具有更大的自由裁量权，还扮演着经纪人的角色，从中获取收益及竞争优势。陈运森（2015）从企业财务视角切入，重点研究在社会网络关系中不同结构洞位置对企业经营和投资效率的促进作用，经过收集数据实证研究后得出结论，任何一家企业所处的网络中拥有的结构洞越丰富，经营和投资效率也就越高。在这之后，王敬斋（2017）在结构洞视角下探讨了获取并占据结构洞对商贸流通企业在竞争场域获取优势的影响，实验结果表明企业占据更多的结构洞就会拥有更多的竞争优势。崔海云等（2016）利用实证研究的方法检验了结构洞对企业市场竞争能力的影响效应以及其内部的作用机制，研究结论发现结构洞对企业市场竞争能力具有正向的促进作用，并通过强联系作用于企业的市场竞争能力。蔡若楠等（2021）发现若企业产品的竞争优势明显，良好的结构洞位置可以帮助企业增强产品生产能力。

（2）提升个人竞争优势。

在研究结构洞的个人微观层面，只要在职业发展的个人关系网络中拥有丰富的结构洞并在网络中开发占据绝对结构自主地位，就可以在市场和谈判竞争中占据绝对的优势，获得比对手更高的投资回报率。

Lin和Dumin（1986）、Cambell等（1986）分别在研究中结合研究测量数据的结果，说明联系人在整个职业发展中占据结构洞后会拥有更多的职业发展优势。Gray等（2011）发现社会化书签系统的使用能够有效地改变员工在网络结构中的位置，提高位于结构洞的员工的创新能力。

Wu（2011，2013）在研究中指出，员工利用社交媒体工具策略性地占据结构洞，可以获得信息多样性与社会沟通两方面的收益，从而提高个人工作效率和工作稳定性。蔡萌等（2013）在实验中以中小企业员工为研究对象，指出结构洞才是为员工带来获利的根本。李德鸿等（2016）在研究中利用国内57家电子类高新技术企业专利数据探讨了结构洞对创新绩效的权变影响，得出对于研发者个人来说，整合处于核心位置的结构洞价值更大，也对其自身优势起到了正向促进作用。

苏楠和吴贵生（2015）在研究中从用户主导创新的组织特性出发，运用结构洞理论分析了用户主导创新的成因，结果表明用户通过与国内制造商建立公益性关系桥接了在传统创新组织模式下由外商占据的结构洞位置，并可以从中获取收益。杨隽萍等（2017）在研究中利用信息处理理论框架，继而构建创业风险识别理论模型，在接下来的研究步骤中证明结构洞与社会关系网络强度有利于创业者获得更多高质量的、揭秘市场中隐性风险的相关信息，通过提前获取这些信息识别出更多的创业风险，最终在市场中提高个人竞争优势。胡磊和张强（2018）在研究中依据2007—2013年中国市场创业投资的数据，证明具有较高网络中心性或占据丰富结构洞位置的创业企业能够更好地开发创业机会，最终获得更优秀的创业绩效。

对于创业者这一特殊群体来说，结构洞能有效地帮助其提升自身竞争优势，帮助其从积累的社会资本中获取支持，从而提升企业绩效。具体来说，邓渝（2019）在研究中提出，创业企业的创业者可以通过寻求互补项目中跨越结构洞的封闭式连接组合的构建，利用桥连接结构洞来改善企业地位，为创业者所在的企业带来更高的绩效。

王巍等（2019）基于全球33家医药创业企业1975—2014年在美国申请专利的数据，以关键研发者为研究对象，从网络属性的角度出发，研究关系强度和结构洞对关键研发者知识扩散的影响，结果证明研发者的结构洞对知识扩散起正向促进作用，同时知识扩散能够有效地帮助企业成长。

李小青等（2020）在研究中以2012—2018年创业板民营企业上市公司为样本，证明了连锁网络中心度和结构洞对企业成长存在正向影响的关系。

周育红等（2021）研究发现，资本来源对创业投资影响的完全中介变量——制度公平环境会受到结构洞的影响，意味着创业者通过占据结构洞位置具有整合信息和资源的优势，并有机会将其转化为对自己有利的制度公平环境。

2.1.3 双元机会

以往的研究中，学者就创业过程中的可能要素开展了大量研究，希望探索创业绩效提升的一般规律与创业要素中的核心。任何一个创业过程都是从对创业机会的识别与有效开发开始的，所以创业机会的来源和影响因素是研究中最受关注的焦点之一。

Gaglio（2004）在研究中认为，机会就是将具有创新性的（并不是模仿的）商品、服务或过程引入一个行业或经济市场的可能性。从诸多学者在研究中搭建的各种研究模型看，创业机会都是模型中的核心变量之一。

Sahlman（1999）提出的创业研究模型中，将创业的核心要素设置为人与资源、创业机会、创业环境等进行交易的行为。Koryak等（2015）在结论中写道，创业者影响创业动态能力主要从两方面体现，分别是特定情境要素下进行的创业机会识别与开发，以及通过合理制定策略统一配置资源来进行创业机会开发。韩荣荣（2021）借鉴苗青（2006）和万懿（2017）的方法将创业机会识别的二维划分为可行性识别和盈利性识别。

学者们普遍认为，从宏观角度看创业全过程，识别与开发创业机会就是创业的开始阶段。把机会转化为企业内部获得的绩效，帮助企业成功生存和成长，在日常经营中持续获得良好的收益。接下来的内容，将主要围绕创业机会的定义、不同类型和来源以及影响因素等问题进行前人研究的回顾、总结和梳理。

1. 双元机会的定义

在现实情境中，机会被用来泛指企业在追求利润或成长壮大时，可供其进行选择的所有有利通道以及潜在的时机（Crecente等，2021；马红玉等，2020），Shane（2000）、Lumpkin和Lichtenstein（2005）认为，机会开发是企业在识别新想法并进一步将其转化为能够创造价值的商业概念的行为。还有一部分学者认为，任何一家创业企业在开发机会的全过程中均存在着双元机会的差异，即探索型机会开发和利用型机会开发的具体差异（Koval和Young，2001；Raisch和Birkinshaw，2008；Gedajlovic等，2012）。

探索型机会开发具体指的是创业企业冒险追求与内部现有核心业务和能力完全不相关或相关性较低的机会，尝试着对这些机会进行开发能够有效地促使企业在市场中探索到新的资源以及更为高效的能力组合。具体表现为企业在现有技术轨迹和能力基础上，选择追求更为激进式的转变，进入新的市场，或者颠覆性地采取新营销模式。

利用型机会开发主要指企业追求与内部现有核心业务和能力高度相关的机会，对这些机会进行追逐和开发能够有效地促使企业利用现有的资源和能力组合。具体表现为企业在技术轨迹和能力的基础上进行较小程度的变革，这些变革会帮助企业更好地满足现有市场和顾客群体的需求；或是企业在变革中直接选择采用市场中已有的成熟营销模式，这种变革可以帮助企业在竞争中以最低的风险获取最大的收益，同时还能帮助企业在竞争中持续性地保持可观的优势。

探索型机会开发和利用型机会开发间的关系从本质上看是两种完全不同的理论逻辑：第一种是连续变量观；第二种是正交变量观。两种完全不同的理论逻辑引出了双元性探究中取舍与平衡的问题，即双元关系的两种模式：

平衡型双元机会开发和组合型双元机会开发。

平衡型双元机会开发主要关注的是探索与利用之间的平衡问题，即企业需要在探索型机会开发与利用型机会开发之间进行合理的取舍平衡，最终寻求能够通过最优的资源分配方式进行机会开发，学者们普遍在研究中选择用“探索—利用”来描画平衡型双元模式。

组合型双元机会开发主要关注的是探索型机会开发和利用型机会开发之间互补和并存的问题，即企业应该在同一时间内开展高水平的探索和利用活动，而且只有当探索和利用活动都比较活跃时，二者之间才能形成互相促进和补充的关系，才会有效地提升企业绩效，学者们普遍在研究中采用“探索 × 利用”来描画组合型双元模式（Bai 等，2019；Prudence，2020；孙永波和杜双，2020）。

综上所述，本研究结合创业机会开发视角对双元机会的定义界定是：市场中的创业企业均会根据所处市场需求和顾客的真实需求，从产品创新、服务创新以及业务流程重组对内部已有模式进行改良或创新，根据企业所需的商业模式寻找并实现创新商业机会；或是在创业过程中选择利用市场中已有的成熟创新行为来达成更加明确的业务目标。从表 2–2 可以看出探索型创业机会与利用型创业机会之间的具体差异。

表 2–2　探索型创业机会与利用型创业机会间的差异

对比项目	探索型创业机会	利用型创业机会
目标	在经营中主要注重发现新的事业，注重发现和创造新的知识，这些举动均是为了能够满足新兴市场或潜在顾客的需求	在经营中主要注重开发现有事业，在运营上着重应用企业内部已有的知识，主要是为了满足现有市场和顾客的需求
行为表现	搜索、变异、冒险、试验、创新	精炼、选择、生产、实施、执行
知识基础	必须掌握新的知识或能从已掌握的知识中提炼出新的知识	在原有基础上扩充已有的知识与信息
学习行为	自下而上，显性知识内化和整合	自上而下，隐性知识外化和整合
风险偏好程度	必须承担极大的风险，同时可能出现回报高度不确定的结果	承担的风险较小，同时会有相对确定的回报
组织文化	冒险倾向、速度、柔性、灵活	效率导向、低冒险倾向、质量控制

续表

对比项目	探索型创业机会	利用型创业机会
组织设计	有机的、非正式的组织结构，宽松的控制系统	机械的、正式的组织结构，紧密的控制系统
对外部环境的适应性	在动荡性较高的环境中较为适用，往往与新技术和新市场紧密相关	在稳定性较高的环境中较为适用，往往与已有的、成熟的技术和市场紧密相关
企业产出	长期绩效	短期绩效

资料来源：作者根据Powell等（2002）、Mainkar等（2006）、赵兴庐等（2017）几位学者的研究整理所得

2. 双元机会的来源

研究双元机会的来源，需从创业机会开发的来源说起。

Kirzner（1997）在研究中认为创业机会源于信息交流中存在的不对称性。该学者首次提出了创业警觉性这一创业者自身具备的重要特质，创业者可以在信息出现不对称的时候警觉地发现不足，并识别开发创业机会。

仲伟伫和芦春荣（2014）在研究中证实了创业环境动态性在对创业机会识别可行性的影响路径中具有重要的传递作用。Ardichvili等（2003）得到的结论证实不断变化的外部环境是创业机会的重要来源，具体来说，由于和人们生活息息相关的经济、政治、社会和人口条件的不断变化，使得创新成为一种可能，创业者在创新中会不断开发出新的创业机会。

Eckhardt和Shane（2003）在研究结论中写道，所有类型的创业机会均源于外部环境的冲击、市场中供给与需求的不断变化以及信息的不对称。

Holcombe（2003）在结论中同样指出，所有类型的创业机会均源于三类因素的影响，分别是使所在市场发生失衡的因素、所有提升企业生产可能性的因素以及最为重要的先期创业经历积累。

George等（2016）在研究中认为无论是从机会发现观还是机会创造观出发，现有研究分别从各种角度出发探索对创业机会产生影响的因素，这些因素主要包括创业者自身拥有的认知过程、创业者个人特质、创业者拥有的社会关系网络、外部环境条件等。

另外，学术界中一些学者经过研究后认为机会识别是主观的，或者可以说是社会来主宰构建而成的。另一些学者则持相反的意见，认为机会是客观的，但人们对机会的感知则可以看成主观的（方世建等，2013；McMullen等，2007）。他们在研究中强调创业机会和商业创意不同，创业机会是客观的，商业创意则是主观的。正如Shane（2012）在研究中提到创业机会是一种形式，在这种形式中可能以一种产生利润的方式重组资源，而商业创意则是创业者关于怎样以一种允许追求这种机会的方式重组资源的一种解释。Suddaby等（2015）在研究中从客观主义视角认为机会是独立于创业者而客观存在的，是外生性的。Gielnik等（2012）研究认为创业机会是与可行的、追逐利润的市场无效性相关的一条信息或信息集合，因为信息是一个情境概念，外生于创业者但可以被创业者接近。在另一种观点中，Sarasvathy等（2010）认为创业机会是主观构造出来的，机会的创造源于创业者对环境的感知、诠释和理解。

为了克服研究中存在的缺陷，Chiasson和Saunders（2005）基于“二元分立”提出新的融合观点。Sarason等（2006）在研究结论中写道，在任何一名创业者开展的创业实践中，市场为创业企业提供的机会类型都是十分广泛的，在其中既包含从已有信息中发现的市场不完善性，又包含由创业者牵头发起的变革创新，继而在市场中产生的新机会，二者不仅能有效地填补当下市场中存在的空白，还可以帮助创业者更加有目的性地与社会结构共同演变进化创造更多的机会和提供更多的就业机会。

对于这一问题，除了上文提到的方世建，我国还有学者分别从不同方面结合实际生活中的案例进行积极的探索研究。例如，张红和葛宝山（2014）在对创业机会的有关定义进行整合研究分析后指出，虽然在开发不同类型创业机会的整个过程中离不开创业者主观创意的影响，但只有在创业机会处在一个十分客观的情境下，才可以实现将机会和个体有机分离的目的，才能拥有后续的机会识别与开发等创业行为的先行保障。如果没有这一保障，就会在过程中出现机会识别与开发的自变量和因变量相互混淆的情形。但两位学者在研究中也重点指出，所有创业机会的开发过程均无法离开主观性的商业创意活动单独存在。

杨俊等（2014）在所做的研究中重点考察创业者工作经验对于同一机会

开发速率的影响，并在研究中重点关注企业所处的外部市场环境对创业者工作经验与机会开发速度之间的关系产生的调节作用。另外，学者在研究中还重点关注创业资金会约束识别与开发创业机会的效率。吴兴海等（2015）在研究结论中指出，开发任何一个新机会均需要创业者在开发准备阶段投入大量的资源，此时对于大部分创业者来说，需要从外部资金获得相应的支持才能满足创业所必需的资金流量。

斯晓夫等（2016）更进一步提出创业机会可以是发现与构建二者兼之。文章利用跟踪性问题导向研究的方法证实成功的创业需要创业者更好地了解和认识创业机会。

张浩和孙新波（2017）针对为什么是某些特定人群能够发现和识别市场中的创业机会这一核心研究主题，结合网络嵌入的研究视角，对创业者外部社会资本构成对创业机会识别和开发的影响进行了考察，并引入创业者机会感知能力与知识整合能力的调节作用，根据最后的研究结果发现创业者外部社会资本拥有的网络规模、整体网络资源对创业机会识别和开发均存在正向影响。另外，创业机会感知能力通过正向调节网络强度影响创业机会识别。

刘志阳等（2018）在全面梳理社会创业的兴起背景后，深入分析了企业家精神视角下的社会创业过程，并揭示了中国情境下社会创业的独特研究主题，认为社会中创业的本质是在社会企业家精神支配下探索和开发社会机会，进而创建社会企业或新型公益组织的过程。

刘翔宇等（2019）通过回顾以往的研究将双元机会的来源分为组织高管特质、组织资源、组织文化三个方面。

3. 双元机会的不同种类

在对创业机会的种类研究上，国内外学者分别从多角度进行研究，并最终成功取得大量有建设性的结论。

例如，Ardichvili等（2003）对创业机会这一宽泛的概念进行了系统分类，主要分类依据是创业机会的不同来源和被开发之后的发展路径，在研究中三位学者共同构建了创业机会矩阵。如图2–4所示，横坐标代表的是创业者可以探索到的具体价值，可以被用来表示创业机会中蕴藏的潜在市场价值明晰程度；而图中的纵坐标被用来代表创业机会被开发后拥有创造价值的能力高低，主要在研究中被用来反映创业者一共在创业过程中投入资源数量的多少和创业者自身具备能力的高低，也可以作为创业者能否有效开发创业机会的代表来解释研究问题。Ardichvili等几位学者在最终的研究结论中把创业机会分为四种，并且在结论中写道，四种不同类型的创业机会对创业机会的开发过程和创业最终取得的结果产生的影响也会大相径庭。

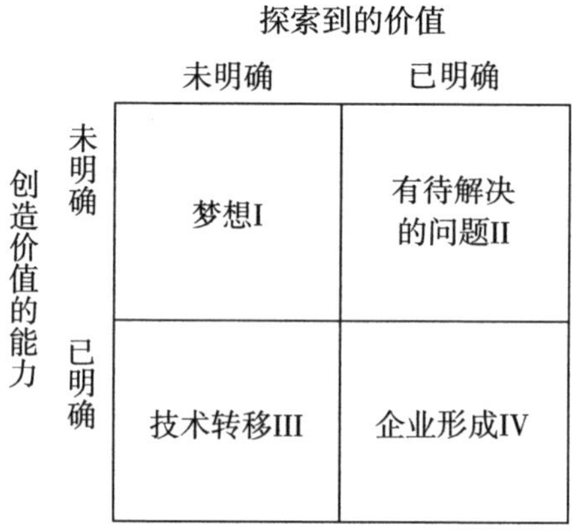

图2-4 四种不同类型的创业机会

图2-4左上角被定义为第一种机会类型。在该象限中，任何一个机会市场中的具体需求还未被明确定义，处于机会市场中的创业者是否具有实现机会开发的资源和自身能力也未知，所以学者们将这一计划定义为梦想，在开发过程中必须侧重于推动知识向新方向发展，帮助原有技术在现有的限制上进行突破。

右上角被定义为第二种机会类型，代表的是已经被识别并开发的市场具体需求，同样处于机会市场中的创业者是否具有实现开发该机会的资源和自身能力尚不确定。此时，开发机会的目标被设定为企业要能够设计出具体的产品或服务用以满足机会市场中已知的具体需求。

左下角被定义为第三种机会类型，代表的是机会市场中的具体需求还未被明确，但是创业者拥有的机会开发资源和自身具备的能力已确定。此时进行机会开发需要把侧重点放在寻找合适的商业领域并进行有效的开发应用。

右下角被定义为第四种机会类型，代表的是机会市场中的需求明确，且创业者机会开发资源和自身具备的能力都已确定。此时，开发过程就需要将已有的资源与市场需求进行匹配，在市场中创立一家新的企业以进一步创造价值。

Samuelsson（2004）在研究中依据市场存在的两种不同供求关系组合形式把创业机会分为两类，分别是创新型创业机会和均衡型创业机会，并在结论中指出创新型创业机会可以被定义为与现有企业传统的业务模式大不相同的机会，是一种极具开创性的颠覆性变革，将企业原有的供求关系彻底改变，把所有传统生产要素以一种全新的方式进行整合重组，以此为基础面向市场创造推出新的产品和服务，这样的行为彻底打破了原有经济系统均衡。

Koellinger（2008）在研究中依据创新程度和面临的风险程度的不同，把创业机会划分为两种，分别是探索型机会和利用型机会。该学者在结论中总结了这两种机会的特点：探索型机会的特点主要是市场中顾客的消费行为信息、可以获取到的潜在竞争对手信息十分有限，此时创业者在运营企业时就需要具备一定程度的勇气敢于在市场中探索和征服未开发的领域，伴随着这种创新活动的是很多不确定性，企业需要为此承担一定风险；相比之下，利用型机会的特点是在一个较为成熟的市场中，创业者能够通过观察获取竞争对手的一切行为和对企业发展有利的客户信息，又因为市场中存在信息不对称性，导致创业者能够从获取的信息中发现尚未被竞争者发现的能获得收益的机会，甚至在某些极端情况下可以通过无风险的投资行为套取收益。

Samuelsson和Davidsson（2009）基于上述学者的观点，在研究结论中也提出相似观点，将创业机会划分为两类，即探索型创业机会和利用型创业机会。但是这两位学者认为探索型创业机会主要强调的是企业应该在运营中创造一种新的手段以满足某种目的的关系，利用型创业机会则涉及企业现有的所有供求关系。之后，他们利用收集到的数据开展实证研究，着重探讨了人力资本、社会资本与不同类型创业机会之间可能存在的关系。

Smith等（2009）在研究中对机会识别问题展开探讨，尝试根据机会内隐程度的不同，将创业机会的种类分为编码型和内隐型，并在之后的研究中重点分析两种不同的创业机会类型对机会识别产生的影响。几位学者将机会识别开发的方式总结归纳为系统搜寻和发现机会的全过程。

Welter和Alvarez（2015）在实验中将创业机会分为创造型创业机会和发现型创业机会两类进行研究探索。陈娟和邢建国（2018）也在实验中将创业机会分为创造型创业机会和发现型创业机会，之后分别验证了新颖型商业模式与二者匹配后均能产生较好的创业绩效，而效率型商业模式与创造型创业机会匹配后能产生较好的创业绩效。

李昆益（2018）认为在当今经济转型的大背景下，高职学生可以识别创新经济、改造转型和拾漏补缺三种类型的创业机会，并根据三种创业机会与创业途径之间的匹配关系模型，有机地选择与之匹配的创业途径。

王国红等（2018）在研究中直接将创业机会界定为创新性机会，认为创业活动起源于创业者对于创新性机会的识别，并运用问卷调查法分析创业者社会网络关系与创业机会创新性之间的逻辑关系，探索了创业者创新性认知风格对该过程的影响。

回顾总结上述文献后，本研究将借鉴 Koellinger（2008）、Samuelsson 和 Davidsson（2009）、陈娟和陈建国（2018）几位学者的结论，将创业机会分为探索型创业机会和利用型创业机会两类，着重讨论其和创业绩效之间可能存在的关系，以丰富理论研究。

4. 双元机会开发时的不同视角

在双元机会开发的前置变量研究中大体分为结构视角、情境视角、关系网络视角三大类。

（1）结构视角。

在研究的早期发展阶段，一部分学者试图将组织进化理论和环境适应学说中的相关基础理论与双元理论进行归纳整合，试图达到探索组织如何随外部环境的变化而不断进行渐进式和突变式演进和调整的目的，这也就在该研究领域引出了基于结构视角的双元性问题，这也是此领域中学者们较早关注的研究视角。大多数学者在研究中会选择从结构角度出发探索组织如何实现双元，而在其中，结构双元的核心问题主要是“分离”，即如何真正意义上实现探索和利用活动在结构上的分离，主要包括空间和时间上的分离。Duncan（1978）早先就在研究中提出二元结构是企业用来应对效率和效益间矛盾需求的可行方式。同样的观点，Simeoni 等（2020）在近几年提出双元型组织具备同时追求渐进和非连续性创新的能力，并且呼吁企业内部需要具备多个矛盾的结构、流程和文化。

上述这些学者的基本观点是，渐进式和突变式是两种不同的变化，本质上需要不同的组织结构，如果企业想追求利用活动的渐进式变化，就需要集中的、流程较为紧凑的组织结构；如果企业想追求探索活动的突变式变化，则需要差异化高、层级化低、松散关联的组织结构（Kovaleva等，2021）。Stelzl等（2020）认为组织在结构上呈现出二元性是组织在动荡环境中显现出的一种基本能力，当具备该结构时，有助于企业同时进行开发和探索，最终帮助企业取得成功。实现探索和利用平衡的可行方式并不只有空间上的分离，从广义上说，结构双元还包括时间上的分离，即所谓的间断平衡，指长期导向的探索活动和短期导向的利用活动之间的时间循环，企业在不同的时间段会分别选择进行探索和利用活动（Camisón等，2018）。后来，Lucena（2016）指出，在特定领域中的任意期间内，企业可能会重点采用探索和利用中的某种行为，但是如果不处于该特定领域，探索和利用也能在一定程度上维持平衡。

（2）情境视角。

随着研究程度的不断深入，结构型双元中存在无法克服的局限性开始影响学者的进一步研究。因此，Gibson和Birkinshaw（2004）在借鉴和突破结构型双元局限性的基础上界定了情境型双元的概念，两位学者认为情境型双元与结构型双元是具有显著差异的概念，具体表现为企业可以在运营过程中通过构建特定的组织情境来促进组织双元性的实现，而不是通过建构二元结构来实现组织的双元性。此概念中，“情境”具体指的是能对个体层面行为产生一定影响的系统、流程、信念（Fenech等，2019）；企业在制定和设计这种情境的具体内容时，应充分鼓励和促进组织成员找到在探索和利用这两个矛盾活动之间最好的分配时间和精力的方式，在任何可以参考的案例中，成功的组织普遍表现为能够在其内部有效地找到硬性部分（纪律和伸展性）和软性部分（组织支持和信任）之间的平衡点，同时还会不断有意识地建立一系列配套的组织系统和流程促进组织内部探索和利用行为的发现，最终通过以上一系列举措来综合引导企业进行双元创新。对于探索和利用两个截然不同的活动来说，其本质上需要不同的知识基础和对信息处理的过程，社会性情境，如伸展性、组织支持、纪律和信任等方面的内容，会在一定程度上对组织内部的知识处理过程产生显著影响，尤其是对组织成员间形成共同的沟通和交流系统有明显的帮助，并且可以同时提升企业获取、吸收和利用新知识的能力（Jansen等，2005）。在探寻和构建这一模式的进程中需要着重强调的是，对于市场里资源约束困难较多的中小企业来说，其在发展过程中更需要通过组织成员间密切的社会交互来提升知识交换的深度、广度和效度，这些对探索和利用活动的成功实现十分有利（Cao等，2010）。Jain等（2020）在研究中同样指出，信任程度高的社会关系会在一方面积极促进知识的交换和融合。在这之前，有学者认为社会情境能加强不同背景的个体和职能部门之间的联系，这对组织内部的知识流动和整合十分有利（Luca等，2007）。此外，社会情境能在一定程度上代替企业内部知识流动所需的正式化、相对层级化的组织结构，所以基于这一点，鼓励个体间社会交互的组织情境可以有效提升企业进行高质量知识交换的能力，进而帮助企业更好地在运营过程中追求双元行为。Andriopoulos和Lewis（2010）在研究中也同样发现，对于小企业来说，如果在其内部构建支持性的社会环境，将会有助于企业在追求双元的过程中避免遇到其中存在的不同矛盾。

研究中，如果和社会情境当中的有关内容进行比较可以发现，绩效管理系统是组织内部环境中的硬性部分，其中关注的重点是如何通过有效的激励来帮助员工实现高产出和实现高产出目标的意愿和责任感（Gibson和Birkinshaw，2004）。假如能够在企业内部建立有效的绩效管理系统，就能显著地促进员工在不同的任务和活动方面进行自主、系统的选择，同时员工会因此在日常任务中表现出更高的灵活性。企业管理者鼓励员工自我设定挑战性目标，而不是单纯设定狭窄任务范围时，员工将会有更多的创新性行为，出现这种情况的原因是这种绩效管理方式是管理者对员工创新性行为的一种支持暗示（Imran和Atiya，2020）。Chang和Hughes（2012）通过在研究中利用相关调查样本进行元分析之后也同样发现，这种鼓励员工自我设定目标的绩效管理方式对于小企业来说更有效。

（3）关系网络视角。

在上述研究中，学者们主要关注的是组织内部层面的因素对组织双元产生的影响，主要内容包括组织结构、情境、领导者等不同方面（Gibson和Birkinshaw，2004；Hsu等，2012），但是也存在一部分学者在研究中尝试将探索双元性的影响因素向外部层面社会网络中延伸，在研究的主要内容中不再局限于分析组织内部的因素（Bierly等，2009；Rothaermel和Alexandre，

2009；Khlif等，2020）。

学者们首先在研究中尝试从组织层面出发单一地分析企业的关系网络对双元性的影响。Simsek等（2009）在系统性地回顾梳理了不同学者对双元性不同概念的界定和最终取得的结果后，在研究中将双元理论和社会网络理论相结合构建了一个多层级理论模型，并利用样本数据验证分析，指出一家企业所占据的网络位置和关系多样性对双元性存在十分显著的影响，具体而言是网络中心性与组织双元呈明显的倒U形关系；而组织网络关系的多样性能够对组织双元性产生积极的影响；除此之外，组织间关系与双元间关系能够显著地受到组织内部因素和外部环境的双重影响。早在上述几位学者之前，Atuahene-Gima和Murray（2007）就在研究中把中国的新企业作为研究的对象，结合收集来的样本数据研究了社会资本的结构、关系与认知维度对双元学习、新产品开发绩效等方面的影响。在研究结论中，学者们发现社会资本的不同维度能对探索式学习和利用式学习产生不一样的影响。另外，企业要能在运营过程中很好地平衡探索式学习和利用式学习，通过帮助二者达到平衡状态来提升企业绩效，而不是选择组合的方式提升企业绩效。在这之后，Wang等（2019）也在研究中指出，虽然企业在同时追求探索式和利用式创新战略时会获得更好的绩效表现，但当下中国正经历着更高的环境不确定性，还有诸多尚待完善的制度，因此中国的新企业在追求双元导向时面临更大的挑战，需要时刻注意维护与政府有关部门的关系，这种社会关系网络能帮助企业掌握更多对绩效提升有用的信息。

基于学术界中该领域取得的一些研究成果，一部分学者开始在所做的研究中不再局限于单一的组织，而选择将不同组织间的关系作为研究重点来分析双元性问题。例如，Degeest等（2016）在研究中将制造商与中介服务提供商之间的契约和非契约（关系）因素对服务提供商知识共享行为的影响作为研究的重点问题，结合收集来的样本数据探究具体作用机制，并在数据处理的基础上进一步区分共享利用型知识（即能帮助企业完善内部现有技能和流程的知识）和共享探索型知识（即能帮助企业挑战传统方法以应对市场变化的知识）。几位学者结合数据处理的结果还发现不同企业之间的契约激励对探索型知识共享产生了十分消极的影响，对利用型知识共享产生了不太显著的影响。另外，学者们还发现关系管理经理前期积累的有关经验能积极促进组织间的探索型知识共享。

5. 双元机会开发的影响因素

我们在现实生活中能够接触到的某些创业者，其并不具备在对任一合适的创业机会识别后立即做出开发该创业机会的正确决策的能力。在学者取得的研究结论中也成功证明开发决策创业机会的影响因素是一个广泛的集合，其中既包含环境因素，如机会本身表现出的特殊属性；又包含创业者个体所具备的某些影响因素，如先前经验积累、个人建立的社会关系网络等。

（1）机会表现出来的某些特殊的属性。

Shane（2003）从机会观出发进行研究，认为创业是机会和个体的有机集合，在这个过程中不仅创业个体需能影响机会的开发和识别，机会类型不同也会影响整个机会的识别与开发过程。创业机会本身所表现的特殊属性，不但会影响机会开发决策，而且会最终影响机会开发取得的成果。创业者识别和开发的创业机会往往具有两个特征属性，即盈利收益性和可开发性（姚凯和李智，2018）。较高的创业机会收益性意味着开发此创业机会能为企业未来带来很大的盈利空间，能帮助创业者在未来的企业运营中创造出巨大的财富。开发创业机会能够带来的预期盈利水平，必须高于创业者开发此机会投入的成本，以及因为开发机会失去的资金流动性及对风险不确定性的相应补偿等。学者通过研究证明盈利性与创业绩效表现呈正相关，并且时刻影响着创业企业的财务绩效表现和在市场中表现出的竞争优势。

具有较高盈利性机会的开发过程，会对最终呈现的创业绩效表现产生正向促进作用。可开发性越高就意味着开发机会尝试过程最终被实现的可能性越高，在开发过程中也承担着较低的风险，并且开发此类机会的难度对任何一名创业者来说都不算很大。开发此类机会能帮助创业者增加从事创业活动的自信心，使得创业企业在日常运营中有很高的概率取得成功。

（2）创业者开发的社会关系网络。

在该研究领域中，研究主要是为了考察创业者或创业企业在社交关系网络中拥有的强/弱关系、正式/非正式关系、整体关系网络规模、网络节点之间的强度等对机会开发产生的影响。

Ozgen和Baron（2007）结合研究取得的结论发现，任何一个指导者、专业论坛和非正式行业网络这三种机会信息的社会来源，均会对机会识别过程产生正向影响，可是创业行为发起个体和身边的朋友及家庭所属成员之间的社会关系，却无法保证能够增强其识别机会的能力。

Kontinen和Ojala（2011）在研究结论中指出，任何一个社会关系网络中新建立的正式关系，都要比已经存在相同网络中的非正式关系、家庭关系对创业个体识别开发机会能发挥更大的促进作用。

Bhagavatula等（2010）在研究结论中发现，创业者拥有的社会关系网络中的结构洞数量越多，对创业机会识别开发的影响力也就越大，但对创业者获取资源的能力存在负向的影响。

Ma等（2011）结合研究取得的结论认为，不同国度拥有不同的国家文化，在这些文化差异的影响下，社会关系网络与机会识别开发之间的关系是大相径庭的。经研究证明，在极度崇尚个人主义文化的国家中，弱联系可以和机会识别开发呈正相关的关系，结构洞（桥关系）同样对机会识别的开发发挥了促进作用；在极度崇尚集体主义文化的国家里情况却截然不同，强关系和机会识别开发呈正相关，强的桥关系正向影响机会识别开发的整个过程，而受限制程度较高的弱桥关系与机会识别开发呈负相关的关系。研究中还指出，应该对从弱联系中得来的一切信息重新进行仔细的评估认定。

蔡宁等（2017）认为机会本质上是一种主观的社会建构，是通过创业者、创业企业与其他主体和环境的互动所主观创造出来的，通过各种创业手段以及社交技能和行动、再行动的不断探索向市场提供全新的产品、服务或创造市场。虽然其最终的结果存在极大的不确定性（Maine等，2015）。但大多数学者均认为，创业者或创业企业能够通过占据的社会网络识别其身边潜在的创业机会。

信息在机会识别中同样起着至关重要的作用，一名成功的创业者必须能及时地获取、吸收并利用与行业、市场、技术等方面有关的信息（Shane，2000）。社会网络是一个机会集合，能够为创业者提供识别机会所必需的信息、其他方面的非物质支持以及必要的财务支撑，能够帮助创业者增强识别机会的能力（Ardichvili等，2003）。在当下中国经济转型的情境下，这一情况变得尤为突出。深究其原因，整个市场体制尚未完全建立，制度体系还有待完善，为创业企业营造了一种风险和不确定性较高的外部环境（赵立祥和张芸笛，2017），导致创业者更倾向通过关系网络来获取识别机会所必需的信息。

（3）创业企业所处的外部创业环境。

前面的论述指出采取双元行为能促进企业绩效的提升，但也有学者认为在不同的情境下双元的作用是存在差异的，外部环境因素是学者重点关注的情境因素，包括行业环境、环境特性等。

行业环境。Derbyshire（2014）以15个国家的45113家企业的创新调查数据为分析对象发现，采取双元创新行为的企业绩效表现更好，但是在分行业分析时发现在不同的行业背景下双元创新的作用是存在差异的，双元的理念更适用于以技术创新为核心的行业，如制造业和科学技术行业，在这些行业中探索式和利用式创新行为之间是相互加强的，而在其他行业，两种行为之间并不是相互促进关系，更加强调某种行为的主导作用，需要实现探索和利用之间的最佳组合，也就是双元理论中的平衡观点。

环境特性（动态性、竞争性、宽松性）。例如，Nazri等（2020）研究发现环境动态性能调节双元战略和绩效间的关系，利用式知识战略在稳定环境中的作用比在动态环境中的大；而探索式知识战略在高度动荡的环境中的作用相对更大。Krstić和Tasić（2014）正式分析了在现代商业的不同环境下探索式、利用式及两者间的平衡对企业绩效的影响，他们用环境宽松性来描述行业的机会和动态性。通过数据分析发现，在高宽松环境下探索能积极影响企业绩效，在低宽松环境下平衡导向对企业绩效的作用并不显著。

2.1.4 创业绩效

1. 创业绩效的定义

绩效在现实情境中早先主要是由抽象概念推演形成的，因此绩效在当时并不是一个十分具体的概念。1949年，该词在学术界由学者Ryle率先提出，他在研究结论中认为绩效可以被解释成“成就与行为的效益”。在该学者给出这个定义后，学术界中逐渐有大批学者把企业管理绩效作为研究的核心主题，围绕该主题进行系统性的探索分析，研究普遍从三个层面展开，分别是组织、团队和个体，并从这三个层面对企业管理的绩效进行细致化的定义。

总的来说，国内外学者对绩效的具体内容、可能对其产生影响的不同因素、能够提升绩效的合理管理方法三个主题进行的研究大致可分为“结果式绩效”和“行为式绩效”两类。其中，“结果式绩效”一派的代表学者的主要观点是围绕绩效开展的研究应该重点关注成绩、目标、产量等指标。例如，Meng和Zhou（2021）在研究中认为，对绩效的理解必须基于组织绩效的理论模型来进行释义，模型应包含产量和成绩等评价指标。Yang等（2020）认为绩效主要被用来真实反映行为主体通过采取一系列不同的措施来从事经营活动后所能最终获得的回报或报酬情况；他在该研究中还指出，严格意义上的绩效指的是在一定的时间段内工作活动或工作职责的完成和履行程度，其中主要涉及目标、生产力、盈利等指标。Chinwe等（2020）认为企业绩效可以被划分为几类，分别是财务绩效、非财务绩效、组织绩效以及经营绩效等类型，这些类型都能在一定程度上真实反映企业运营最终取得的成果。Gao等（2020）认为绩效的本质是由行为主体控制下与目标相关的行为组成，能够被用来真实反映各行为主体的技能水平。Zhao（2020）则认为对于绩效的研究不能只关注组织的目标最终实现与否，更应当关注的是其整个过程经历以及通过何种使用方式最终使其成功实现。Qehaja等（2020）通过系统性地回顾整理有关研究成果，结合相关研究文献最终总结出三种方法定义绩效，分别是系统资源法、成分法及目标法，分别从保有稀缺资源、企业成员之间的互动和企业目标的达成情况综合定义绩效。

当今学术界围绕创业绩效理论开展的有关研究中，学者们普遍认为创业绩效可以看成创业企业在一定经营期间取得的经营效益和经营者业绩，创业绩效能够真实地反映企业通过发起的创业行动最终取得的所有成果集合，还可以反映创业企业的真实经营情况（Alene，2020）。Sweis等（2020）认为创业绩效是创业企业用来获取金融资源和市场绩效的有效驱动因素之一。Hu等（2020）则认为，创业绩效普遍会被理解成具体衡量企业运营成果的综合性指标，这个综合性指标主要涉及财务、事业和组织绩效三方面。Baporikar等（2020）则认为，创业绩效可以被用来指代一家企业在风险承担、创新优化以及探索和开发创业机会等方面的能力。郑刚等（2020）在研究中将创业绩效的内涵定义为创业者自发地通过一系列工作行为最终取得的结果，这些结果可以真实地反映创业企业初创和成长等不同阶段。曾楚宏等（2020）则在研究中认为，绩效不但能够被用来反映企业在某一时期内取得的经营效果和真实的运营效率，同时还可以反映企业所有者与企业领导者取得的经营业绩。魏娟等（2020）在研究中认为，创业企业的绩效是创业者有意识地通过开展一系列创业活动来获取促进创业企业发展壮大的各种结果。

综上所述，本研究对于创业绩效的定义为：创业者所创建并运营的创业企业所取得的各方面绩效成果的总和，通常包含生存绩效（Survival Performance）、财务绩效（Financial Performance）、成长绩效（Growth Performance）和创新绩效（Innovation Performance）等维度。无论是现实生活还是理论研究中，创业绩效均是用来衡量创业企业是否健康快速成长的重要指标之一（陈敏灵等，2020）。创业绩效可以客观地反映创业企业的真实运营情况，可以被认为是创业过程中完成某种任务或达成某个目标的真实程度。

2. 创业企业的具体定义和特殊性质

关于如何具体界定创业企业，学术界尚未达成共识。从企业的成立时间上界定，在一定时间段内，创业企业与新创企业的定义可以是相同的，即市场中那些成立时间较短、日常主推业务相对还未发展成熟的企业。学者主要结合企业所处的生命周期和企业成立的时间两方面，尝试性地给出创业企业的相关定义。

（1）学者们从企业所处的生命周期界定创业企业。Jones 和 Holt（2008）在研究结论中认为，任何一家企业在三个阶段皆可被称为创业企业，这三个阶段分别是前期准备阶段、创建阶段和早期成长阶段。企业在经历这三个阶段后，就可以进入较为成熟的发展阶段。

Haber 和 Reichel（2005）在研究过程中将创业企业需要经历的所有阶段进行总结分析之后认为，企业只有经历创意阶段、商业概念论证阶段、新企业创立阶段和运营阶段四个发展阶段后，才会真正进入发展成熟阶段。

吴敏（2017）认为创业企业分阶段处于萌芽期、成长期、成熟期和衰退期，并在不同时期有不同的创业人才培养要点。

系统总结上述学者的研究结论后，不难看出，从企业生命发展周期定义创业企业比企业成立时间角度具有更高的灵活性，因为在研究中运用这一理论可以帮助学者在划分企业阶段时综合运用不同的标准，但带来的不便是很难确定一个具体的划分标准来综合衡量创业企业。

（2）学者们利用企业成立时间的差异界定创业企业。Stiglitz 和 Weiss（1981）在结论中认定任何一家创业企业都是市场中成立时间在七年内的企业，依据是通常市场中的企业处在此阶段是没有任何盈利的，七年后，企业才普遍开始拥有逐渐增长的盈利，所以基于这个特征可以将七年作为一个节点界定创业企业。

Brush 和 Vanderwerf（1992）在研究中将制造业企业作为样本，在结论中表示市场中创业企业的成长期应普遍在四至八年的时间。Baum 等（2003）在结论中将市场里成立四年到八年的企业统一界定为创业企业，并且认为这种划分方式对于所有学者来说是一种相对较好的选择。

本研究综合上面两种界定方式的优缺点，基于学者已取得的研究成果，将研究中涉及的创业企业界定为能够成功在市场竞争中存活下来，同时将未来可以在市场中稳定发展作为企业的主要目标，成立时间在三年半之内，处于最初建立和早期运营阶段的企业。

创业企业具备的新创性决定了其组织内部一定有缺陷。首先，创业企业对自身设定的目标和使命认识还不够充分（张昊民等，2017）。新企业的创办一般是基于创业机会的识别与发现，这种创业机会让创业企业能够用新的方法做事，不同于以往成熟企业的做事方式。可是新企业在做与其他企业一样的事情的整个过程中，要对自己在过程中扮演的角色种类、最终想要通过合作或竞争达到什么目标等进行预先合理的定位，对组织内部拥有的各个角色能够承担什么任务、怎样分配也要有十分明确的界定。

可是，由于新企业在成立之初，其组织内部缺乏相关产业经验和能力，很难清楚地对这些目标和角色进行分析界定。因此，企业需要在进行新角色学习的过程中支付相对高额的交易成本。另外，对于市场中所有创业企业来说，其组织过程的确定性很低（刘广平等，2013）。企业在将自身探索发现的商业创意实际转化为推向市场的产品或服务的整个过程中，时刻伴随着极大的不确定性。这些不确定性产生的主要原因是之前企业内部拥有的所有创意想法都只是一种主观上的构想，并没有真正经过市场检验，所以在市场中存在较高的认可风险。此外，创业企业拥有的组织架构十分不稳定，相对于其他企业来说还较不成熟（赵岑等，2012）。创业企业内部的整个组织架构在创立之初，还时刻处于不稳定的变动状态，这种状态会在组织未来运营和市场交易过程检验中不断被修正和优化完善，但是最开始成立时的变动就直接导致了创业企业的组织架构不稳定，进而最终造成创业企业在业务发展模块存在不平衡的情况。

与此同时，创业企业在经营上还需要时刻面临资源严重不足的问题（Singh等，2003）。创业企业在寻求外部财务支持时，外界对于创业企业的绩效表现没有一个标准的评估体系，对于未来企业发展的前景高度不确定，都是直接导致企业很难从外部获得财务资源支持的重要原因。因此，市场中的创业企业在发展中更多时候要选择依靠内部有限的财务资源来维持正常的运营。除了以上几点，企业还普遍缺乏生产设备，在寻找市场定位、扩展营销渠道、建立分销系统等物质资源方面也存在劣势。企业在内部关系网络上同样也存在诸多不足，员工没有很强的组织凝聚力，员工相互间有猜疑、不信任的情况发生，所以需要企业在协调组织内部学习和内部管理等问题上花费大量的时间成本和资金成本。

另外，有些学者还提出创业企业的一个显著特点是创办者与经营者的身份重合。即创业者是一家创业企业的最初创办者，同时也要在未来经营中时刻承担起运营企业的责任（刘永根等，2018）。但是成熟企业普遍具有的特点是创办者和经营者的身份是分离的，不能在运营中发生委托代理的问题。但是对于创业企业来说，由于创办者和经营者二者的身份角色和承担责任的重合，对其最终制定的发展战略和创业绩效会产生很大的影响。

在企业创立初期，创业者不仅需要投入大量的财务资源，还需要同时投入诸如时间、情感、精力等，并且在运营过程中时刻需要承担市场竞争带来的不确定性和风险。基于这些特点，学术界中有学者才会将创业企业看成创业者自身特点的展现和延伸。所以，研究创业者取得的创业绩效表现实际上就是研究创业者运营的创业企业取得的绩效表现。

3. 测量创业绩效的不同方法

张凤海（2013）在研究中提到的创业企业绩效一般指的是创业企业在一定时期内所有创业活动或组织活动最终为企业取得的成绩或成果集合。创业绩效被学者用来直接反映创业取得的效果，同时也是考察创业企业产出水平体系中最重要的指标之一（黄胜兰，2015）。

但是，目前学术界中关于测量创业绩效还没有达成统一的标准或方法，大多数学者认为测评创业绩效是一个多维度概念的集合，所以应该在测评中用多维度的指标对其进行测量（Venkatraman和Ramanujam，1987；Chandler和Hanks，1994；Murphy等，1996；Zahra等，2002）。

Chrisman等（2005）在研究结论中提出，创业企业的绩效可以通过两个维度进行测量：生存和成功。生存的反面即灭亡，当任何一个市场中的创业企业作为独立存在的经济实体灭亡的时候，就可以说该创业企业经历了一次完整的创业失败过程。就是说当一家创业企业内部开始出现资不抵债的情况，或者不能实现企业所有者在前期制定的目标时，这家企业就会开始在市场中出现无法生存的衰败趋势（王华峰等，2017）。而对于一家创业企业的成功测评标准主要是指该企业能够在一段时间内持续以经济、有效的方式为顾客提供价值（Gatewood等，1995）。Cooper等（1994）在研究结论中指出可以结合三个测评指标来测量一家创业企业的绩效表现，分别是失败、边际生存和成长。也有学者在研究中指出企业在成长初期阶段，企业内部的财务绩效一般很难被有效衡量，但创业企业内部具备的成长性指标代表的是其未来发展潜力（Brush和Vanderwerf，1992）。所以可以认为，一家创业企业的现阶段成长和未来成长是衡量创业企业绩效体系中必不可少的指标之一。

Chrisman等（1998）在研究中对企业的生存和成长两个绩效指标着重进行了讨论，在结论中写道，任何一家企业都可能会面临生存和成长两个基本问题，这两个问题也是需要企业经营者时刻反思的。

创立之初的企业需要解决的第一个问题是如何在市场竞争中存活下来，然后才是如何在市场中通过持续占据份额发展壮大，以此为基础提升自身抵御风险和竞争的能力。对于任何一家创业企业来说，必须在经营中时刻优先考虑这两个问题，对于创业绩效的研究也应该首先考虑从这两方面入手。这一点在学术界也得到了很多研究学者的认可和采用，可是并没有对体系里应该包含哪些指标达成一致。

关于测评体系中使用到的生存维度，一部分学者认为应该在体系中用利润率、企业产品销售额增长率或综合获利能力等直接财务指标综合反映此维度，一部分学者则认为可以在体系中用企业在市场中存续的时间来综合考量。但是，Chandler和Hanks（1994）结合研究取得的结论指出，评价体系中的生存维度应该用财务类指标或企业内部拥有的获利能力来综合反映。

刘畅等（2016）也将企业绩效分为生存绩效和成长绩效两个维度来研究其对农村微型创业企业绩效的影响。张玉臣和杜千卉（2018）则在研究中认为，评价绩效可以从企业内部管理能力的提高、组织内部对技术创新的重视程度以及企业在市场中知名度的提升情况进行综合考量。可是由于创业企业自身具备的特殊属性，其在初创时期很难获得高额的利润回报或销售增长率等反馈，所以基于这一特点，Wiklund等（2003）在研究中认为，不妨在构建体系时有意识地将获利能力作为企业实际的市场竞争能力和发展成长的空间两个指标的代表。

在下面的内容中，将主要探讨创业环境对创业绩效的调节机理，并且回顾梳理创业环境的内涵定义和理论发展轨迹。

2.1.5 创业环境

1. 创业环境的定义

围绕创业环境开展的研究向来都是创业研究领域的热点之一，结合现实生活中的案例，可以看出一切创业活动的发起和发展过程都必须依托于特定的外部环境，具体表现在创业企业所处的外部环境适宜与否一定程度上决定了创业的成败。

学者们尝试结合研究结论给出组织环境的概念界定。Lumpkin和Dess（2001）在研究中认为，所有存在于组织边界之外并对组织具有潜在或部分影响的因素均构成了组织的环境因素。有些学者选择结合组织行为学视角开展研究，将环境看成组织必须适应的一系列外部条件。在此研究基础上，Mintzberg（2014）在研究中认为，现实生活中人们只有通过战略选择应对组织环境条件的变化，并且只能消极被动地对环境作出反应。将组织环境的概念细化到创业环境，相应地就可以在研究中将其看成创业者在创业全过程中所有可能对最终取得的创业绩效产生影响的外部因素集合。例如，在Hoang和Yi（2015）的研究中，两位学者就认为创业环境是现实生活中一系列要素的随机组合，这些要素主要包括在经济、社会、政治等方面可能对创业者创业意愿产生影响的不同因素，另外还包括能在创业过程中发挥作用的其他因素。同时，在研究中以此为依据提出了创业环境五维度模型，该模型主要包括五个维度，分别是：企业所在地政府颁布的政策和相关规程、所在区域的客观社会经济条件、企业领导者具备或积累的创业和管理技能、外部为企业提供的创业资金支持和非资金支持。除此之外，全球创业观察（GEM）也给出了创业环境测量框架的具体构成，其中主要包括不同的融资渠道、政府颁布的政策、制定的创业规划、接受的创业教育、能够选择的研发转移、所在地区的商业和法律基础、所在市场的开放性、物理基础设施以及社会文化和规范。

自20世纪90年代以来，学术界中开始有一些学者在创业环境的基础上引入了创业情境（Entrepreneurial Context）的概念。其中，context原本被用来指代“有意识地被编排到一起”或“形成某种特定的联系”。随着研究的不断深入，“情境”一词在组织行为学领域逐渐发展成了一个十分重要的概念，Harrison和Leitch（2005）在研究中认为情境就是与特定现象有十分密切的联系，并且可以被用来在研究中解释特定现象的周边事物集合。他们认为，与环境相比，情境这一概念更注重解释各个要素之间以及要素与行为主体之间的具体逻辑联系，因此在研究中也更加强调解释框架的整体性和系统性。林嵩（2012）在研究中对此概念进行了概括和总结，认为创业情境中主要包括组织、伦理、商业、社会、制度、社区等不同的内容。其中，组织情境（Organizational Context）主要被用来指代组织内部促进创业行为的相关条件（Holtsch，2014）。同样在创业情景的基础上，有学者提出了创业背景的概念，这些学者认为用创业背景给出创业环境的定义会更加贴近于现实生活。Hansen（2019）认为创业背景中不但包含一些可以用于度量的经济性指标，还包括一些用于定性的非经济性指标（如企业所在的地理位置等），所以用创业背景来定义创业环境会更加直观也更加客观地反映真实情况。

综上所述，本研究对创业环境的定义具体可以界定为那些与创业活动相关联的所有因素的集合，包括宏观环境、行业环境以及微观环境。具体指的是开展创业活动的范围和领域，而创业者所处的境遇和情况，创业环境是对创业者创业思想的形成和创业活动的开展能够产生一定影响和发挥作用的各种因素和条件的总和。其有三种内在含义：一是创业环境是创业活动的领域；二是创业环境是创业者所面临的处境；三是创业环境是创业活动的基本条件。创业环境分别有几个不同的表现形式，分别是社会环境与自然环境、内部环境与外部环境、融资环境与投资环境、合作环境与竞争环境、生产环境与消费环境。

2.研究发展的轨迹

从以往的创业研究发展轨迹可以看出，对于创业环境的研究一直是学者重点讨论的话题。创业环境的研究起源于组织理论，在发展过程中一直是经济领域学者关注的焦点。Dill（1958）最早在研究结论中表示所谓的环境就是与企业内部组织制定的任务、最终做出的决策有关的一系列潜在的影响因素，所以可以把环境定义为一种自发的管理自治行为。结合Dill的研究结论，有学者开始在研究中提出创业环境应该被分为广义和狭义两种。狭义上的环境具体被用于指代企业投入生产活动全过程的要素、企业推出的产品或服务将要面临的市场、在面临竞争中的对手企业以及在与其他调解企业中存在的各个群体。广义上的环境被学者用于指代为了达到企业先期制定的目标所必须面临的全部影响因素。还有一部分学者在研究中认为，所谓的环境即通常意义上我们认知中所了解的一般环境，包括社会、人口、政治、经济等。

管理学家Chester Barnard（切斯特·巴纳德）就曾经在研究中对企业所处的外部环境和组织之间的关系进行分析，在结论中写道，任何一个企业组织的所有活动无外乎就是对企业所处的外部环境变化作出的及时反应。

Gnyawali和Fogel（1994）在研究结论中指出，所有创业企业的创业活动过程均有影响因素，这些影响因素同时可以被企业组织识别并加以运用，主要包括政策环境、融资环境、所在地的文化环境以及服务环境等。

Saxenian（2002）在研究中将美国硅谷的相关创业企业作为研究对象，分析研究后认为对外部环境的研究应该包括对所有企业都自由开放的人力资源交流市场、所在区域的整个工业系统、相对于其他网络更加密集的社会关系以及总体文化影响下形成的氛围等，但是因为研究对象主要是高科技行业中的创业企业，所以该环境类型是相对于科技创业而言的外部环境。

Santos等（2016）在结论中也同样提出对企业所处的创业环境研究不应该只考虑外部环境，还需要包含企业内部的环境。企业内部的环境则包含创业活动过程中企业内部全部种类的要素集合。

刘畅等（2015）在研究中重点选取基础配套设施、金融支持体系、政策扶持、市场整体环境、服务环境、所在区域文化六方面的内容作为创业环境的具体定义，在这些定义的基础上构建了创业环境对农村微型企业创业绩效的影响机理模型。

郑宝华和陆玉梅（2016）发现农业科技园区创业者的创业行为受到科技园区基础设施环境、政府政策环境、产业发展环境和金融环境的直接影响。

刘宇璟（2017）以125家中小企业为样本进行研究，发现创业导向对企业绩效有显著的正向影响。在外部有关制度环境产生的影响方面，有关制度支持可以正向调节创业未来导向和创业绩效之间的关系；在市场环境方面，市场中的具体需求不确定性也可以正向调节创业导向与创业绩效之间的关系。

徐红罡和陈芳芳（2018）研究发现旅游小企业主创业时关注的目的地环境因素主要有人居环境、生活氛围、行业发展、自然环境、支持条件、社会网络，并且这些创业环境都会对创业企业最终取得的创业绩效起到调节作用。

3.不同维度及度量标准

由于创业企业所处环境的复杂性及不稳定性，仅仅在研究中用单一的维度不能较好地将其所有方面概括出来，现有研究中，学者大多将创业所处的环境看成一个含有多维度的概念集合。

Lumpkin和Dess（2001）在得到的结论中表示，研究任何一种环境要素都可以分成动态性与敌对性两个维度，这种分类方式直接表明环境要素是一个不断变化的过程；Wiklund和Shepherd（2005）则在研究中认为，环境要素集合里的动态性与宽松性对创业企业产生的影响作用最大，因此建议其他学者应该在研究中将环境有意识地分为动态性环境与宽松性环境。

Fogel（2001）在研究中从几个方面分别探讨了创业环境发挥的具体作用，分别是金融类支持、非金融类支持、创业技巧培训、社会客观经济条件的影响以及创业扶持政策和先期准备程序。Kshetri（2014）在研究中从经济、政治、文化、地理和技术五个方面，综合探讨了外部环境对创业活动过程产生的影响。

周键等（2017）在研究中将创业环境分为动态性环境和宽松性环境，并通过研究发现创业者需要激发和保持自身的创业激情，且处于经济转型时期的政府需要不断完善各种制度环境来推动行业的健康发展。

严杰和刘人境（2018）在研究中引入创业环境动态变化频率高低和变化

幅度大小，以及实用主义、顺从主义、贯融主义三种创业认知学习方式，系统性地研究了创业环境动态性、创业学习与创业机会识别开发三者之间存在的作用机理。

杨武等（2018）基于中国创业孵化环境，从人力维度、财力维度、物力维度、创新维度四个维度构建中国创业孵化环境健康型评价指标体系。

在分别综合分析上述不同学者的研究观点后，可以发现创业环境主要指的是能够影响企业在创业活动过程中的所有外部因素综合，并且具有一定的涵盖性和实践性，所以本书在下面的研究中将会把创业环境分成两个维度进行具体测量，这两个维度分别是动态复杂和宽松稳定。

4. 调节作用机制

任何一种类型的创业环境都是企业经营活动面临的外部重要因素，也是创业企业研究应该具备的一个基本要素。在各项研究中，企业所处的环境被认为是在企业进行经营活动的过程中，必须优先考虑的一切存在于企业外部的物质和社会因素，并且在研究中这些因素还能继续被划分为不同种类和层次。Duncan（1972）结合最终得到的研究结论指出，企业组织所处的外部环境集合中的各类因素通常较为固定，主要包括企业拥有的客户、市场中的竞争者、所在地区的政府和工会等。这些因素可以直接影响企业最终作出的战略决策和取得的组织绩效表现，企业的所有行为都必须与其所处的外部环境相适应。

在该主题的研究领域中，创业环境是一个十分重要的元素，是研究整个创业活动过程的重要基础之一。Gartner（1990）在研究中尝试从企业创建过程视角出发，对创业环境的内涵与概念进行界定，其在结论中写道，创业环境是影响创业发起主体的创业活动过程的外部因素总和。企业内部拥有的劳动力数量、资金总量、技术优势等环境因素可以帮助创业企业有效提升绩效（Aldrich和Martinez，2001）。

对于环境的动态性研究是早期关于环境的文献中的基本要素之一，大部分的研究都对环境的动态性给予了高度关注，大部分学者认为环境的动态性对企业最终作出的战略决策和取得的绩效产生的影响不容忽视。处于不断变化的环境能够直接体现企业经营活动所面临的来自环境的不稳定性，并且对企业最终的战略规划和内部组织决策产生一定影响。对现有文献回顾分析后可以发现，环境的动态性作为模型中重要的调节变量是研究关注的焦点。

对于任何一家创业企业来说，环境的动态性都格外重要，主要因为环境的动态性是企业技术变革、新创意和新技术的扩散，也是市场中具体需求偏好变化的代表，使创业企业的运营面临十分严峻的挑战。与市场中的成熟企业进行比较，创业企业普遍缺乏成熟的产品生产线和充足的资源供给，以适应外部环境的快速变化。在学术界和商界中，环境动态性对创业企业的影响是人们关注的重点。

Zahra（1996）对企业制定的技术战略和创业企业的绩效表现之间的关系进行了系统性研究，结合从软件行业创业企业中收集到的数据进行的实证分析指出，在其他条件相同的情况下，处在相对动态的环境中的企业，调整产品技术战略有利于改善最终的创业绩效表现。

Dess和Lumpkin（2005）在系统研究了外部环境的宽松性、动态性、企业创业战略导向和最终取得的创业绩效之间的关系后，发现创业企业如果处在一个较为宽松的创业环境中，创业主体更容易取得创业所需的各种资源支持，也更有利于创业企业进行产品开发上的战略调整，创业环境的动态属性可以在其中起到宏观调节的作用。Baron和Tang（2011）在研究中对创业者在企业创新中发挥的作用进行了考察，结合收集到的数据进行实证研究取得的成果证明，创业者自身表现出来的正性情感与企业表现的创造力有显著相关关系；此外，环境动态性可以在创业者具备的正性情感和企业创造力表现之间、创造力与企业创新行为之间起正向调节的作用。

倪嘉成和林汉川（2017）通过实证分析后发现，环境可以有效地缓解地区市场化改造进程给创业企业带来的负向影响。

戚湧和饶卓（2017）从个人社交指数和风险倾向入手，分析其对个人创业的影响，同时考虑政府干预、市场成熟度和产权保护水平的调节作用。

张璐和胡君辰（2019）发现，环境支持感知正向影响大学生创业意愿，环境风险感知对大学生创业意愿起到负向调节作用。

在后续的研究步骤中，主要分析在不同创业环境属性中，创业机会开发对创业企业绩效的作用机理。创业机会开发和创业企业绩效二者均与创业企业所处的外部环境息息相关，二者在创业活动过程中均需要以环境为重要载体，最终开发机会的效果也必然会受到所处环境的影响。另外，在考虑环境动态性的基础上，还将兼顾考察宽松稳定的创业环境起到的调节作用。

2.1.6 文献述评

从对现有文献的分析可以看出，学者们还没有系统性地探究结构洞、双元机会开发、创业企业绩效三者之间的作用路径。除此之外，在研究对象的选择上，学者们也没有将对象聚焦于创业者这一群体上，造成了结构洞理论和组织双元理论的研究领域中存在一定的空白，故本研究力求填补这一空白。此外，从对创业机会进行文献回顾的过程中可以看出，创业者结构洞对探索型创业机会及利用型创业机会的内在机理还有待进一步分析，所以本研究拟提出相关研究假设并构建影响机理研究模型，结合样本数据对其内在作用机理进一步分析。同样，从对创业环境研究文献的分析中可以看出，环境的不同属性在创业者结构洞、双元机会开发与创业绩效关系间发挥的调节作用仍需进一步研究，以最终搭建创业者结构洞与创业绩效的关系模型，完善、丰富学术界的相关研究。

另外，从本书对组织双元理论的文献回溯整理中可以看出，组织双元理论的相关研究普遍存在的状况是，无论是定性研究还是定量研究，均是以大型或成熟企业为研究对象，只有一小部分学者在研究中关注了创业企业或中小企业的双元性问题（Mainkar等，2006；Cao等，2010；Fernhaber和Patel，2012；Chang和Hughes，2012），对创业企业或中小企业的双元性构建问题及双元性的效果分析还十分匮乏。这也就从一方面验证了探索创业企业的机会选择问题是非常有必要的，因为创业企业在我国经济发展过程中能发挥十分关键的作用，但创业企业因为缺乏相应的管理技能、必要的社会关系以获取资本，缺乏与供应商和顾客议价的能力等，导致其在市场中有严重不足（Atuahene-Gima和Murray，2007；吴晓波和陈颖，2014）。与市场中的成熟企业进行比较后可以发现，创业企业在可用资源（人力、物质和财务资本等）方面是存在不足的，并且只具备有限的管理技能和社会关系来帮助企业适应内外部环境的变化。另外，创业企业中的组织结构官僚程度较低，缺乏正式的系统和流程来规划有较强计划性的活动。因此，创业企业在开发探索型创业机会和利用型创业机会间的矛盾和张力方面面临极大的挑战（Ebben和

Johnson，2006；Cao等，2010；Chang和Hughes，2012），将现有研究理论直接应用于创业企业也是不恰当的。因此，本研究试图以创业者创建并运营的创业企业为研究对象，结合合适的样本来探讨双元性问题。

本节内容主要对本书后续章节中将要重点讨论的有关研究变量进行文献梳理和回顾总结。值得注意的是，在对现有文献进行回顾和总结时发现，虽然现有学者研究结构洞理论时会选择将众多方面的现实问题结合在一起进行研究，但是研究选取的企业大多是已经在市场中占据一定份额的成熟企业，并没有学者对创业企业进行专门的研究，而且在有些研究中，学者多是选择从创业者个人特质这一角度来具体切入研究。另外，还有些学者在研究模型中并没有专门将创业环境作为一个重要的调节变量内生于研究模型，所以本研究的开展有助于弥补上述理论的不足，并在一定程度上解决现实问题。除此之外，在对于创业绩效的研究维度细分上，由于较少有学者会选择把创业绩效分为生存绩效和成长绩效两类进行综合测评，所以本研究能够有效弥补学术界中相关理论研究的不足，从一定程度上增加理论的普适性。

2.2　基础理论

2.2.1　创业理论

随着我国社会和经济的不断发展，创业活动已经成为促进我国社会主义建设和经济快速发展的动力之一。早在20世纪70年代之前，学术界已经开始对西方经济体大中型企业内部科层组织在运营中所扮演的调控作用角色开展了较为丰富的研究。与此同时，规模经济和范围经济也促进了学术界对大中型企业发展问题的进一步探究，但对于创业行为的研究一直比较匮乏。自从法国经济学家Cantillon于20世纪70年代第一次将创业的概念引入经济学研究领域以来，有关于创业的研究逐渐引起了广大学者的关注。同时，对于创业现象的研究无论是在实业界中还是在学术界中都引起了大众强烈的兴趣与关注（Acs等，2013）。进入20世纪80年代之后，伴随着全球化浪潮的兴起和不断发展，各国市场中新经济和新技术开始伴随全球化进程的加速得以迅速发展，同时考虑到企业的持续发展路径，国内外相关领域的学者对创业及创业理论的研究热潮逐渐兴起（舒成利和辜孟蕾，2019）。Hu等（2020）在对简单型企业、有机型企业和计划型企业进行研究时发现，创业活动不仅涉及微观个体，也需要组织内部各个单元的相互配合，而且创业活动在创业企业或是存续多年的企业中都以不同的形式存在。由此可以判断，影响创业活动成败的关键并非创业者的个体特征，而是那些在创业过程中具体体现出来的能够促进或阻碍组织发展的因素。

在创业研究的早期阶段，学者们主要将研究的内容聚焦于微观个体领域，通过分析个体特征来揭示创业活动的本质，而研究焦点通常在于关注创业者个体的心理、性格、特质等方面的内容。因此，早期关于创业行为的概念被界定为由个体发起的建立新组织的行为，同时，早期关于创业行为的研究都在相似的背景下分析某些个体能够成功创立企业，而其他人创立企业失败的原因，即从个人特质角度分析创业动因和创业过程，并认为创业者普遍具备创新性、风险感知能力和先动性等共性特征（Sadler-Smith等，2003）。随着理论研究的不断深入，创业研究无论是在研究内容还是研究范式等方面，逐渐发展成一个十分成熟的研究体系，其研究视角随着实践的发展逐渐丰富且多样化，理论焦点也从之前只关注单一个体扩展到了组织内部的其他因素。

如今，学者们在研究创业时不仅从宏观层面探究创业在社会经济活动中的重要作用，同时也十分重视从微观个体角度出发，通过综合分析创业者行为特征和创业系统等方面的内容来揭示创业活动的具体运行机理。为了顺应我国现代化经济转型与升级不断加速发展的趋势，关于在创业研究中构建的具体框架和创业问题所牵涉的具体内容等均得到了补充和完善。Cantillon认为创业不仅是一个需要立足于长远、追求不断改变与完善的过程，还是一个破旧立新、打破常规的动态过程，主要强调的是从创业者的个体特质、社会网络及其社会经济职能等层面来综合分析创业问题。基于以上的研究基础，学术界开始将研究的焦点转向创业者个性特征、创业能力与社会网络关系等内容之间的交互研究，并试图通过构建创业者特质、创业能力和社会网络与经济增长之间关联的理论模型来探究创业的本质特征。例如，Mantell（2005）分析创业者风险感知能力与经济增长之间的关系，发现具有创业者风险厌恶的特质将会制约经济的增长。Zahra等（2009）通过研究进一步指出，在不完全市场和信息不对称的情况下经济活动之所以能有序运行，主要依赖于创业者能够发现并评估市场机会，整合和利用拥有的有效资源，进行科学的管理与生产，规避经营风险等方面的综合创业能力；创业者社会网络关系越丰富，越有利于创业精神的培养，从而对经济增长和社会持续发展的贡献越大。随着创业研究内容的不断深入与研究方法的不断完善优化，学者们开始探究就业、市场竞争、产品与服务创新等方面的内容，以期探究创业活动的各方面内容在国家经济增长中的具体作用机制。宏观层面的创业研究则主要关注创业现象在一国社会经济中具体扮演的角色，并且在研究中侧重于分析创业的社会影响。如制度经济学家Tok（2020）指出科学合理的制度安排是促进创业者致力于生产性创业活动的关键因素，可以通过这种因素进一步促进社会财富的积累和经济的发展，而不合理的制度安排则会驱使创业者投身于导致社会财富再分配的非生产性创业活动。基于制度学派理论，Xu（2011）深入探讨了社会规范等制度因素与中国创业活动之间的关系，并指出创业企业不但可以适应经济转型的趋势，而且可以通过改变组织内部的因素创造相对有利的制度环境。Gangi和Kebaili（2020）在研究中同样基于制度理论研究制度影响创业者的创业意向，还在研究中结合世界经济论坛发布的《2014—2015年全球竞争力报告》，系统性地总结出七个维度的研究模型，分别是经济、法律、伦理、技术、教育、基础设施发展和金融市场发展。

出于对创业活动中复杂性的充分考虑，并且其中影响创业的系列关键要素相互之间会产生一定的作用，同时也会存在相互制约的关系，创业因素之间错综复杂的关系催生了形式各异、种类繁多的创业模式。因此，创业研究不仅应该从宏观角度探究创业带来的经济效应，还应当重视从微观层面出发分析创业现象形成的具体内在机理。学术界中基于微观层面开展的创业研究普遍将创业视为一种有组织、流程和策略的系统管理的动态过程，研究重点主要是创业所涉及各要素之间的相互联系以及探究各要素对创业模式所产生的影响效果。通过以上分析可以发现，学者们主要集中于探究创业者的个体特征（资源禀赋、社会关系网络、胜任力等）、创业机会（存在性、识别与开发）、创业环境（政治、经济、文化等）、创业过程（关键要素、创业活动的逻辑顺序）和创业结果（评价指标与影响因素）等方面的内容。通过系统性地梳理有关创业的经典理论模型的历史脉络，有助于大家更清晰、更深刻地理解创业理论，从而深化创业的有关研究。Baciu等（2020）在研究建立的模型中，将创业者特质这一单一层面拓展到整合创业者特质、组织模式、创业环境及创业过程等多层面的系统研究中。目前，研究创业理论的学者们开始探索性地将组织理论、资源基础理论、社会网络理论、制度理论等成熟理论与创业研究相结合，形成了较为完整且具有代表性的创业理论模型。基于对创业研究多元化状态的思考，Morales等（2019）以创业机会识别、客观评估和开发利用为主要因素，并基于个人价值观和行动理论，构建了与创业行为的原因与方式有关的理论模型。为了能补充上述模型研究中存在的不足，Clausen（2020）在前者研究的基础上创新性地提出了效果逻辑理论和创业过程模型，这两种理论是以既有资源和手段为基础研究创业活动，使得研究的内容更加符合创业实际，且更有利于对既有理论无法解释的创业现象进行清晰的阐释。上述创业理论为本研究基于创业者结构洞分析创业绩效的影响机理提供了理论层面的支撑。

2.2.2 结构洞理论

结构洞理论是Burt在Granovetter（1973）提出的弱关系理论和Cook与Emerson（1978）关于网络交换论的研究基础上提出的。这一理论总体上属于社会网络分析的范畴，Burt在其著作《结构洞》中首次提出结构洞理论，并给出了结构洞的具体定义。之后，Walker等（1997）也认为结构洞可以被看成一种个人或企业拥有的社会资本，并可以从结构洞中获取可观的稳定收益。

大多数学者在进行有关创业方面的研究时，通常利用收集到的数据，使用多元化、多层次的分析方法来验证结构洞这种社会网络结构在创业领域中的理论意义和应用价值。严亚兰等（2019）在Burt的一篇高引用量论文中发现，在结构洞理论提出之后，该理论被广泛应用于商业经济、计算机科学、管理学、社会学、心理学等领域。结构洞能够客观、真实地反映存在于社会网络、创新网络、知识网络等各种网络中具有互补资源和知识的两个群体之间存在的空白。在管理学的相关研究领域中，Walker等（2001）研究发现，企业的战略和绩效很大程度上会受到企业在组织间网络关系中的位置所影响，具体影响的途径包括专利数量（孙笑明等，2018）、所占市场的具体份额（Shipilov，2006）、知识转移的效率和速度（Wang等，2019）等，这些因素都是促进企业组织进行创新活动不可或缺的（章丹和胡祖光，2013；Zhang

等，2016）。有关社交网络领域的研究中，学者们通常选择借助一些互联网社交平台，如Facebook、维基百科、Twitter等进行研究，结合研究结果来看，社交软件一定程度上可以使学者开展研究更加便捷（Dempwolf和Lyles，2012；Ferrer等，2011）。对于维基百科的研究中发现，用户生成的内容质量会受到文章与贡献者之间交互形成的网络结构的影响，用户贡献的高质量文章正是出现在跨越结构洞的地方。在主要由Twitter用户组成的社交网络上，如果用户处于结构洞位置，则其发表的信息能够有更快的传播速度和更大的影响范围。同样，随着国内有关互联网平台的发展，该领域将逐渐引起广泛关注。

从当前的文献中可以发现，结构洞理论也逐渐被应用于金融领域的研究，比如董事关系网络位置是影响公司治理作用的重要因素（Barnea和Guedj，2009；张勇，2021），公司的投资绩效回报会受到VC、PE等私募股权基金的联合投资网络位置的影响（杨勇和王齐晗，2016），私募基金校友关系网络位置会对基金业绩联动性产生十分显著的影响（Shi等，2020）。通过以上分析可以发现，相关学者以社会关系网络视角为切入点，对金融领域中的有关问题进行了十分详细的分析，不仅为后续关于结构洞的研究提供了一个全新的视角，而且很大程度上提升了结构洞理论研究的范围适用度。

所以，可以从文献整理回顾中看出，结合结构洞理论对创业问题开展具体的研究能够揭示创业者结构洞与创业绩效的具体作用机理，同时能适当地扩充结构洞理论的适用范围。

2.2.3 组织双元理论

学术界中，知名学者Duncan于最早提出“组织双元”概念（1976年），之后开始有越来越多的研究选择采用心理学中的“双元”概念，或者可以看成个体能够同时灵活、熟练地使用双手的技能，这主要被学者们作为一个具体的比喻来生动地描述组织同时追求探索和利用式行为的程度（Birkinshaw和Gibson，2004；Gupta等，2006；Ashforth和Reingen，2014；Garud和Turunen，2017）。探索主要包括不断试验新的可能性，如对新技术和市场的持续性挖掘；而利用则是指对企业竞争中的现有优势、成熟技术和所在市场的巩固及强化（Stritar等，2016）。探索和利用在现实中是两种需要不同的信息和知识输入的模式，在发展中也时刻面临着互相矛盾的知识处理过程。基于这一特点，学者们在进行的大量研究中，试图探索企业能否实现双元性，为什么能够实现双元性，以及企业追求双元导向是否能够最终取得更高的绩效表现（Cao等，2010）。在对相关研究结论的回溯梳理中发现，双元理论的研究既涵盖了个体层面和组织层面，也包括组织间层面，在研究中以组织层面的双元性研究居多。金昕等（2019）在研究中主要以动态能力理论为基础，对双元性组织进行构建，从组织层面研究企业怎样使用探索式、利用式两种截然不同的创新形式来增强企业成长和竞争中表现出来的优势。从研究文献的整理回溯过程中可以发现，当探索式、利用式两种创新形式在组织内部能够保持相对平衡的状态时，就能最大限度地推动企业长期竞争优势的提升。闫娜（2020）从结构双元、领导双元等几条路径开展对所在企业组织双元优化配置的探究。

学者们围绕组织双元理论开展的研究主要还是从个体、组织两个层面展开的，后续伴随着双元理论研究的不断进步和研究方法的不断发展，组织双元理论开始和社会关系网络等理论体系相结合。学者们在借鉴社会关系网络理论对组织双元理论的概念内涵进行阐述说明时，大部分还是基于学习、创新、战略、能力四个方面加以界定。

双元学习理论就是学者们从学习视角出发，将组织学习理论与双元理论结合起来提出的。该理论具体包括两类，分别是开发式学习和探索式学习。刘新梅等（2013）认为，无论是开发式学习还是探索式学习，都有完全不一样的侧重点。后者虽然无法预知将要承担的风险，但一定程度上可以帮助企业有效扩充自身知识储备，为企业在后续发展中创造新知识打下扎实的基础；而前者是一种较为谨慎稳妥的战略选择，其侧重点主要是强调企业要能够对已掌握的知识进行深度挖掘，以此来达到提升企业知识库的深度和广度的目的。葛宝山等（2016）给出了开发式学习的定义，具体指的是企业选择在现有成熟完善的知识基础上，尝试通过对原有技术、已经掌握的知识和拥有的资源尽可能地重新配置或调整，对这些内容进行适当的升级改造，如果企业在发展战略的制定上选择开发式学习，就能帮助企业在获得稳定收益的同时承担相对较小的风险。此外，该研究中还给出了探索式学习的定义，具体指的是企业选择通过向下游经销商和上游供应商搜集信息、系统性学习、在企业内部创造新的知识，这些行为能够帮助企业获得异质性和新颖性的知识与资源，但这些因素会造成探索式学习具有收益不稳定、无法预知将要承担的风险等特点。

双元创新理论就是学者们以创新视角为基础开展研究后提出的，宋春华等（2017）认为，双元创新是组织内部同时拥有开发式创新和探索式创新的能力。企业进行开发式创新的主要目的是能有效地扩大现有产品或服务所占的市场份额，从本质上看是企业为了满足现有客户的真实需求而做出的稳妥选择。相反，企业进行探索式创新的主要目的是能有效地在企业内部创造出新的技术、开发出新的产品，同时利用新的技术和产品开拓出新的市场。薛捷（2015）在研究中以249家高技术企业的调研数据为调查样本，通过对样本数据的处理分析发现组织间关系学习可以积极地影响企业双元创新。之后，Li等（2017）在研究结论中指出，探索式创新、开发式创新间存在比较明显的差异，主要是由企业已有的知识和资源来决定探索式创新和开发式创新，并不牵涉竞争者或产业层面。

研究如果选择结合战略视角展开，Voss等（2000）认为此时的战略双元具体可以被分为四类，分别是产品开发（Product Exploitation）、产品探索（Product Exploration）、市场开发（Market Exploitation）、市场探索（Market Exploration）。通过研究，学者们发现四者之间还存在着四点联系，分别是：第一，市场开发战略在企业的实际运营中与产品开发战略、产品探索战略和市场探索战略之间具有一定的互补性，且这几项战略都能十分显著地提升企业收入；第二，产品开发战略与市场探索战略之间具有一定的互补性，有些学者将其称为混合双元战略，同样也能十分有效地提升企业收入；第三，如果同市场中的小企业比较可以发现，产品开发战略与产品探索战略在大企业中能够产生更显著的效果；第四，相对于小企业，市场开发战略与市场探索战略在大企业中能够产生更显著的效果。除此之外，Wang等（2014）将双元概念引入创新战略的研究中，最终发现开发式创新战略是提炼、生产、筛选和执行相关的企业经营活动，通过执行开发式创新战略，能够十分有效地帮助企业调整和提升现有产品的质量和服务的水平；探索式创新战略则是指组织在能力范围内积极追求和创造新的知识，不断在企业发展过程中通过产品开发实现绩效的提升。

研究如果选择结合能力视角展开，Nguyen等（2013）认为，探索式能力指的是组织在其内部或外部能够通过不同的方式构建新的能力或创造新的技术，在内部主要是以自主研发的方式，在外部主要是以合作的方式，探索式能力在企业的实际运营中是一种不断试验和尝试冒险活动的动态能力；开发式能力则指的是企业在内部通过整合和重新配置现有资源和知识，并在后续发展中将这些能力在特定领域进行有效的深化，选择开发式能力能够在一定程度上有效地保持企业经营的可靠性和稳定性，同时以最小的代价提升企业的经营效率。孙永磊等（2014）发现探索式能力一方面能在企业内部创造出新的技术，另一方面能有效地扩大企业内部的知识库范围，还发现当企业内部的探索式能力和开发式能力达到动态平衡时，企业将最大限度地获得竞争优势的提升。

从上述文献可以看出，双元理论主要强调的是组织如同一个有机体，如探索与利用、渐进式变革与激进式变革、竞争与合作等（于天琪，2016）。为了能够有效提高企业或组织对外界的适应能力，需要企业或组织能够在实际运营过程中持有辩证的眼光，客观看待组织内部广泛存在的矛盾，同时在运营中不断帮助二者保持平衡状态。基于这一特点，在现实生活中成功建构双元的组织结构或实施双元的管理行为，能够帮助企业实现稀缺资源的有效利用，同时还能以平衡的组织目标更好地提升组织绩效（O'Reilly和Tushman，2008）。

第三章 理论模型与研究假设

3.1 理论模型

对于创业企业来说，如何更好地提高企业绩效一直是一个值得深入思考的问题。Nowacki等（2017）认为创业者在创业的全过程中一直处于核心地位，其本身具有的结构洞能够在很大程度上影响资源的利用效率与利用方式。特别是对于新时代的创业者来说，其所处的创业环境与前人相比发生了翻天覆地的变化，新技术层出不穷，身边的创业机会也瞬息万变，如何更好地占据结构洞来抓住转瞬即逝的创业机会、促进创业企业的发展成为亟待解决的问题。

本研究基于Burt提出的结构洞理论，在文献回溯分析的基础上，尝试性地构建了创业者结构洞到创业企业绩效的研究模型，认为创业者结构洞会对创业企业的成长产生影响，但是影响并不会直接发生在二者间，还需要不同类型的创业机会在整个过程中发挥关键的中介作用，即创业者结构洞在特定条件下转化为创业机会，并通过创业机会作用于创业企业绩效，最终帮助创业企业成长发展。同时，创业机会作用的发挥不能离开创业环境单独存在，创业环境会在创业机会开发与创业企业成长之间起到调节作用。故本研究的理论模型如图3–1所示。后续的内容中将就概念模型的推导过程进行详细的阐述。

3.2 结构洞与创业绩效的关系

创业者积攒的私人社会关系网络是构建企业间交流合作关系的重要影响因素之一。任何一名创业者都可以通过这一关系交流途径直接影响创业企业未来的成长和发展壮大。Gulati（1995）从关系研究的视角出发，将企业间建立的合作关系对企业未来成长发展产生的影响进行综合研究分析。Uzzi（1996，1997）两次在研究结论中表示企业之间建立的交流关系是企业从外部

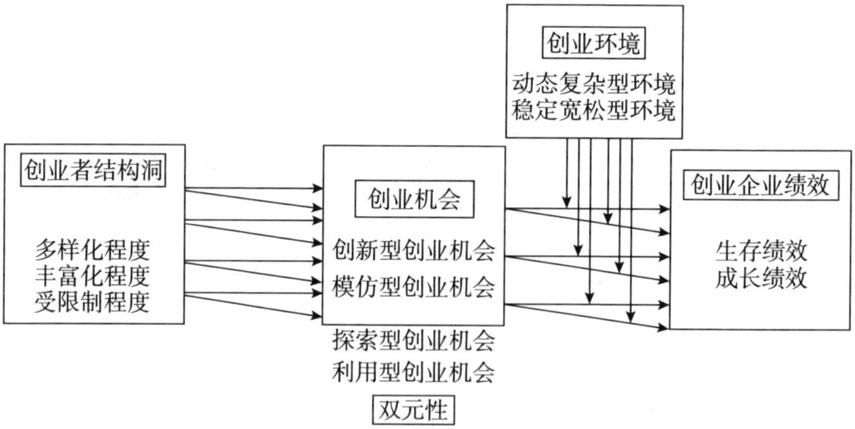

图3–1 创业者结构洞—双元机会开发—创业企业绩效理论模型

获得对经营活动有贡献价值信息的重要渠道。Dyer 和 Singh（1998）在研究中认为，一家企业和任何一个外部组织构建起来的交流合作关系，是企业从中获取关系收益和竞争优势的重要途径。之后，研究此类问题的学者更多地选择将研究基础上放在二元企业关系上，最终取得的结论为，一家企业如果可以成功地嵌入更大范围的网络里，就可以更加直接、有效地帮助企业识别并获取外部资源。总的来说，学者认为创业者作为企业家中的一个特殊群体，如果能够在网络中开发占据更多的结构洞，其在结构洞中受到限制的程度更低，通过结构洞建立的合作关系里的差异化程度更高，就能从网络中获得更多的外部资源支持，并识别开发更多的创业机会。

对于结构洞的测量可以从三方面进行。

第一，创业者结构洞数量的丰富化程度的不断变化，会为处在结构洞中的企业或个人带来信息数量的变化。继而由于信息获取渠道和数量的不断增多，网络成员为结构洞节点上的企业或者个人带来的信息具有较高的异质性和多样性，企业准确捕捉市场潜在信息的可能性加大。在研究结论中提到企业家结构洞数量越多，规模越大，意味着网络成员的数量越多、范围越广，以及网络成员掌握的知识量越大，而创业者一旦把握住机遇，就能降低时间成本，及时为其所管理的创业企业储备大量有利的信息资源（Marie 等，2006）。与此同时，结构洞数量的增加能够带来信息来源的增加、非冗余信息数量的增加以及获取新信息速度的加快。

第二，创业者结构洞种类的不断变化会为创业者带来信息多样化的变化，即面对差异性成员之间拥有多样性的信息，在异质性更为显著的网络中，创业者能够根据企业所面对的各类复杂的经营管理问题，把握住多样化的信息，并从中挑选出有用的信息，最终满足创业企业不断创新、节约时间成本的需要。与此同时，伴随着结构洞种类的异质性增强，创业者社会网络规模不断扩大，最终帮助创业者占有更多具有信息和控制优势的结构洞，获取非剩余的、多样性的信息机会更多（Burt，1997）。

第三，在创业者所在的创业企业所处的社会关系网络中，如果创业者所在的结构洞节点受到限制的程度越低，即结构洞节点上的企业或者个人接近中心性越高，就越容易在网络信息往来的过程中接触到对未来发展有利的信息源。社会关系网络中，在结构洞节点上的企业接近中心性越高，其自主创新程度也就越高（谢其军等，2019）。上述学者的研究可以说明，在对结构洞的研究和测量中，应该将节点上的企业或个人的接近中心性作为一个重要的研究维度纳入模型中。这说明如果结构洞节点上的企业或个人接近中心性越高（受限制程度越低），就越容易获取对企业或个人发展有利的信息源。

结构洞能够为创业者带来社会资本，这些社会资本能够帮助创业者有效地掌控社会关系网络，占据竞争中的优势核心位置，帮助企业获取竞争优势。学术界中第一次提出结构洞理论的Burt通过研究取得的结论证明，在个体微观层面上，一切经济行动发起的前提都是企业家前期积累的私人交往关系，一旦企业家能够成功占据社会关系网络中最有利的第三方位置，就可以十分容易地开发占据多种信息传播的通路，并从这些通路中获得大量可靠且时效性强的有用信息，并能将这些信息转化为企业收益。再者，企业家开发占据的结构洞越多，越能从投资回报中获得较高的利润率，结构洞的信息控制优势和对信息控制的高效都能帮助企业家所在的企业牢牢把握竞争优势。在现代社会两家不同企业的竞争中，优势不仅简单指企业拥有资源数量上的优势，还指企业拥有外部关系数量上的优势。也可以说，如果竞争的参与者开发占据的结构洞数量越多，其在竞争中拥有的关系优势就越大，就越能在竞争中获得较大的利益回报。该理论中最重要的一点是，任何一种类型的企业家都可以选择通过开发占据结构洞，最终实现控制关系网络信息流的设想，这意味着企业家可以有目的地与政府、协会、高校教育机构、独立科研机构等外部主体建立广泛联系，抓住在外部环境中存在的机会，从而最终通过机会转换获得投资回报。所以本研究会从结构洞的多样性、丰富性和受限制程度三个维度测量创业者结构洞。

企业家内部关系网络中的结构洞数量对企业所在区域的经济增长表现出显著的正向促进关系（王垒等，2016）。在此关系网络的具体维度中，企业家同政府、行业协会等非正式的合作关系是该网络中极其重要的组成部分。企业家通过开发占据结构洞可以更轻松地打破原有范围内的组织边界限制，继而接触开发到更多对企业未来发展有利的重要社会关系网络，对于企业既定经营策略及目标的成功实现更为有利。

结构洞在外部形成的所有纵向关系是任何一家企业面对变化的外部环境时进行正确经营决策的必要先行条件。这么说的第一点原因是，任何一家企业的社交网络化都无法脱离新技术、新信息和新知识而单独存在于市场中，通过企业家开发占据结构洞能够更加便捷地获得良好的信息关系网，利用结构洞带来的信息控制优势可以更便捷地收集不同企业间的技能和竞争优势，从而能够通过有意识的筛选获得和市场中其他优质企业开展深度交流合作的机会，帮助企业内部成功提升产品创新能力并通过产品创新来扩大市场份额；第二点原因是，将占据的结构洞充分用于竞争中的企业家能够在市场竞争不断增多的情况下，通过结构洞带来的竞争优势提升效应准确并及时地在新项目开发、拓展市场份额等领域中迅速占领核心竞争地位，无论是从银行还是从区域政府或合作伙伴方面，都有很大的机会从与对方建立的合作关系中获得诸如资金、扶持政策以及关键核心技术方面的重要支持；第三点原因是，任何一名企业家都能够通过在网络中挑选合适的关系节点成员，有意识地构造、建设更为高效的社会关系网络，在关系网络中不断地识别机会，并且在识别机会的整个过程中注重整合整体网络资源，在企业内部注重改革创新，通过改革捕捉市场中的先机。

创业者通过自身努力在创业过程中占据开发的结构洞，可以有效地为创业企业内部的网络化成长带来重要关系资源收益价值。如今，市场中几乎所有类型的企业都在经历区域环境不断变化、企业内部经营困难层出不穷等带来的不确定风险因素或突发性事件影响，丰富多样的结构洞能够有效帮助企业在网络中拥有良好的处理危机能力和及时应对突发事件的能力，从而最终成功帮助创业企业逆转局势、转危为安，在市场中存活下来。结构洞能为企业家拥有的社会关系网络带来更优质的新社会关系节点，可以帮助企业有效地消除合作者间可能存在的互相猜疑，从而最终达到降低交易成本的目的，为企业内部创造更多的收益（Jansen等，2006）。总的来说，创业者占据的结构洞种类越丰富，交往活动中受到其他限制的程度越低，交流合作中的差异性理念和新思想越多，企业的绩效表现也就越会得到显著的改善和提升。

总结上述相关文献的观点后，在此提出几点需要证实的研究假设。

H_1：结构洞对创业绩效具有正向影响。

H_{1a}：结构洞的丰富化程度对生存绩效具有正向影响。

H_{1b}：结构洞的多样化程度对生存绩效具有正向影响。

H_{1c}：结构洞的受限制程度高对生存绩效具有负向影响。

H_{1d}：结构洞的丰富化程度对成长绩效具有正向影响。

H_{1e}：结构洞的多样化程度对成长绩效具有正向影响。

H_{1f}：结构洞的受限制程度高对成长绩效具有负向影响。

图3-2是创业者结构洞与创业绩效理论模型。

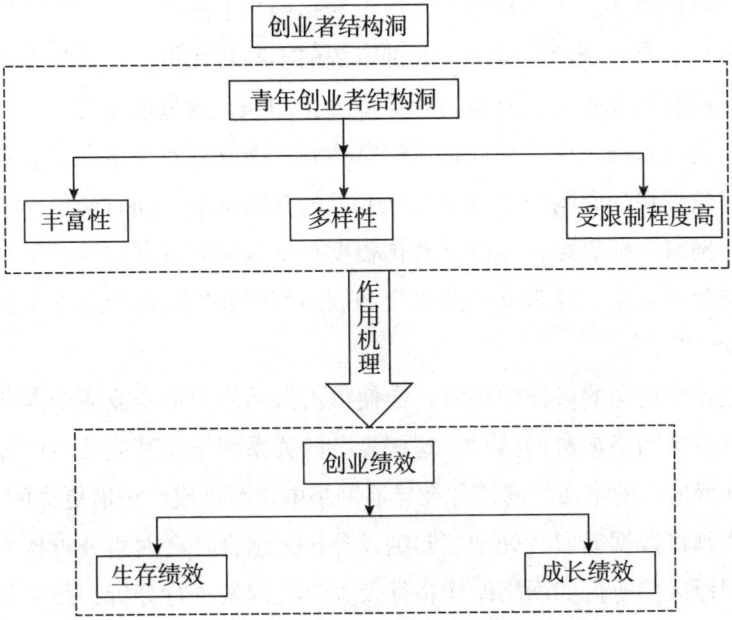

图3-2 创业者结构洞与创业绩效理论模型

3.3 创业者结构洞与双元机会开发的关系

在当下的经济市场中，由于我国经济发展模式的战略性转变，对创业者在市场中识别开发创业机会全过程的探讨具有十分重要的意义。在经营创业企业时，创业者自身具备的管理经验和管理能力、拥有的社会关系网络、拥有的不同种类管理资源都能不同程度地影响企业在内部是否进行多元化改革以及最终的经营决策。创业者自身掌握资源的能力由于个人行为偏好的不同而不同，也会最终影响创业企业双元机会开发的全过程。另外，双元机会开发战略的制定者和发起者都是创业者，对创业者自身拥有的社会资本与双元机会开发间的关系的研究成果相对匮乏，是当前学术界研究中亟待补全的重点环节。还有一点，由于创业者拥有的外部社会关系中掺杂了诸多个人因素，创业者处于创业团队难以撼动的核心位置，这也使创业团队具有难以复制性、难以替代性、异质性和独特价值性等特殊属性，且这些特殊属性会对创业企业开发双元机会的全过程起到十分重要的作用。

创业者结构洞的丰富度提升，会使得占据结构洞的企业或个人获得信息的渠道和数量增多。更丰富的网络成员为结构洞上的企业和个人提供更多可能蕴含市场资源和预测的信息。外部资源的不断转化可以帮助创业者从中获得种类不同的创业机会。万良勇和郑小玲（2014）通过研究发现，一家企业在董事社会关系网络中主动开发占据结构洞，能够有效地帮助企业更加迅速地获取时效性强的并购信息与对发展有益的并购机会，同时两位学者在结论中写道：网络中拥有结构洞的丰富化程度与企业发起的并购活动呈现十分显著的正向相关关系。探索型创业机会和利用型创业机会都会从丰富的市场信息中获利。

创业者结构洞的多样化提升，会使得占据结构洞的企业或个人获得更多异质性的关系网络成员的信息。这些复杂的关系网络及其成员会增加结构洞上企业获得信息的全面程度，并在异质网络中逐渐结成、拓展更大的关系网。基于在线预订数据提取、处理、归纳及分析，结合社会网络分析技术，对长江三角洲地区旅游流的网络结构特征及其影响因素进行分析，最终从得到的结构洞指数的具体数值来看，节点的有效规模和效率较高，同时该节点在网络中也拥有更多的竞争取胜机会和其他节点难以替代的区位优势（徐敏等，2018）。探索型创业机会和利用型创业机会都会从多样的市场信息中获利。

结构洞的受限制程度上升，节点上的企业或个人的接近中心性随之降低，在网络信息往来的过程中接触到对未来发展有利的信息源就越少。双元机会的开发过程直接受创业者在创业路径发展中所占据结构洞的影响，创业者在占据社交网络中心位置时，就能从各种渠道获取到多种有价值的信息，并且能够为企业在开发双元机会的过程中提供更大的帮助，同时能够为其所经营的创业企业提供更多的外部资源，促进企业与外部的各种联系。从这种联系中获取新资源的能力也会随着渠道的拥有变得更强，更有利于创业企业获取新的信息和与其他合作伙伴分享经验产生新的知识。此外，市场中一家创业企业拥有的外部关系范围越窄，越容易出现“短板效应”，影响企业的应变能力和经验积累。综合来看，如果创业者在网络中能够拥有较丰富且种类不同的结构洞，并且在结构洞中的受限制程度越低，就能在经营过程中不断地扩大企业的外部关系范围，也越容易从其中获取对企业经营成长有益的新资源和新信息，这些都能为创业企业在市场中成功获取源源不断的创业机会提供支持。

总结上述研究观点后，可以提出需要验证的几点假设。

H_2：结构洞对双元机会开发具有正向影响。

H_{2a}：结构洞的丰富化程度对探索型创业机会开发具有正向影响。

H_{2b}：结构洞的丰富化程度对利用型创业机会开发具有正向影响。

H_{2c}：结构洞的多样化程度对探索型创业机会开发具有正向影响。

H_{2d}：结构洞的多样化程度对利用型创业机会开发具有正向影响。

H_{2e}：结构洞的受限制程度高对探索型创业机会开发具有负向影响。

H_{2f}：结构洞的受限制程度高对利用型创业机会开发具有负向影响。

图3–3是创业者结构洞与创业机会开发研究概念模型。

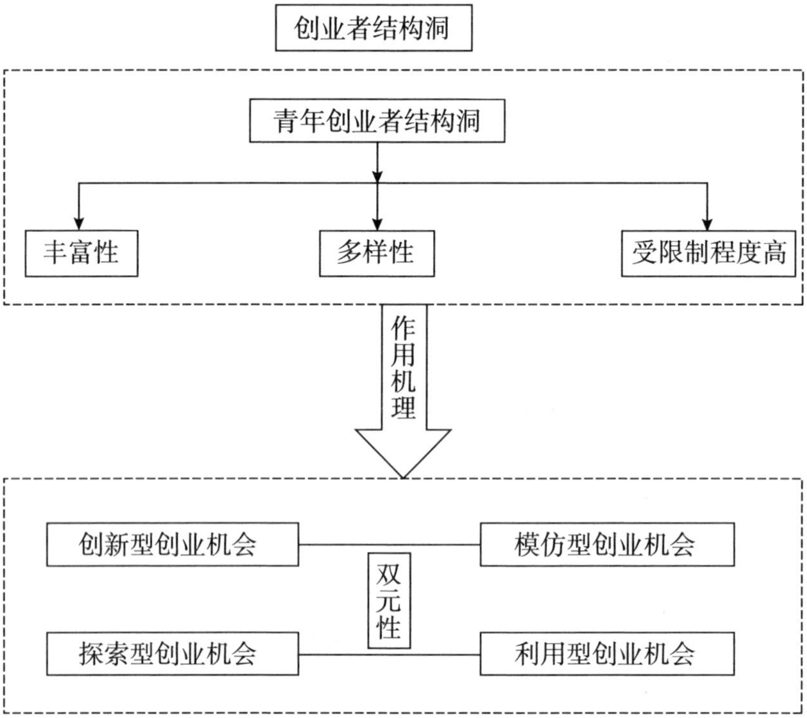

图3-3 创业者结构洞与创业机会开发研究概念模型

3.4 双元机会开发和创业绩效的关系

任何一种类型的创业都是机会识别与开发的整体动态过程显现（Shane和Venkataraman，2000）。另外，对于任何一种类型的创业机会识别和开发，从深层次分析就是对机会中蕴含的新产品或新服务等企业成长生存中的关键资源重新进行全方位、多角度的生产和经营管理；开发创业机会对创业者最终取得的创业结果起到十分重要的影响（Groves等，2008）。如果机会开发失败的话，就意味着市场中的此家创业企业无法提供满足顾客具体需求的新产品或新服务，最终导致创业面临失败（刘佳和李新春，2013）。

任何企业都可以选择通过识别开发创新型创业机会，对创业企业未来成长发展产生积极的影响，这一点主要通过几方面的工作来实现，分别是：识别开发创新型创业机会能够帮助企业在经营中产生独特的差异化优势；合理运用开创性的新技术，在企业内部创造出全新的产品或面对市场的服务，以这两者为基础占据更多的市场份额。在这几种行为的综合作用下，企业能够有效地与市场中其他企业区分开，通过努力另辟蹊径突破壁垒存活下来，并为日后的长期发展赢得其他企业不具备的优势（Korunka等，2003）。企业率先在市场中推出新产品或新服务后，其他模仿者会花费大量的时间成本与资金成本对新技术或工艺进行分析、消化到最终将其成功投入生产运营中，这也就决定了企业内部拥有的该核心技术优势或商业模式很难在市场中被竞争对手在短时间内成功模仿复制，可以帮助企业在一定时间内将这种优势转换为十分可观的垄断利润收益。

不少学者在研究中指出，任何一家创业企业都可以选择为消费者提供全新的、前所未有的新产品或服务，通过这一行为开创性地向消费者全面展示企业内部的未来发展潜力，也能通过树立好的市场形象为企业后续发展壮大争取客户流入等关键资源的积累（张秀娥等，2014）。

基于双元机会开发的视角，在研究中重点探讨了企业先前创业经验、创业导向、双元机会开发与企业的可持续竞争优势之间的影响，通过对271家中国创业企业的样本进行研究分析发现，均衡型创业机会开发和创新型创业机会开发都会对企业的可持续竞争优势发挥正向的影响（马蓝等，2020）。

机会类型为探索型的创业机会在识别开发的过程中能产生新知识，对企业在市场上提升可持续的竞争优势十分有利，并且有利于企业提高整体绩效表现，帮助企业拥有更强大的实力，最终成功在竞争中存活下来。

对于利用型创业机会的识别开发过程来说，利用型创业机会不一定意味着照搬机会所属企业的所有套路，而是需要比葫芦画瓢对企业内部已有的产品进行修改完善，或者改造企业内部已有的工艺或技术，对产品进行可行的边际变革以获取更多的利润收入（Román等，2013）。诸多学者认为，利用型创业机会实质上就是对现有市场中顾客存在的真实需求进行充分的挖掘开发，挖掘开发的过程可以通过对现有产品的更新换代、改变生产的整个传统流程或企业原有的销售方式等来实现。对于任何一家创业企业来说，开发市场中存在的探索型创业机会，通常意味着创业者在资源和能力方面要满足极高的要求才能成功对机会进行转化，所以这一点也就成了众多创业者往往在机会开发的选择上优先选取开发利用型创业机会的重要原因。

创业企业识别和开发利用型创业机会能够帮助企业在成长和生存两方面发挥积极作用，集中表现在以下两方面。

第一，可以帮助企业降低在开发机会时需要承担的风险。在选择利用型创业机会时，首要的一点是能够帮助开发企业以低风险换取固定额度的收益，即稳中求进。对于此类型机会的识别和开发全都是以现有技术和消费群体为基础进行的，在现有市场中采用已经过消费者检验后的技术，能够在机会开发的全过程中帮助企业有效地降低其需要承担的风险，从而帮助企业在短时间内以较低的资金成本顺利地将市场中此类型的创业机会低阻力地转化为企业内部拥有的商业实践，最终面向市场中的受众群体推出能够更好满足这部分消费者真实需求的新产品和服务，获得较为稳定的市场收益和资金流入。

第二，可以帮助创业者规避创业过程中可能由于自身疏忽大意出现的创业失误，使创业企业时刻保持与外部环境的沟通交流，将企业内部已经拥有的资源和全部精力投入对该类型机会开发的过程中，降低创业过程中出现决策失误的概率，并通过有效地开发创业机会来改善已有产品的质量和服务功能，降低企业运营过程中需要花费和承担的高额成本，创新、完善传统的营销模式等，帮助创业企业从市场中带来更稳定的收益。

综合上述文献中的观点，提出以下几条在后续研究中需要验证的假设。

H_3：创业机会开发对创业绩效具有正向影响。

H_{3a}：探索型创业机会开发对生存绩效具有正向影响。

H_{3b}：利用型创业机会开发对成长绩效具有正向影响。

图3-4是双元机会开发与创业绩效在创业环境调节下的概念模型。

3.5 双元机会开发的中介作用

从本研究建构的概念模型和有关文献中陈述的因果逻辑关系上看，对于创业机会识别和开发的全过程都会受结构洞的影响，上述内容又系统地陈述了创业机会是创业企业在市场中存活和发展成长的重要影响因素。创业者拥有的结构洞数量越多，就能积累越多的社会资本，从这些积累的资本中获取

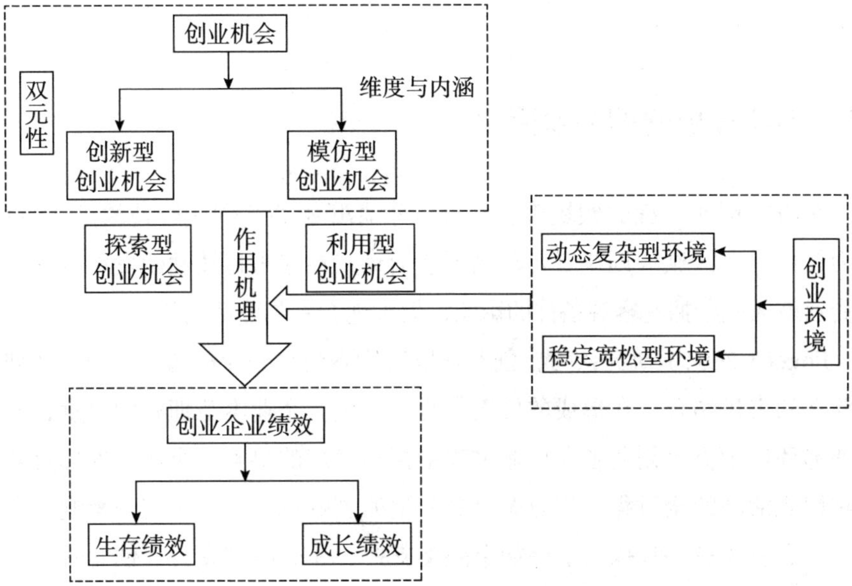

图3-4 双元机会开发与创业绩效在创业环境调节下的概念模型

更多的信息供给来源，从信息中识别具有价值的创业机会才会变得更有可能成功。在企业与市场的交互过程中，创业企业开发拥有的产品或服务能够帮助企业成功打开市场大门，占据稳定的市场份额，同时通过从市场中获得的反馈实现企业盈利水平的快速增长，最终稳定提升企业绩效表现。

芮正云和方聪龙（2018）在研究中基于嵌入性理论构建了互联网嵌入、双元机会开发和农村创业者节俭式创新的理论框架，最终发现创新性和均衡性创业机会在互联网嵌入和节俭式创新之间扮演着重要的中介变量的角色。

梁祺和张宏如（2019）从二元互动的角度探讨了孵化器社会资本对创新绩效的作用机理，结果发现均衡机会开发与创新机会开发在构建的理论模型中起到显著的中介作用。

总结了上述观点后，提出后续研究中需要验证的几条假设。

H_4：双元机会可以在创业者结构洞与创业企业绩效中发挥中介作用。

H_{4a}：探索型创业机会可以在创业者结构洞与创业企业绩效中发挥中介作用。

H_{4b}：利用型创业机会可以在创业者结构洞与创业企业绩效中发挥中介

作用。

3.6 创业环境的调节效应

在研究创业过程的领域里，大部分学者开始关注创业所处的具体情景，认为任何一个区域的创业者发起的创业活动，在未来持续性的发展过程中都会受到该区域所拥有客观条件的影响，极大地左右创业活动的表现。

Fogel（2004）研究认为，创业环境所代表的是创业活动过程中一系列创业要素的有机结合，在形成的要素集合中既包括企业本身拥有的要素，又包括外部环境中需要创业者在创业过程中探索发现的要素，企业的外部要素可以对创业活动的全过程、创业者自身产生的创业意愿产生一定的影响。在研究中，学者还进一步探索了诸如金融类支持、非金融类支持、创业者具备的创业商业技巧、外部经济社会宏观条件、创业活动的政治程序条件五个维度对创业成长的影响，最后成功证实创业所处的外部环境对企业的成长绩效能够直接产生影响。

Levie和Autio（2008）综合分析了全球创业观察推出的创业理论研究通用模型后，在原有模型基础上开创性地把创业者自身具备的能力、不同类型的创业机会识别开发等新变量加入构建的创业环境研究模型中，并在随后的步骤中收集面板数据对模型进行实证研究，验证模型的可行性。最后取得的结论显示，创业环境中所有要素之间产生的交互作用会在一定程度上对创业者发起的创业活动全过程及最终取得的创业绩效产生或多或少的影响。大部分学者最终取得的实验结果或多或少都会与这两位学者存在类似的地方，因此可以认为创业环境在创业者创业过程中发挥着重要的调节作用。

Valliere（2015）在研究中利用收集到的国家层面的创业调查数据，检验了创业环境对创业活动全过程发挥的促进和支持作用，并且结合实验进一步验证了不同种类创业机会在创业全过程中发挥的具体作用机理。该学者认为，外部的创业环境和创业者自身具备的有关能力、创业所处的环境与不同类型的创业机会识别和开发过程会交织在一起，共同形成影响因素集合，最终作用于创业企业的绩效表现上。

Garg等（2003）研究认为，外部环境能够对企业发起的创业活动全过程和最终取得的创业绩效两方面发挥一定的调节作用。

Hmieleski等（2007）在研究中将市场里的创业企业作为样本，结合收集到的数据综合探讨、验证了环境的动态变化对创业企业内部的领导和创业最终取得的绩效发挥的调节作用。

Vera和Crossan（2006）认为，当市场里任何一家企业在外部面临着高度不确定的客观条件时，创业者的环境转换能力能够极大程度地带动创业组织成员的兴趣，对其产生鼓励作用。在研究中，两位学者还成功验证了当企业处于高度不确定的动态环境时，任何类型的企业领导者前期开发占据的结构洞都可以在企业的运营过程中发挥最大的作用，可以从结构洞获取的信息里更加敏锐地解读他人的真实想法，一针见血地识别他人的真实情绪表现，通过这些真实反馈帮助企业在运营过程中更加有效地开发适合企业未来成长发展的创业机会，同时更好地减少不稳定的环境给企业的正常运营造成的威胁。

Lee等（2010）在研究中专门就创业环境动态性发挥的具体调节效应进行了探讨分析，最后得到的研究结论认为，企业所处环境表现出来的动态性能够最终作用于企业的领导方式对企业创新的影响关系上，当市场里任何一种类型的企业处在高度不确定的外部环境时，该企业内部具体的领导方式不同会因为环境的不确定最终影响企业绩效。

Omri和Becuwe（2014）在研究中基于创新的角度，对企业所在外部环境的动态性发挥的调节效应进行了综合考察，最后得到的结果发现，创业企业内部发起的创新行为会随着所处外部环境的不断变化同时发生不同程度的变化。

当创业环境表现出高度的不确定性和发生变化时，创业者如果能够及时有效地充分调动自己前期开发占据的结构洞，获取对企业有用的信息，再结合信息整合企业内部拥有的创业资源，抓住环境变动中稍纵即逝的商业机会，就能有效地帮助创业企业更好地应对外部环境的不确定性和变化。

上述内容中提到的创业外部环境指的是创业者在经营创业企业的全过程中从外部资源获得的各种创业支持，而环境的稳定宽松性则代表从外部环境获得创业支持较为容易。当创业者可以在企业运营过程中较为轻松地从外部环境中获得创业支持时，就说明创业者运营的创业企业所处的区域较为稳定且具有较高的宽松自由度。

高静和张应良（2014）从情境因素视角分析环境的特性在资源拼凑方式与农户创业价值实现之间的调节作用，发现宽松、动态的创业环境均能起到正向调节作用。

Goll和Rasheed（2004）对创业企业内部管理者的各种特殊属性、外部创业环境的宽松性与最终企业绩效表现三者之间的关系进行了研究分析，在构建的研究模型中将环境宽松性作为调节变量，希望能够通过研究得到的结论发现企业管理者作出的决策是否会受到外部环境的影响，最后发现宽松稳定的外部环境可以为管理者作出最终决策提供更多种类的选择，且对最终的创业绩效提升发挥显而易见的调节作用。

Zhao等（2013）在研究中基于组织学习的角度，发现当市场里任何一家创业企业能够十分容易地获取外部创业资源时，企业内部的创业者就可以合理引导员工更多地进行资源的转化，通过这种转化帮助创业企业走向良性发展循环的道路，加快创新步伐。因此可以认为，环境的稳定宽松性能够有效提升创业机会开发，促使创业企业朝更好的方向前进。

综合上述文献观点，在此提出后续研究中需要验证的几点假设。

H_5：创业环境可以正向增强双元机会开发和创业绩效之间的关系。

H_{5a}：创业环境的动态复杂性会增强探索型创业机会开发和创业绩效之间的正向关系。

H_{5b}：创业环境的动态复杂性会增强探索型创业机会开发和成长绩效之间的正向关系。

H_{5c}：创业环境的动态复杂性会增强探索型创业机会开发和生存绩效之间的正向关系。

H_{5d}：创业环境的动态复杂性会增强利用型创业机会开发和创业绩效之间的正向关系。

H_{5e}：创业环境的动态复杂性会增强利用型创业机会开发和成长绩效之间的正向关系。

H_{5f}：创业环境的动态复杂性会增强利用型创业机会开发和生存绩效之间的正向关系。

H_{5g}：创业环境的宽松稳定性会增强探索型创业机会开发和创业绩效之间的正向关系。

H_{5h}：创业环境的宽松稳定性会增强探索型创业机会开发和成长绩效之间的正向关系。

H_{5i}：创业环境的宽松稳定性会增强探索型创业机会开发和生存绩效之间的正向关系。

H_{5j}：创业环境的宽松稳定性会增强利用型创业机会开发和创业绩效之间的正向关系。

H_{5k}：创业环境的宽松稳定性会增强利用型创业机会开发和成长绩效之间的正向关系。

H_{5l}：创业环境的宽松稳定性会增强利用型创业机会开发和生存绩效之间的正向关系。

以上回溯分析了相关研究文献，并且提出在后续研究过程中需要结合数据分析验证的研究假设。在研究文献的基础上可以看出结构洞确实可以通过影响创业机会开发过程，最终对创业绩效表现的提升产生影响。在创业者经历的全部创业过程中，企业所处的外部情境要素也会在其中起到十分重要的调节作用。与学者们对结构洞理论进行研究后取得的结论的不同之处在于，本研究选取了把创业者这一企业中的核心要素与结构洞理论结合在一起进行研究。具体来说，即在创业者创业的过程中，通过有意识地开发占据结构洞对最终创业绩效的影响机理进行研究，并在此基础上综合考虑创业环境的调节效应。

第四章　调查设计与预测试

4.1　研究维度定义与测量量表

4.1.1　问卷设计原则

本书以创业企业中的核心创业者通过自身努力占据开发的结构洞对创业绩效的影响这一现实问题为研究出发点，综合研究个体层面对组织层面产生的影响，由于相关数据尤其是各企业的财务和社会关系数据难以从公开的二手资料中获得，因此在研究中采用问卷调研的方式搜集第一手数据。在设计问卷的过程中，需要遵循一系列调研的基本原则，主要包括：问卷测量题项的具体内容与研究变量的内涵要保持一致；题项问句要通俗易懂，不会因为存在语病产生歧义；问卷设计不能涉及创业企业的商业机密；各题项必须保持相互独立。只有在设计问卷测量题项时将这些原则都考虑在内，才能得到合规的问卷进行正式调研。

基于前述内容对研究模型中的有关变量与关系构念的探讨分析，结合有关学者的观点对调查问卷中用到的测量题项进行设计。因为市场中的创业企业普遍具有成立时间较短、对外公开的资料较少等特点，如果选择对创业企业与创业者开展具体的研究，实证研究中用到的数据以及创业者私人建立的社会关系很难直接从数据库中获得，所以本研究需要采用问卷调查与实地调查访谈企业家相结合的方式来获取一手数据。此类调研方法作为社会科学领域中较常见的研究方法，一直处于不断完善的过程，在学术界中已经初步形成了一套被广大学者认可的相对合理的调研体系和步骤。本研究在进行问卷设计时，除了遵循前文提出的原则，在设置具体题项时还需要遵循问题合理性、普适性、逻辑严密性、目标明确性、非指向性等基础原则，力求能够最大限度在最终的结论中真实反映中国当下的创业实际情况。

实证研究部分需要用到的调查问卷由以下六部分构成：一是对内容和调查目的进行简单的介绍，主要是为了能够帮助受访者更好地理解本研究的目的，在填写问卷前初步打消受访者在填写个人信息时可能会因为隐私问题产生的某些顾虑；二是调查问卷受访者及企业的相关信息，主要包括本研究选取的控制变量，如年龄、性别、学历等一系列信息，另外，还会根据研究中涉及的具体需要邀请受访者填写企业的一些基础信息，包括企业的成立时间、营业收入等；三是对创业者结构洞的测量题项，具体包括多样化、丰富化、受限制程度三个维度；四是对创业机会开发的测量题项，具体分为探索型创业机会和利用型创业机会两个维度；五是对创业环境属性的测量题项，具体包括动态复杂型环境和稳定宽松型环境两个维度；六是对创业企业绩效的测量题项，具体包括成长绩效和生存绩效两个维度。本研究对主要变量的测量均采用李克特5级量表的方式，根据问卷中各题项的描述情况，让受访者根据自身真实情况选取1～5不同的评分，1代表非常不同意，2代表比较不同意，3代表不能确定，4代表比较同意，5代表非常同意。

4.1.2　预调研问卷的发放与回收

为了能够避免重复出现表达不清与小样本预调研测试中出现的问题，结合预测试最终取得的有关结果对问卷中的部分测量问题题项进行了调整和删减。从具体的步骤来说，需要在正式问卷中将那些表述不清以及通过预测试测试出来的问题题项进行纠正和删除，使最终得到的问卷更符合创业者的答题习惯，还要将问卷部分维度中的测量题项涉及的具体内容进行微调，这么做的目的是帮助受访者充分认识和了解每一个测量维度构念的真实含义，使本研究在对维度的测量上更加准确和精密，也能通过这一步使最终得到的数据具备更高的信度、效度与普适度。

确定正式的调查问卷后，研究的具体内容开始聚焦在对创业者开发占据的结构洞和创业绩效的相关概念上，所以将本研究的调查对象确定为创业者群体及市场中由创业者主营的创业企业。

1. 河南省海捷伦物流设备有限公司

对于问卷中的一些具体题项，结合前文所述的结构洞指数的具体测算步骤，本研究在一众创业企业中选择将河南省海捷伦物流设备有限公司作为最终问卷形成的现实依据，具体原因如下：第一，在预调研开展的过程中，发现该企业有十分典型的创业企业特点，如企业员工普遍身兼数职、企业创建者有十分强烈的好奇心、企业业务繁忙等；第二，该企业的成立时间在同行业企业中较短，业绩上升趋势却十分明显；第三，在与企业创始人交谈的过程中，发现该企业十分适合开展结构洞指数的测算分析，并能够通过该指数计算挖掘出企业内部存在的问题，还可以从另一个方面证实结构洞确实能够从丰富化、多样化、受限制程度以及等级度四个维度来影响创业绩效。基于以上三点原因，本研究选择将问卷用于与该企业创始人的访谈中，测算分析其结构洞指数，具体步骤如下。

首先，利用第二章文献综述部分用到的（图2–2表示无向图邻接矩阵$\boldsymbol{A}$）方法，再根据对该企业创始人的访谈所掌握的具体情况，可以看到该企业网络核心包括：物流方案咨询师、叉车器材供应商、产品仓储商、电池销售商、机电产品销售代表。涉及的企业有：郑州高新区顺之帮货运咨询服务部、郑州锦之力叉车设备有限公司、郑州国际物流中心园区、郑州高新开发区志诚叉车配件经营部、郑州中岳机电设备有限公司、郑州华洋新能源科技有限公司、郑州建强仓储服务有限公司。

其次，将案例企业及与其有合作的企业进行编码，设案例企业创始人编码代号为1，郑州高新区顺之帮货运咨询服务部编码代号为2，郑州锦之力叉车设备有限公司编码代号为3，郑州国际物流中心园区编码代号为4，郑州高新开发区志诚叉车配件经营部编码代号为5，郑州中岳机电设备有限公司编码代号为6，郑州华洋新能源科技有限公司编码代号为7，郑州建强仓储服务有限公司编码代号为8。按照河南省海捷伦物流设备有限公司制定的相关原则，做出该企业的邻接矩阵$\boldsymbol{G}$示意图，如图4–1所示。

然后，运用UCINET 6.0软件制作河南省海捷伦物流设备有限公司创始人的组织关系图，如图4–2所示。

	1	2	3	4	5	6	7	8
1	0	1	1	1	1	1	1	1
2	1	0	0	0	0	0	0	0
3	1	0	0	0	0	0	0	0
4	1	0	0	0	0	0	0	0
5	1	0	0	0	0	0	0	0
6	1	1	1	1	1	0	1	1
7	1	1	1	1	1	1	0	1
8	1	1	1	1	1	1	1	0

$$G=\begin{bmatrix}0&1&1&1&1&1&1&1\\1&0&0&0&0&0&0&0\\1&0&0&0&0&0&0&0\\1&0&0&0&0&0&0&0\\1&0&0&0&0&0&0&0\\1&1&1&1&1&0&1&1\\1&1&1&1&1&1&0&1\\1&1&1&1&1&1&1&0\end{bmatrix}$$

图4-1 河南省海捷伦物流设备有限公司创始人的邻接矩阵*G*示意图

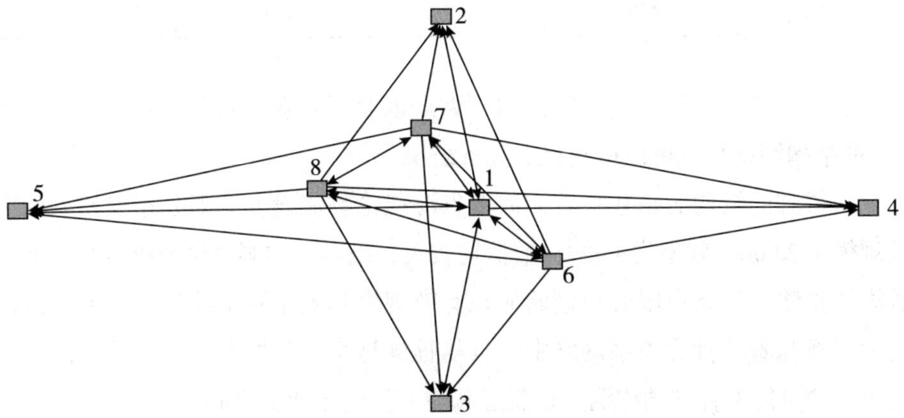

图4-2 河南省海捷伦物流设备有限公司创始人组织关系

最后，按照河南省海捷伦物流设备有限公司的相关原则，依据上述步骤中做出的邻接矩阵，计算出河南省海捷伦物流设备有限公司创始人的结构洞指数，如表4-1所示。表中的指数分别是有效规模、效率、受限制程度、等级度，其中有效规模指的是网络中的非冗余因素；效率等于该点的有效规模与实际规模的比值；受限制程度指的是行动者在网络中所拥有的掌控结构洞的具体能力；等级度指的是某个具体的行动者在何种程度上所拥有的限制性。四项指数中，受限制程度是测量结构洞的最重要指标，其最终得到的数值越大说明结构洞受到的限制性越强。

表4-1 河南省海捷伦物流设备有限公司创始人的结构洞指数

节点数	有效规模	效率	受限制程度	等级度
1	7.000	4.429	0.633	0.434
2	4.000	1.000	0.250	0.841
3	4.000	1.000	0.250	0.841
4	4.000	1.000	0.250	0.841
5	4.000	1.000	0.250	0.841
6	7.000	3.400	0.486	0.550
7	7.000	3.400	0.486	0.550
8	7.000	3.400	0.486	0.550

以创业理论、创业企业特点和“大众创业、万众创新”为背景，利用表4-1的结构洞指数，可以得到以下分析结果。

从得到的结构洞指数来看，河南省海捷伦物流设备有限公司创始人的有效规模为7.000，效率为4.429，数值均较大，结合结构洞理论分析可知，河南省海捷伦物流设备有限公司创始人在有效规模和效率两个项目上得到的数值越大，意味着其社会关系网络中的重复程度越小，其拥有的社会关系网络中有很大的可能性存在结构洞，也就意味着对经营企业更有利。

河南省海捷伦物流设备有限公司创始人的受限制程度为0.633，这说明创始人在社会关系网络中的行动效率高效，能够从网络中及时获得问题的反馈，并且可以从网络中的其他节点上获取应有的支持。在研究中该项目一般被用来表示个体网络的闭合性，即社会关系网络中某个节点占据着与其他节点上的个体形成的直接或间接关系间的紧密程度，受限制程度最终显示的指数越低，意味着此社会关系网络越开放，网络中存在的结构洞数量也就会随之增加。创始人的受限制程度较小，说明其网络覆盖程度较大，其拥有的结构洞数量也较多。

河南省海捷伦物流设备有限公司创始人的等级度为0.434，数值较低。创始人等级度被用来表示交流限制性围绕其展开的程度，数值越低，表示该节点上的个体离社会关系网络的核心越近，对该网络就拥有更强大的控制力。

从具体计算得到的结构洞指数结果可以看出，河南省海捷伦物流设备有限公司创始人能够在遇到经营困境时很好地从自身占据的结构洞获取支持。在与创始人的实际访谈中可以发现，从企业成立至今，企业运营状况良好，前景明晰，企业有稳定的资金流入，有完整的内部产业链，并且在遇到问题时可以找到合适的提供解决办法的人或咨询公司。但需要注意的是，该企业要逐渐拓宽自己的经营领域，丰富自己的经营战略，这也就意味着需要创始人在日后的工作、社交中有意识地培养开发自身拥有的结构洞，为企业在市场中寻找更多的发展机会，提升企业的绩效表现。

除了上面这些有利因素，从实际访谈中还发现，河南省海捷伦物流设备有限公司正处于创立初期，创始人个人社会关系网络不够健全；企业自身生产力水平较低；企业人员配备少、资金规模小；组织层级少，管理幅度大；组织模式呈现简单的直线职能型组织结构，企业运营成本较高。如何在未来的运营中合理运用自身占据的结构洞开发创业机会，最终将其转化为企业绩效的提升是该企业亟须解决的问题。

2. 中国国家铁路集团有限公司

除了上述案例企业，本研究还尝试结合中央企业案例，分析其结构洞指数对提升企业绩效与完善改革效果的影响。

近几年，中国国家铁路集团有限公司（以下简称国铁集团）是争议最多的主体之一，尤其是国铁集团的政企合一饱受诟病。

1990年9月颁布的《中华人民共和国铁路法》第三条规定："国家铁路运输企业行使法律、行政法规授予的行政管理职能。"第七十二条规定："本法所称国家铁路运输企业是指铁路局和铁路分局。"铁路局、铁路分局是运输企业法人，但又行使一定的行政机关管理职权。2013年3月14日，全国人大审议通过了《国务院机构改革和职能转变方案》。铁道部被撤销，实行铁路政企分开。在铁路运输领域，国铁集团是唯一的经营主体，处于绝对的国家垄断地位；作为运输行业企业，国铁集团正面临公路、航空、水运等其他运输业的激烈竞争。

尽管国铁集团经历了多次重组，但多元化倾向严重。在做强做优做大的政策指引下，垄断型中央企业趋向于多元化经营。垄断程度越高，多元化经营范围越广；反之，垄断程度越低，多元化经营范围越有限。

归纳而言，国铁集团这样的垄断型中央企业在组织模式上有以下显著特征：第一，组织内部表现得集权化和多元化，这种复杂的战略图谱通过产业集群化来达成战略统一，有助于突破集团内层级的束缚，从而更有效地发挥集团优势；第二，通过企业的产业领头羊身份，自然地在其周围形成一种特殊的组织形态，围绕核心产业形成一种业务上的集群关系，即所谓的“类集群”。

第一点的显著证据，如国铁集团在2017年的产业工作会议上，提出了公司产业工作的总体思路和工作要求：加快改革创新，深化重组整合，加强经营管理，大力提升创新水平、管控水平和效益水平，努力培育“四强四优”、国际一流的现代产业公司，建设具有国际竞争力的战略性产业集群，为“一强三优”现代公司作出新的更大的贡献。这里所谓的战略性产业集群，显然不同于通常概念的产业集群。

国铁集团经国务院批准并在国家工商行政管理部门登记注册，具有独立的企业法人资格，与出资人之间在业务、人员、资产、机构、财务等方面相互独立，自主经营、独立核算、自负盈亏。

（1）业务方面。公司在国家宏观调控和主管部门的监管下，依法经营，照章纳税，自主进行各项经营活动。

（2）人员方面。公司与出资人在劳动、人事及工资管理等方面相互独立，设立了独立的劳动人事职能部门，且公司具有与业务发展相适应的经营管理和专业技术队伍。

（3）资产方面。公司拥有经营所需的独立的营运资产和配套设施，包括机器设备、房屋建筑物等固定资产，以及土地使用权、专利技术等无形资产。资产产权清晰，管理有序。

（4）机构方面。公司经营、财务、人事等均设有独立机构，与出资人完全独立。

（5）财务方面。公司设立了财务管理部门，建立了独立的财务核算体系，执行规范的财务会计制度。公司在银行开设独立于出资人的账户，独立依法纳税。

如图4-3所示，分别对中国铁路总公司集团进行编码。假设中国铁路总公司集团核心领导层编码代号为1，办公厅编码代号为2，改革与法律部编码代号为3，计划统计部编码代号为4，财务部编码代号为5，科技管理部编码代号为6，人事部编码代号为7，劳动和卫生部编码代号为8，国际合作部编码代号为9，资本运营和开发部编码代号为10，物资管理部编码代号为11，价格管理部编码代号为12，运输局（综合部、营运部、调度部、机务部、车

一、中国铁路总公司机关

1.内设机构（21个）：办公厅、改革与法律部、计划统计部、财务部、科技管理部、人事部、劳动和卫生部、国际合作部、资本运营和开发部、物资管理部、价格管理部、运输局（综合部、营运部、调度部、机务部、车辆部、供电部、工务部、电务部、信息化部）、建设管理部、安全监督管理局、审计和考核局、监察局、宣传部、中华全国铁路总工会、全国铁道团委、直属机关党委、离退休干部局。

2.经国务院授权管理的机构（1个）：铁路公安局（公安部十局）。

3.中国铁路总公司办公厅与中国共产党中国铁路总公司党组办公室、中国铁路总公司人事部与中国共产党中国铁路总公司党组组织部、中国铁路总公司国际合作部与中国铁路总公司港澳台办公室，为一个机构两块牌子。中国铁路总公司监察局与中国共产党中国铁路总公司党组纪律检查组合署办公。

4.总公司直属机构（4个）：工程质量安全监督总站、资金清算中心、工程管理中心、档案史志中心。

二、中国铁路总公司所属企业

1.铁路局（公司）（18个）：哈尔滨铁路局，沈阳铁路局，北京铁路局，太原铁路局，呼和浩特铁路局，郑州铁路局，武汉铁路局，西安铁路局，济南铁路局，上海铁路局，南昌铁路局，广州铁路（集团）公司，南宁铁路局，成都铁路局，昆明铁路局，兰州铁路局，乌鲁木齐铁路局，青藏铁路公司。

2.专业运输公司（3个）：中铁集装箱运输有限责任公司，中铁特货运输有限责任公司，中铁快运股份有限公司。

3.其他企业（4个）：中国铁路建设投资公司，中国铁道科学研究院，中国铁道出版社，人民铁道报社（铁道影视音像中心）。

4.正在转企事业单位（6个）：铁道部经济规划研究院（铁道部工程设计鉴定中心），铁道部信息技术中心，铁道部专运处，中国铁路文工团，中国火车头体育工作队，铁道部机关服务中心（含铁道部培训中心、铁道部机关印刷室、铁道部机关房地产管理所、铁道部北戴河干部休养所、铁道部机关幼儿园）。

另有铁道第三勘察设计院集团有限公司，中铁银通有限责任公司，中国铁路发展基金公司，铁路财产自保公司筹备组，中国铁路国际有限公司筹备组。

三、中国铁路总公司所属事业单位（3个）

铁道党校、铁道战备舟桥处、中国铁道博物馆。

图4–3 中国铁路总公司组织结构[①]

① 现已更名为国铁集团，此结构图为更名前数据，与现有数据有差异。

辆部、供电部、工务部、电务部、信息化部）编码代号为13，建设管理部编码代号为14，安全监督管理局编码代号为15，审计和考核局编码代号为16，监察局编码代号为17，宣传部编码代号为18，中华全国铁路总工会编码代号为19，全国铁道团委编码代号为20，直属机关党委编码代号为21，离退休干部局编码代号为22，经国务院授权管理的机构铁路公安局（公安部十局）编码代号为23。首先，做出中国铁路总公司的邻接矩阵，如表4–2所示。

表4–2 中国铁路总公司的邻接矩阵

									1	1	1	1	1	1	1	1	1	1	2	2	2	2	
	1	2	3	4	5	6	7	8	9	0	1	2	3	4	5	6	7	8	9	0	1	2	3
–	–	–	–	–	–	–	–	–	–	–	–	–	–	–	–	–	–	–	–	–	–	–	
1	0	1	1	1	1	1	1	1	1	1	1	1	1	1	1	1	1	1	1	1	1	1	1
2	1	0	1	1	1	1	1	1	1	1	1	1	1	1	1	1	1	1	1	1	1	1	1
3	1	0	0	0	0	0	0	0	0	0	0	0	0	0	0	0	0	0	0	0	0	0	0
4	1	0	0	0	0	0	0	0	0	0	0	0	0	0	0	0	0	0	0	0	0	0	0
5	1	1	1	1	0	1	1	1	1	1	1	1	1	1	1	1	1	1	1	1	1	1	1
6	1	0	0	0	0	0	0	0	0	0	0	0	0	0	0	0	0	0	0	0	0	0	0
7	1	0	0	0	0	0	0	0	0	0	0	0	0	0	0	0	0	0	0	0	0	0	0
8	1	0	0	0	0	0	0	0	0	0	0	0	0	0	0	0	0	0	0	0	0	0	0
9	1	0	0	0	0	0	0	0	0	0	0	0	0	0	0	0	0	0	0	0	0	0	0
10	1	0	0	0	0	0	0	0	0	0	0	0	0	0	0	0	0	0	0	0	0	0	0
11	1	0	0	0	0	0	0	0	0	0	0	0	0	0	0	0	0	0	0	0	0	0	0
12	1	0	0	0	0	0	0	0	0	0	0	0	0	0	0	0	0	0	0	0	0	0	0
13	1	0	0	0	0	0	0	0	0	0	0	0	0	0	0	0	0	0	0	0	0	0	0
14	1	0	0	0	0	0	0	0	0	0	0	0	0	0	0	0	0	0	0	0	0	0	0
15	1	0	0	0	0	0	0	0	0	0	0	0	0	0	0	0	0	0	0	0	0	0	0
16	1	1	1	1	1	1	1	1	1	1	1	1	1	1	1	0	1	1	1	1	1	1	1
17	1	1	1	1	1	1	1	1	1	1	1	1	1	1	1	1	0	1	1	1	1	1	1
18	1	1	1	1	1	1	1	1	1	1	1	1	1	1	1	1	1	0	1	1	1	1	1
19	1	1	1	1	1	1	1	1	1	1	1	1	1	1	1	1	1	1	0	1	1	1	1
20	1	1	1	1	1	1	1	1	1	1	1	1	1	1	1	1	1	1	1	0	1	1	1

续表

21	1	1	1	1	1	1	1	1	1	1	1	1	1	1	1	1	1	1	1	1	0	1	1
22	1	0	0	0	0	0	0	0	0	0	0	0	0	0	0	0	0	0	0	0	0	0	0
23	1	0	0	0	0	0	0	0	0	0	0	0	0	0	0	0	0	0	0	0	0	0	0

其次，根据中国铁路总公司的邻接矩阵，运用UCINET 6.0软件画出其组织关系图，如图4–4所示。

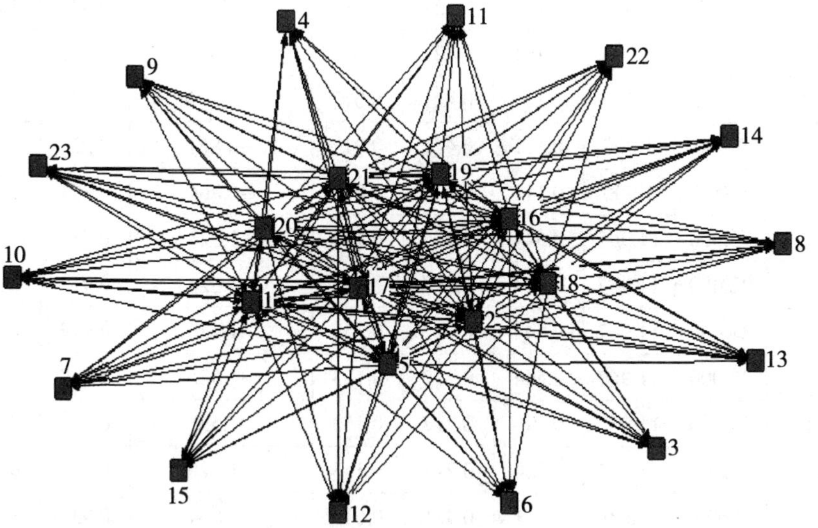

图4–4 中国铁路总公司组织关系

根据中国铁路总公司的邻接矩阵，运用UCINET 6.0软件计算出中国铁路总公司的结构洞指数，如表4–3所示。

表4–3 中国铁路总公司的结构洞指数

节点数	规模	有效规模	效率	受限制程度	等级度	网络限制度指数相关系数	弱连接系数	网络密度
1	22.000	14.364	0.653	0.182	0.098	–1.702	0.848	0.364
2	22.000	11.967	0.544	0.217	0.153	–1.526	0.919	0.394
3	9.000	1.000	0.111	0.421	0.017	–0.864	0.931	1.000
4	9.000	1.000	0.111	0.421	0.017	–0.864	0.931	1.000
5	22.000	11.967	0.544	0.217	0.153	–1.526	0.919	0.394

续表

节点数	规模	有效规模	效率	受限制程度	等级度	网络限制度指数相关系数	弱连接系数	网络密度
6	9.000	1.000	0.111	0.421	0.017	−0.864	0.931	1.000
7	9.000	1.000	0.111	0.421	0.017	−0.864	0.931	1.000
8	9.000	1.000	0.111	0.421	0.017	−0.864	0.931	1.000
9	9.000	1.000	0.111	0.421	0.017	−0.864	0.931	1.000
10	9.000	1.000	0.111	0.421	0.017	−0.864	0.931	1.000
11	9.000	1.000	0.111	0.421	0.017	−0.864	0.931	1.000
12	9.000	1.000	0.111	0.421	0.017	−0.864	0.931	1.000
13	9.000	1.000	0.111	0.421	0.017	−0.864	0.931	1.000
14	9.000	1.000	0.111	0.421	0.017	−0.864	0.931	1.000
15	9.000	1.000	0.111	0.421	0.017	−0.864	0.931	1.000
16	22.000	11.967	0.544	0.217	0.153	−1.526	0.919	0.394
17	22.000	11.967	0.544	0.217	0.153	−1.526	0.919	0.394
18	22.000	11.967	0.544	0.217	0.153	−1.526	0.919	0.394
19	22.000	11.967	0.544	0.217	0.153	−1.526	0.919	0.394
20	22.000	11.967	0.544	0.217	0.153	−1.526	0.919	0.394
21	22.000	11.967	0.544	0.217	0.153	−1.526	0.919	0.394
22	9.000	1.000	0.111	0.421	0.017	−0.864	0.931	1.000
23	9.000	1.000	0.111	0.421	0.017	−0.864	0.931	1.000

从上述结构洞指数的指标来看，中国铁路总公司核心领导层的规模为22.000，有效规模为14.364，效率为0.653，受限制程度为0.182，等级度为0.098，网络限制度指数相关系数为−1.702，弱连接系数为0.848，网络密度为0.364。办公厅、财务部、审计和考核局、监察局、宣传部、中华全国铁路总工会、全国铁道团委、直属机关党委的规模为22.000，有效规模为11.967，效率为0.544，受限制程度为0.217，等级度为0.153，网络限制度指数相关系数为−1.526，弱连接系数为0.919，网络密度为0.394。改革与法律部、计划统计部、科技管理部、人事部、劳动和卫生部、国际合作部、资本运营和开发部、物资管理部、信息化部、运输局、建设管理部、案例监督管理局、离退

休干部局、铁路公安局（公安部十局）的规模为9.000，有效规模为1.000，效率为0.111，受限制程度为0.421，等级度为0.017，网络限制度指数相关系数为–0.864，弱连接系数为0.931，网络密度为1.000。

3. 中国铁建股份有限公司

中国的中央企业是极具中国特色的国有企业形式。因此，以结构洞理论为基础，对中央企业的组织模式进行研究，以结构洞的视角，从有效规模、效率、等级度、受限制程度四类结构洞指数来衡量中国铁建股份有限公司（以下简称中国铁建）的组织情况具体步骤如下：

中国铁建总部2019年组织机构如图4–5所示。

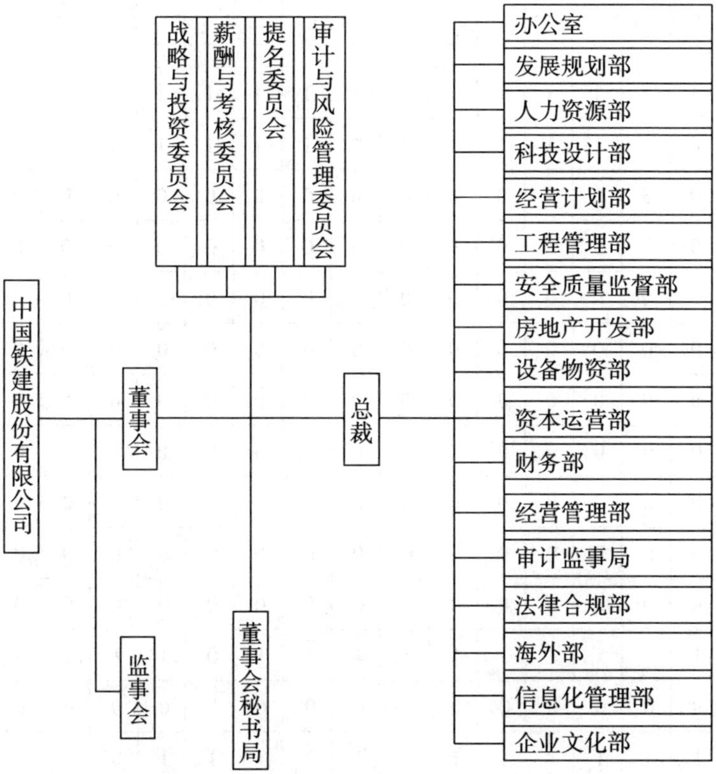

图4–5 中国铁建总部2019年组织机构

资料来源：中国铁建官网

依据图4–5，中国铁建核心领导层编码代号为1，办公室编码代号为2，发展规划部编码代号为3，人力资源部编码代号为4，科技设计部编码代号为

5，经营计划部编码代号为6，工程管理部编码代号为7，安全质量监督部编码代号为8，房地产开发部编码代号为9，设备物资部编码代号为10，资本运营部编码代号为11，财务部编码代号为12，经济管理部编码代号为13，审计监事局编码代号为14，法律合规部编码代号为15，海外部编码代号为16，信息化管理部编码代号为17，企业文化部编码代号为18。首先，做出中国铁建邻接矩阵，如表4–4所示。

表4–4 中国铁建邻接矩阵

									1	1	1	1	1	1	1	1	1	
	1	2	3	4	5	6	7	8	9	0	1	2	3	4	5	6	7	8
–	–	–	–	–	–	–	–	–	–	–	–	–	–	–	–	–	–	
1	0	1	1	1	1	1	1	1	1	1	1	1	1	1	1	1	1	1
2	1	0	1	1	1	1	1	1	1	1	1	1	1	1	1	1	1	1
3	1	0	0	0	0	0	0	0	0	0	0	0	0	0	0	0	0	0
4	1	0	0	0	0	0	0	0	0	0	0	0	0	0	0	0	0	0
5	1	0	0	0	0	0	0	0	0	0	0	0	0	0	0	0	0	0
6	1	0	0	0	0	0	0	0	0	0	0	0	0	0	0	0	0	0
7	1	0	0	0	0	0	0	0	0	0	0	0	0	0	0	0	0	0
8	1	0	0	0	0	0	0	0	0	0	0	0	0	0	0	0	0	0
9	1	0	0	0	0	0	0	0	0	0	0	0	0	0	0	0	0	0
10	1	0	0	0	0	0	0	0	0	0	0	0	0	0	0	0	0	0
11	1	0	0	0	0	0	0	0	0	0	0	0	0	0	0	0	0	0
12	1	1	1	1	1	1	1	1	1	1	1	0	1	1	1	1	1	1
13	1	0	0	0	0	0	0	0	0	0	0	0	0	0	0	0	0	0
14	1	1	1	1	1	1	1	1	1	1	1	1	1	0	1	1	1	1
15	1	0	0	0	0	0	0	0	0	0	0	0	0	0	0	0	0	0
16	1	0	0	0	0	0	0	0	0	0	0	0	0	0	0	0	0	0
17	1	0	0	0	0	0	0	0	0	0	0	0	0	0	0	0	0	0
18	1	1	1	1	1	1	1	1	1	1	1	1	1	1	1	1	1	0

然后做出中国铁建组织关系图，如图4–6所示。

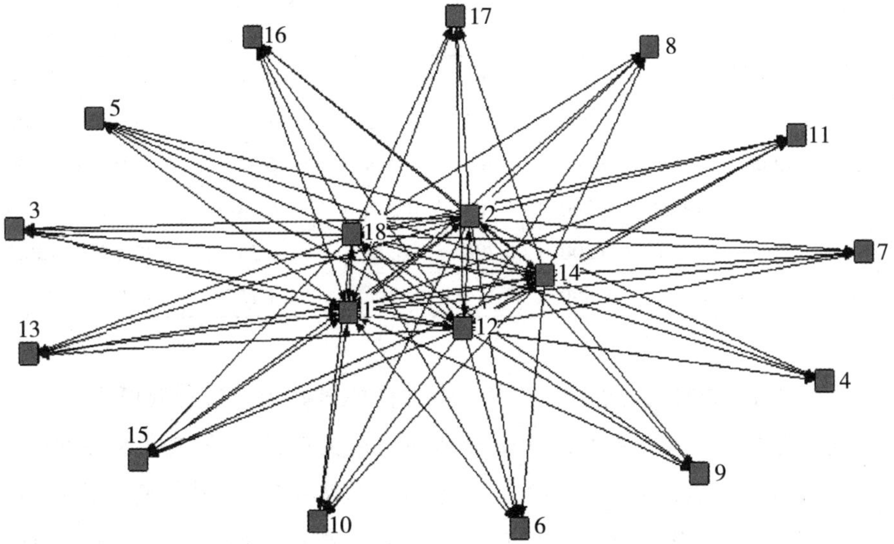

图4–6　中国铁建组织关系

接下来算出中国铁建的结构洞指数，如表4–5所示。

表4–5　　中国铁建的结构洞指数

节点数	规模	有效规模	效率	受限制程度	等级度	网络限制度指数相关系数	弱连接系数	网络密度
1	17.000	13.235	0.779	0.229	0.186	–1.475	0.723	0.235
2	17.000	11.214	0.660	0.314	0.285	–1.158	0.864	0.283
3	5.000	1.000	0.200	0.706	0.028	–0.348	0.859	1.000
4	5.000	1.000	0.200	0.706	0.028	–0.348	0.859	1.000
5	5.000	1.000	0.200	0.706	0.028	–0.348	0.859	1.000
6	5.000	1.000	0.200	0.706	0.028	–0.348	0.859	1.000
7	5.000	1.000	0.200	0.706	0.028	–0.348	0.859	1.000
8	5.000	1.000	0.200	0.706	0.028	–0.348	0.859	1.000
9	5.000	1.000	0.200	0.706	0.028	–0.348	0.859	1.000
10	5.000	1.000	0.200	0.706	0.028	–0.348	0.859	1.000
11	5.000	1.000	0.200	0.706	0.028	–0.348	0.859	1.000
12	17.000	11.214	0.660	0.314	0.285	–1.158	0.864	0.283

续表

节点数	规模	有效规模	效率	受限制程度	等级度	网络限制度指数相关系数	弱连接系数	网络密度
13	5.000	1.000	0.200	0.706	0.028	–0.348	0.859	1.000
14	17.000	11.214	0.660	0.314	0.285	–1.158	0.864	0.283
15	5.000	1.000	0.200	0.706	0.028	–0.348	0.859	1.000
16	5.000	1.000	0.200	0.706	0.028	–0.348	0.859	1.000
17	5.000	1.000	0.200	0.706	0.028	–0.348	0.859	1.000
18	17.000	11.214	0.660	0.314	0.285	–1.158	0.864	0.283

从上述结构洞指数的指标来看，中国铁建核心领导层的规模为17.000，有效规模为13.235，效率为0.779，受限制程度为0.229，等级度为0.186，网络限制度指数相关系数为–1.475，弱连接系数为0.732，网络密度为0.235。中国铁建办公室、财务部、审计监事局、企业文化部的规模为17.000，有效规模为11.214，效率为0.660，受限制程度为0.314，等级度为0.285，网络限制度指数相关系数为–1.158，弱连接系数为0.864，网络密度为0.283。中国铁建发展规划部、人力资源部、科技设计部、经营计划部、工程管理部、安全质量监督部、房地产开发部、设备物资部、资本运营部、经济管理部、法律合规部、海外部、信息化管理部的规模为5.000，有效规模为1.000，效率为0.200，受限制程度为0.706，等级度为0.028，网络限制度指数相关系数为–0.348，弱连接系数为0.859，网络密度为1.000。

4. 中国电信集团有限公司

在分析了国铁集团与中国铁建的结构洞指数后，接下来将其与中国电信集团有限公司（以下简称中国电信）的结构洞指数进行比较分析，以期得到最优答案。

1995年，中国电信进行企业法人登记，从此逐步实现政企分开的经营模式。1998年，邮政、电信分营，中国电信开始专注于电信运营。2001年，中国电信再次重组，进行了南北分拆。2008年5月，中国电信收购中国联通CDMA网，中国联通与中国网通合并，中国卫通的基础电信业务并入中国电信。中国电信的组织结构如图4–7所示。

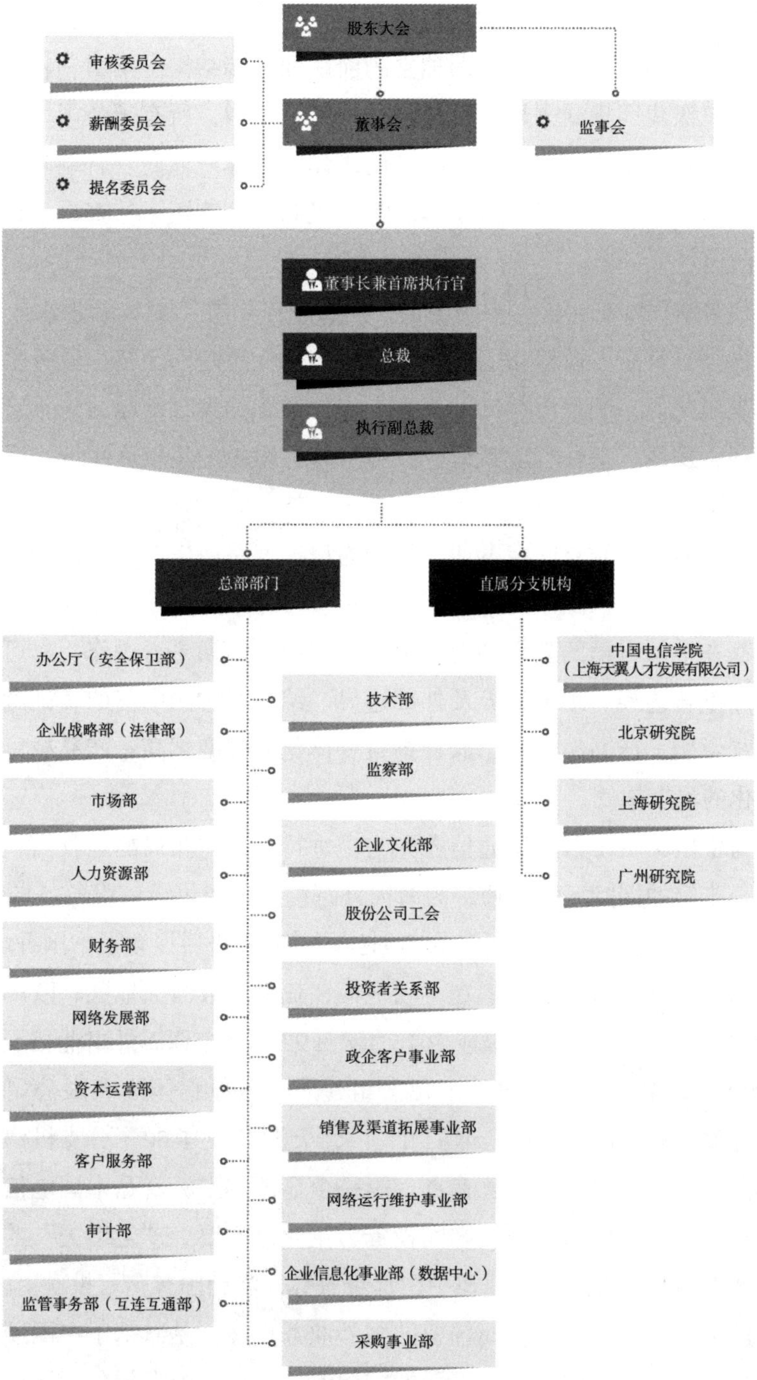

图 4–7　中国电信的组织结构

资料来源：中国电信官网

随着竞争的加剧，中国电信由政企合一时代遗留下来的职能制为中心的三级结构转型为以客户为导向的独立的前端和后端结构。集团—省公司—地市公司的三级集团模式采用了母子公司的组织结构，所有子公司均为独立法人。前端包括政企客户、公众客户部门，体现了客户导向。后端为技术支撑和职能型部门，既保留了维持集体决策的机制，又缩短了与客户的距离，向客户导向迈进了一步。

与其垄断程度正相关，中国电信在垂直一体化的程度上有所不同，由此，在做大做强国有企业政策指引下，垄断中央企业越趋向于核心业务垂直一体化的组织模式。垄断程度越高，权力上移，组织的集权度越高，垂直一体化程度越强；反之，垄断程度越低，权力下移，组织的集权度越低，垂直一体化程度越弱。

中国电信主要经营固定电话、移动通信、卫星通信、互联网接入及应用等综合信息服务，产品系列多，用户需求多样化。所有的产品线、所有的业务流程都在中国电信的省级和地市级同一层级内长期平行操作，尽可能地缩短和消除垂直边界、水平边界及外部边界。结合对中国电信的实证考察，可以进一步说明：产品越单一，这种垂直一体化的程度越高；产品越复杂，垂直一体化的程度越低。

作为中国第一个以跨国通信业务为主进行全球化布局的运营商，中国电信拥有最丰富的国际海缆资源，为海内外跨国企业提供通信服务。自2016年设立中国电信美国公司（现更名为美洲公司）起，先后设立了中国香港公司、欧洲公司，分别负责中国电信在美洲地区，亚太和大洋洲地区，欧洲、中东和非洲地区的海外拓展，后又于2016年8月23日整合原海外事业拓展部、中国香港公司、欧洲公司、美洲公司，组建了中国电信国际有限公司。截至2022年年底，中国电信已在全球41个国家、地区设立了50个分支机构。

我们能从中看出两个显著特点。第一个显著特点，就是中国电信的国外主营业务扩展，以中国的通信联网投资为主导，主要为“走出去”的中资企业在全球组网和境外跨国公司在中国提供服务，受到国有企业投融资的限制，国际化业务领域比较有限。而辅业的国外业务扩展，是以基于中国通信服务有限公司（以下简称中通服）下属的中国通信建设集团有限公司（以下简称中通建）为主体的经济援助项目和中国政府优惠贷款项目。第二个显著特点是，活跃在国际市场的中国通信企业是通信设备制造商企业，尤其以华为、中兴为代表，中国电信的辅业单位，即通信网络建设单位往往以华为、中兴的分包商身份涉足国际市场。国内通信设备厂商在国际市场上的作为，在名声上远远盖过中国的电信运营商，尽管其在世界500强排名中远远落后于三大电信运营商。由此可以进一步说明：类集群的发起可以是垄断中央企业成员企业，也可以是非垄断中央企业成员企业，但无论是由垄断中央企业成员企业发起，还是由非垄断中央企业成员企业发起，类集群都有利于提升集群参与企业的竞争优势，并形成集群效应。

如图4-7所示，中国电信多元化经营的范围非常有限，都集中在主业——电信运营商及其延伸业务上。通信设备制造商与电信运营商形成了泾渭分明的上下游关系。

针对与电信运营最紧密的通信建设板块的分析，有助于我们更清晰地审视中国电信的多元化经营深度。中通服为国有大型企业，2006年中国电信重组后成立，是中国电信的控股子公司。结合对中国电信案例的考察，我们可以推导出：在做强做优做大政策的指引下，垄断型中央企业趋向于多元化经营。垄断程度越高，多元化经营范围越广；垄断程度越低，多元化经营范围越有限。

政治学视角的企业集团理论充分阐释了企业集团多元化战略的重要动因源于政企关系，但随着监管政策的日益严厉，企业集团在组织模式上会如何演变却未论及。上述讨论对企业集团理论做了有益的补充，即只要监管不降低企业的垄断程度，多元化经营的范围就不会受到实质性影响。

根据图4-7，设中国电信董事会核心领导层编码代号为1，办公厅（安全保卫部）编码代号为2，企业战略部（法律部）编码代号为3，市场部编码代号为4，人力资源部编码代号为5，财务部编码代号为6，网络发展部编码代号为7，资本运营部编码代号为8，客户服务部编码代号为9，审计部编码代号为10，监管事务部（互联互通部）编码代号为11，技术部编码代号为12，监察部编码代号为13，企业文化部编码代号为14，股份公司工会编码代号为15，投资者关系部编码代号为16，政企客户事业部编码代号为17，销售及渠道拓展事业部编码代号为18，网络运行维护事业部编码代号为19，企业信息化事业部（数据中心）编码代号为20，采购事业部编码代号为21。首先，做出中国电信邻接矩阵，如表4-6所示。

表4-6 中国电信邻接矩阵

									1	1	1	1	1	1	1	1	1	1	2	2	
	1	2	3	4	5	6	7	8	9	0	1	2	3	4	5	6	7	8	9	0	1
	–	–	–	–	–	–	–	–	–	–	–	–	–	–	–	–	–	–	–	–	–
1	0	1	1	1	1	1	1	1	1	1	1	1	1	1	1	1	1	1	1	1	1
2	1	0	1	1	1	1	1	1	1	1	1	1	1	1	1	1	1	1	1	1	1
3	1	0	0	0	0	0	0	0	0	0	0	0	0	0	0	0	0	0	0	0	0
4	1	0	0	0	0	0	0	0	0	0	0	0	0	0	0	0	0	0	0	0	0
5	1	0	0	0	0	0	0	0	0	0	0	0	0	0	0	0	0	0	0	0	0
6	1	1	1	1	1	0	1	1	1	1	1	1	1	1	1	1	1	1	1	1	1
7	1	0	0	0	0	0	0	0	0	0	0	0	0	0	0	0	0	0	0	0	0
8	1	0	0	0	0	0	0	0	0	0	0	0	0	0	0	0	0	0	0	0	0
9	1	0	0	0	0	0	0	0	0	0	0	0	0	0	0	0	0	0	0	0	0
10	1	1	1	1	1	1	1	1	1	0	1	1	1	1	1	1	1	1	1	1	1
11	1	0	0	0	0	0	0	0	0	0	0	0	0	0	0	0	0	0	0	0	0
12	1	0	0	0	0	0	0	0	0	0	0	0	0	0	0	0	0	0	0	0	0
13	1	1	1	1	1	1	1	1	1	1	1	1	0	1	1	1	1	1	1	1	1
14	1	1	1	1	1	1	1	1	1	1	1	1	1	0	1	1	1	1	1	1	1
15	1	1	1	1	1	1	1	1	1	1	1	1	1	1	0	1	1	1	1	1	1
16	1	0	0	0	0	0	0	0	0	0	0	0	0	0	0	0	0	0	0	0	0
17	1	0	0	0	0	0	0	0	0	0	0	0	0	0	0	0	0	0	0	0	0
18	1	0	0	0	0	0	0	0	0	0	0	0	0	0	0	0	0	0	0	0	0
19	1	0	0	0	0	0	0	0	0	0	0	0	0	0	0	0	0	0	0	0	0
20	1	0	0	0	0	0	0	0	0	0	0	0	0	0	0	0	0	0	0	0	0
21	1	0	0	0	0	0	0	0	0	0	0	0	0	0	0	0	0	0	0	0	0

然后，根据表4-6中国电信邻接矩阵，运用UCINET 6.0软件画出其组织关系图，如图4-8所示。

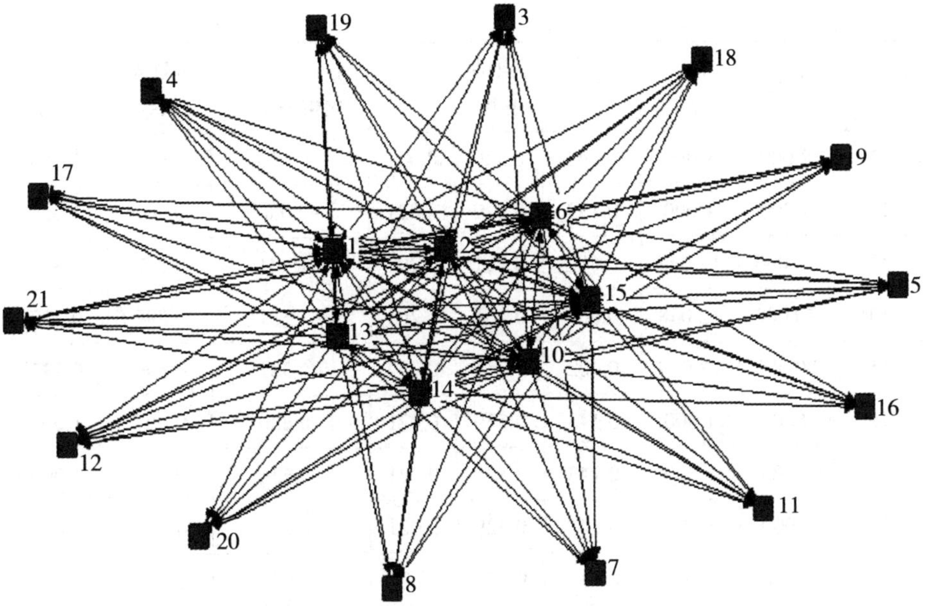

图4–8 中国电信组织关系

接下来算出中国电信的结构洞指数，如表4–7所示。

表4–7 中国电信的结构洞指数

节点数	规模	有效规模	效率	受限制程度	等级度	网络限制度指数相关系数	弱连接系数	网络密度
1	20.000	14.300	0.715	0.200	0.134	–1.607	0.802	0.300
2	20.000	12.038	0.602	0.251	0.204	–1.381	0.899	0.337
3	7.000	1.000	0.143	0.529	0.021	–0.636	0.907	1.000
4	7.000	1.000	0.143	0.529	0.021	–0.636	0.907	1.000
5	7.000	1.000	0.143	0.529	0.021	–0.636	0.907	1.000
6	20.000	12.038	0.602	0.251	0.204	–1.381	0.899	0.337
7	7.000	1.000	0.143	0.529	0.021	–0.636	0.907	1.000
8	7.000	1.000	0.143	0.529	0.021	–0.636	0.907	1.000
9	7.000	1.000	0.143	0.529	0.021	–0.636	0.907	1.000
10	20.000	12.038	0.602	0.251	0.204	–1.381	0.899	0.337

续表

节点数	规模	有效规模	效率	受限制程度	等级度	网络限制度指数相关系数	弱连接系数	网络密度
11	7.000	1.000	0.143	0.529	0.021	−0.636	0.907	1.000
12	7.000	1.000	0.143	0.529	0.021	−0.636	0.907	1.000
13	20.000	12.038	0.602	0.251	0.204	−1.381	0.899	0.337
14	20.000	12.038	0.602	0.251	0.204	−1.381	0.899	0.337
15	20.000	12.038	0.602	0.251	0.204	−1.381	0.899	0.337
16	7.000	1.000	0.143	0.529	0.021	−0.636	0.907	1.000
17	7.000	1.000	0.143	0.529	0.021	−0.636	0.907	1.000
18	7.000	1.000	0.143	0.529	0.021	−0.636	0.907	1.000
19	7.000	1.000	0.143	0.529	0.021	−0.636	0.907	1.000
20	7.000	1.000	0.143	0.529	0.021	−0.636	0.907	1.000
21	7.000	1.000	0.143	0.529	0.021	−0.636	0.907	1.000

从上述结构洞指数来看，中国电信董事会核心领导层的规模为20.000，有效规模为14.300，效率为0.715，受限制程度为0.200，等级度为0.134，网络限制度指数相关系数为–1.607，弱连接系数为0.802，网络密度为0.300。办公厅（安全保卫部）、财务部、审计部、监察部、企业文化部、股份公司工会规模为20.000，有效规模为12.038，效率为0.602，受限制程度为0.251，等级度为0.204，网络限制度指数相关系数为–1.381，弱连接系数为0.899，网络密度为0.337。企业战略部（法律部）、市场部、人力资源部、网络发展部、资本运营部、客户服务部、监管事务部（互联互通部）、技术部、投资者关系部、政企客户事业部、销售及渠道拓展事业部、网络运行维护事业部、企业信息化事业部（数据中心）、采购事业部的规模为7.000，有效规模为1.000，效率为0.143，受限制程度为0.529，等级度为0.021，网络限制度指数相关系数为–0.636，弱连接系数为0.907，网络密度为1.000。

中国电信核心领导层的规模为20.000，有效规模为14.300；中国铁路总公司核心领导层的规模为22.000，有效规模为14.364。中国铁路总公司核心领导层比中国电信核心领导层的有效规模要大，说明中国铁路总公司核心领导层的网络重复程度更小，则存在结构洞的可能性越大。中国电信核心领导层的效率为0.715，中国铁路总公司核心领导层的效率为0.653，中国电信核心领导层比中国铁路总公司核心领导层在网络中行动的效率更高效，对其他个体的影响程度越大。中国电信核心领导层的受限制程度为0.200，中国铁路总公司核心领导层的受限制程度为0.182，中国铁路总公司核心领导层比中国电信核心领导层的受限制程度更低，表明中国铁路总公司核心领导层比中国电信核心领导层所覆盖的网络更开放，即结构洞数量更多。中国电信核心领导层的等级度为0.134，中国铁路总公司核心领导层的等级度为0.098，等级度越低，说明该点越居于网络的核心，其对网络的控制力越大，中国电信核心领导层比中国铁路总公司核心领导层等级度指数更高，说明中国铁路总公司对网络的控制力更强。

根据上述结构洞指数的比较分析，可以发现结构洞能够有效提升企业竞争力与增强核心企业对社会关系网络的控制力。从占据的结构洞能够获取第一手信息，进而掌握机会，优先开发使用。

紧接着，基于本研究的理论框架和有关变量，结合初步形成的调查问卷对案例企业的人员进行了一对一的半结构式访谈。在访谈中利用一些通俗易懂的语言替换了生僻的学术用语，例如，用“中介人”代替了“结构洞核心位置”，以减少与受访者之间的沟通障碍。所有访谈在2019年3月到4月完成，一共访谈了6名部门负责人，每位访谈者的访谈时间从60分钟到120分钟不等。

从案例企业收回的问卷和访谈过程可以看出，问卷的有关题项具有很好的普适性，同时在对案例企业利用结构洞指数进行的运营情况分析中可以发现，结构洞的四个不同维度丰富化、多样化、受限制程度以及核心领导等级度可以很好地帮助企业在运营过程中提升企业绩效。

另外，根据权威机构全球创业观察对创业企业的划分标准来看，企业成立时间是划分的重要标准之一，市场中成立时间在三年半之内的企业一般都可以被视为创业企业。基于此划分标准，本研究样本数据的主要来源是位于郑州市中原区嵩山北路299号的郑州市创业孵化园，位于郑州市中原区畜牧路北的河南牧业经济学院大学生创业孵化园，位于江西省南昌市新建区黄堂东街688号的南昌中小微企业创业孵化基地等创业孵化基地，在这些创业孵化基地中能够直接点对点联系到符合研究要求的创业企业。

4.1.3 创业者结构洞的测量

本研究关注的创业者结构洞不仅属于个体层面的社会资本，还属于社会关系网络中的结构维度。根据上文对有关结构洞文献进行回顾梳理和分析学习之后，本研究将对创业者结构洞富集程度从外部关系资源数量（多样性）、掌握市场信息程度和商机途径（丰富性）以及与伙伴之间熟悉程度（受限制程度）三方面进行统一测量，具体问卷题目设置参考了Carroll等（2002）、崔祥民和梅强（2011）以及王海花和谢富纪（2012）研究使用的测量结构洞题项。在实际与调研企业的半结构访谈中，可以感受到这几位学者的问卷测量题项设置最为合理，也最能直观地反映受访者的真实感受，因此在此处选择借鉴几位学者的题项对结构洞维度进行测量。

王海花和谢富纪（2012）在研究中通过三个测量题项对企业家结构洞进行整体考量，分别是“与网络其他节点联系的频繁程度高低”“与其他网络节点联系的密切程度高低”“联系对象的数量多少/完成一次成功的联系所需花费的所有时间成本”。崔祥民和梅强（2011）在研究中对企业家结构洞进行考量时，也是选择通过“联系的频繁程度”“关系密切程度和受限制程度高低”“联系对象数量的多少”三个题项进行的。

本研究在参考借鉴上述学者的研究成果后，采用的题项如表4–8所示。该量表使用李克特5级量表，并会在实际调研收集数据的过程中请创业者根据实际情况进行选择。

表4–8 创业者结构洞的测量量表

题项	来源
您所拥有的为企业解决难题进行咨询的人才、机构和关系资源数量非常多（多样性） 您从现有社会关系中获得市场信息和商机的途径很多（多样性） 与您商谈、讨论企业经营管理问题的本企业之外的人，他们之间非常熟悉（多样性） 在您的社交圈中，有很多社会背景和经验积累不同的人（多样性）	Carroll等，2002

续表

题项	来源
您参加和加入社会团体、同学同乡聚会和商会活动的频率很高（丰富性） 您与合作伙伴的联系频率很高，每周至少能联系一次（丰富性） 您与合作伙伴的关系非常亲密（丰富性） 您与合作伙伴交流时有许多不同话题，且您能从话题中抓住很多对企业发展有用的信息（丰富性）	王海花和谢富纪，2012
您没有许多朋友愿意第一时间为您提供对创业企业发展有用的信息（受限制程度） 在关系圈中，您不处在核心位置，不能做出最终决定（受限制程度） 在关系圈中，您不能自由地接触到很多对企业发展有用的人（受限制程度） 在与关系圈中的朋友进行交流时，朋友对您的信任度不高（受限制程度）	崔祥民和梅强，2011

4.1.4 双元机会开发的测量

从学术界的现有研究结论中可以发现，学者分别从不同角度、不同方法对创业机会进行考量。如果结合研究中用到的过程视角来看这个主题，Ozgen和Baron（2007）分别研究三种信息来源渠道对创业机会识别开发全过程的影响，并通过研究步骤的开展成功开发了三个维度的测量题项对创业机会开发的整个过程进行考量，这三个维度的题项分别为“企业领导可以从自身出发对常规工作中存在的新机会进行识别开发，通过机会开发帮助企业内部产生新的创意”“在同等客观条件下，企业领导对市场中存在的新机会可以保持较高的警觉性和敏感性”“企业领导在经营企业时不是很容易能够发现并识别开发市场中潜在的机会”（反向计分）。

还有学者选择从创业机会的不同属性、不同类型和蕴含的具体特征出发进行考量，彭海军（2010）认为应该把创业机会分为三种，即根据技术导向开发的机会、根据市场导向开发的机会、根据国际导向开发的机会，并根据这三类分别设计开发了6个、5个、2个不同的测量题项分别进行考察。

如果单从创业机会的不同类型来看，任胜钢和舒睿（2014）在研究的具体步骤中主要就创业者拥有的所有社会资本对创业机会的识别和开发全过程产生的影响作用进行了分析考察。刘佳和李新春（2013）探讨了模仿型创业机会与创新型创业机会两种机会开发过程对最终创业绩效产生的影响作用，并通过研究，开发、验证了一个包括六个不同指标的测量量表。杨俊（2013）通过“企业为市场的受众群体提供该类型的新产品或者新服务”“开发新的或者更先进的产品技术与工艺”“企业专利、版权或是商标等智力资本”三个不同研究维度的题项来综合测量创新型机会。

根据本研究中的相关具体需要且与上述理由相同，在访谈中能够切实地感受到几位学者的题项能够最大限度地反映出受访者的感受，因此本研究将借鉴任胜钢和舒睿（2014）、刘佳和李新春（2013）对机会开发测量取得的量表，在各个不同测量题项的基础上通过小样本预测试对个别无效题项进行调整、删减，形成本研究中用到的双元机会开发过程测量量表，具体如表4–9所示。采用李克特5点计分、正向赋值的办法，在调研中请被调研企业的创业者根据企业的实际情况进行合理的选择。

表4–9　　　　双元机会开发的测量量表

题项	来源
开发该项创业机会帮助我们在所处市场中第一个提供该类型的新产品或新服务（探索型创业机会） 为开发该项创业机会，我们开发新的技术或工艺以提供产品和服务（探索型创业机会） 为开发该项创业机会，我们重视发展专利、版权或商标等无形资本（探索型创业机会） 在开发该项创业机会时，我们引进了大量新技术型人才（探索型创业机会）	任胜钢和舒睿，2014
为开发该项创业机会，我们对式样、包装、服务等进行改进，以推出新产品或新服务（利用型创业机会） 为开发该项创业机会，我们应用现有技术和工艺流程或对其进行少许改进（利用型创业机会） 为开发该项创业机会，我们对营销方式（诸如价格、促销手段、销售渠道等）进行调整与改进（利用型创业机会） 为开发该项创业机会，我们充分研究市场竞争对手后对应对策略进行改进和调整（利用型创业机会）	刘佳和李新春，2013

4.1.5 创业环境的测量

对于创业外部环境发挥调节作用的统一测量，目前大部分学者已达成共识，认为创业环境包含了诸多方面的要素，是一个多维度多元素的复杂概念集合（Lumpkin和Dess，2001）。所以本研究将会从创业环境复杂的概念中提出两个不同的研究维度进行研究，分别是动态复杂型创业环境、稳定宽松型创业环境。这两个维度主要包含的测量题项有关于产品的更新速度、市场中同行业竞争对手的行动反应速度与涵盖范围、市场中企业受众群体的偏好变动情况等几个定义内涵皆不同的要素。

宽松稳定型创业环境主要指的是创业者可以在创业的全过程中较为容易地获得创业所需的全部扶持性资源或所处环境中存在的丰富的创业资源，本研究选取借鉴刘树森（2014）的研究成果进行测量，题项中主要采用的是可以反映行业的整体成长情况的有关内容，包括行业的成长速度快慢、行业的整体盈利性高低等；动态复杂型创业环境主要指的是由于企业在目标市场中存在多个不同的目标主体，这些各不相同的目标主体对于最终推出的产品、服务有差异性很强的需求，这些差异性需求在企业的运营过程中相互交织，导致创业者所处的创业环境具有极大的不稳定性。本研究结合访谈反馈的意见，对该维度主要借鉴Dess和Beard（1984）以及刘树森（2014）等几位学者在研究中开发验证过的量表进行测量，题项主要包括环境要素的可预测性、企业之间存在的影响程度等，设置测量题项能够在一定程度上涵盖创业环境的两个维度，且能够真实地反映受访者的真实感受。

具体测量题项总结如表4-10所示。

表4-10　　　　创业环境调节作用的测量量表

题项	来源
本企业所在行业领域的技术或产品变化速度很快，且影响企业成长的因素很多（动态复杂型环境） 企业很难预测竞争对手的行动，并且很难预测环境中的各个因素（动态复杂型环境） 企业很难预测消费者的需求偏好，且环境中的各个影响因素会有很大的相互作用力（动态复杂型环境） 对于三年以后企业所处行业的具体发展情况很难在现在做出一个准确的预测（动态复杂型环境） 市场中企业之间人才流通速度很快，经常有跳槽的现象发生（动态复杂型环境）	Dess和Beard，1984

续表

题项	来源
本行业过去三年市场增长速度很快且增速十分稳定（宽松稳定型环境） 本行业目前盈利性很好且将持续保持一段时间（宽松稳定型环境） 本行业长期预期市场增长速度快（宽松稳定型环境） 本行业对稀缺型人才有巨大的吸引力且能长期留住该类型人才（宽松稳定型环境）	刘树森，2014

4.1.6 测量创业绩效

创业企业的成长、生存方式与市场中的成熟企业有些许不同，在其发展路径中会遇到更多无法预知的因素，市场中大部分创业企业都是被创业者有意识地建立在某一特定产品或服务上的，或者可以说创业企业就是基于特定的创业机会识别和开发过程被建立起来的。

市场中任何一种类型的创业企业最终成长为一个较为成熟的企业都需要借助外界的扶持，创业企业的主要追求并不是借助当下“互联网+”背景引发的新兴创业模式提升创业初始阶段企业内部的初期财务类指标，大部分创业者看重的是帮助创业企业在市场的残酷竞争中成功生存下来，后续通过赢得竞争获取可观的市场份额以及较高的客户满意度，积累一部分固定的用户群体。所以在这几点具体诉求下对创业绩效的测量题项不能仅仅采用财务类指标，更要注重在题项中有意识地选择部分非财务类指标。基于此点需求，在参考李新春等（2010）、胡望斌等（2010）以及刘树森（2014）的研究成果后，本研究将选择采用几位学者开发量表中的9个不同题项构建量表对创业绩效的两个维度进行考量，如表4–11所示。

表4–11 创业绩效的测量量表

题项	来源
企业为未来的发展、增长提供了很多吸引人才的机会（成长绩效） 企业的新技术或产品快速增长（成长绩效） 企业有大量的发展机会（成长绩效） 企业的需求一直快速增长（成长绩效） 企业的人才需求一直在增大（成长绩效）	李新春等，2010
企业内部的资金周转能力很强（生存绩效） 企业相对于竞争对手来说有着较强的技术创新和研发能力（生存绩效） 企业有着较高的市场占有率和客户关系满意度（生存绩效） 企业的营业利润率保持在很高的水平（生存绩效）	胡望斌等，2010

4.1.7 控制变量的选取

在研究中选取部分客观因素作为控制变量是为了最大限度地减少这些因素对最终取得的研究结果产生影响。研究中的控制变量可以分为两部分：第一部分主要是创业者的人口统计学方面表现出来的特征，可以通过性别差异、年龄不同、学历高低三个因素体现；第二部分是创业企业在市场中表现出来的相关特征，通过创业企业的规模大小、成立时间的长短、营业收入高低等因素体现。

某些人口统计学上的特征能够在创业活动的整体进程中产生一定的影响。Shane 等（1991）在研究中认为性别不同的创业者存在较大的差异，产生这种差异的根本原因在于不同性别的创业者自身所具备的创业主观动机存在很大的差别，发起一项创业时追求的目标也截然不同，男性创业者最开始制定创业先期目标更多地考虑是要在日后的创业过程中通过创业追求更高的社会地位，而女性创业者在发起创业时更多注重的是要脱离家庭的扶持具备更强自力更生的能力。同时，男性创业者可以更多地关注创业企业，而女性创业者在关注创业企业的同时还需要照顾家庭。蔡莉等（2005）在对中国女性创业者进行研究之后，得到的结果显示，女性创业者会在吸引创业融资、发起创业动机等方面与男性创业者存在十分显著的差异。

年龄的大小也是影响创业活动过程的重要因素之一。因为年龄大小在一定程度上可以反映创业者的人生阅历积累，年龄较大的创业者相应地拥有更为丰富的人生阅历，在创业的过程中遇到问题时考虑对策会更加全面和完善，能够帮助创业企业降低风险。年轻的创业者如果经历了创业失败，年龄上的优势决定这部分创业者能够获得重新再来的机会，并且可以全身心地投入所从事的工作中去，而不需要过多地考虑其他影响因素。对于年长的创业者而言，在创业的全过程中更多地追求项目的成功与稳定性，两个年龄群体对于创业的态度不同最终会影响创业决策的走势。所以，本研究将创业者的年龄因素作为影响创业活动全过程的重要变量之一。

企业管理层具备越高的学历，处理有关信息的能力也会随之加强，杨浩等（2015）通过对创业型企业进行研究后，发现企业的高管团队具备的教育经历和创业绩效之间存在十分显著的正向关系。这说明不同学历的创业者会具备思考问题的不同角度和方式，对创业过程中遇到的相关资源产生的认知、对快速变化的创业环境做出的反应、进行最终战略决策时采取的方式也不同，这些内容都是最终会影响创业企业生存成长状况的重要因素。所以，本研究选择把创业者的学历作为控制变量之一。

市场中创业企业的规模大小不一，企业的员工人数也参差不齐，规模大小可以被用来体现企业的灵活性。在整个创业过程中，规模较小的创业企业可以比较容易地实现企业发展方向的转变；但对于规模较大的创业企业来说，转变会显得极其困难，尤其在转变过程中会涉及员工、固定资产等成本，而且企业在规模逐渐扩大时，往往会在制定具体发展决策时选择更加稳妥保守的发展模式。如果市场中的一家企业后续发展动力不足，在对待风险时表现的态度也会发生明显的转变，主要是由于企业规模上的变化最终会对创业整体进程产生重大的影响。基于以上几点内容，为了使本研究最终得到的结果可以更加准确地用来反映创业者和创业企业的相关特征，选择采用企业规模表象特征作为研究的控制变量之一。

4.2 问卷预测试数据描述性统计分析

为了保证最终正式调研收集到的数据质量，避免在正式调研时因为相关题项的设置出现测量偏差，本研究将会对先前设计的问卷中涉及的所有测量题项进行小样本预调研测试，目的是检验各个测量题项的信度与效度，并对不合格题项进行修改或删减。除此之外，为了保证数据的有效性和可靠性，我们对调研过程进行了周密的组织：第一，创业者结构洞、双元机会开发、创业绩效和创业环境等变量的度量量表是在崔祥民和梅强（2011）、Carroll 等（1999）研究的基础上修订完善的，在对外文测量量表的翻译过程中由四位精通英语和汉语、熟悉相关领域研究的博士生进行多次互译，使得翻译的量表与原文语义一致；第二，在开始正式的大规模调研之前，选取几家河南省内成熟的创业孵化基地进行预调研，基于预调研的结果对调查问卷进行修订和完善，例如，通过对预调研所收集的数据进行信度分析，在进行大样本调查之前了解调查问卷能否真正满足研究的需要（张虎和田茂峰，2007），同时在预调研的过程中能够获取与企业有关的信息，从而对创业企业的现实运营情况有初步了解；第三，调研之前对参加问卷发放的成员进行严格的训练，保证问卷发放人员能够明确调研的过程和目的，同时对调查问卷的内容具有更深刻的理解，减少调研过程中产生歧义的可能性；第四，初步形成问卷后，还找到了一家满足调研需求的创业企业开展访谈，并测算其结构洞指数，同时就问卷中的相关测量题项与该企业创始人进行沟通交流；第五，选定的各创业基地均由一名具备丰富调研经验的领导人负责，从而能够更有效地实施调研过程以保障数据的有效性和可信度。

2019年4—7月，通过问卷星、电子邮件及实地问卷发放，面向被测试企业并发放调研问卷200份，成功回收问卷187份，在回收问卷中剔除因没有填写完整或存在严重缺项和明显错误及虚假信息的33份无效问卷后，最终共回收有效问卷154份，有效回收率约为82.4%。在预测试过程中，选择采用SPSS 23.0和AMOS 23.0两个软件对回收的数据进行处理分析，结合最终得到的结果对问卷中的问题题项进行修改和删减。

预测试对象的基本信息统计如表4–12所示。

表4–12　　　　预测试对象基本信息

人口学变量	分类	频率	百分比（%）
性别	男	98	63.6
	女	56	36.4
年龄	25岁以下	30	19.5
	25～34岁	51	33.1
	35～44岁	37	24
	45～54岁	19	12.3
	55岁及以上	17	11
学历	初中及以下	12	7.8
	高中或技校	25	16.2
	专科	35	22.7
	本科	52	33.8
	硕士研究生及以上	30	19.5

续表

人口学变量	分类	频率	百分比（%）
员工数量	1 ~ 10人	30	19.5
	11 ~ 50人	31	20.1
	51 ~ 100人	30	19.5
	101 ~ 150人	27	17.5
	150人以上	36	23.4
企业成立时间	1年以内	38	24.7
	1 ~ ＜3年	26	16.9
	3 ~ ＜6年	34	22.1
	6 ~ ~ 10年	35	24
	10年以上	21	15.6
企业营业收入	100万元以内	33	21.4
	100万元 ~ ＜300万元	37	24
	300万元 ~ ＜500万元	33	21.4
	500万元 ~ 1000万元	27	17.5
	1000万元以上	24	15.6
企业资产规模	300万元以内	32	20.8
	300万元 ~ ＜500万元	40	26
	500万元 ~ ＜1000万元	25	16.2
	1000万元 ~ 3000万元	36	23.4
	3000万元以上	21	13.6

4.3 调查数据显著性检验

本次预调研的显著性检验开展前，采用临界比值法对回收的数据和测量题项进行综合检验。此种研究方法的具体步骤是要在开始前将所有受访者填写完成的有效问卷的得分总和按照从高到低的顺序依次排列，将得分排在前25%的受访者分为高分组，得分排在后25%的受访者分为低分组，与此同时还需要算出高低两个分组内受访者的每个测量题项上得分的平均值，最后还要再计算出两者之间差异的显著性水平，最终在进行所有步骤之后即可得到该题项的CR值。如果最终得到的CR值达到的显著水平小于0.05，那么就可以证明该测量题项能够在正式调查中发挥一定的价值。相反，如果最终得到的显著水平大于0.05，则说明该题项在正式调查中不能发挥价值，应当在正式调研问卷中把该题项删减掉。

4.3.1　创业者结构洞各题项的显著性检验

在收集整理相关数据之后，则要开展项目分析。由最终分析整理得到的检验结果可知结构洞的三个研究维度多样性、丰富性和受限制程度高，从表4–13可以看出各个维度的量表中设置的具体测量题项的显著性数值（Sig）均小于0.05，这一结果可以直接说明低分组和高分组在这三个研究维度上设置的各个测量题项均具有显著性差异，同时说明设置的所有测量题项均能够鉴别不同受访者的真实反映程度。但是题项的信度和效度还需要在下面的步骤中进一步分析，目的是能够在正式调研中拿出最能反映事实的测量题项。

表4–13　　结构洞预测试数据显著性分析结果

维度	题项	低分组（N=26）		高分组（N=26）		T	Sig
		均值	标准差	均值	标准差		
多样性	Q2A1	2.040	1.216	4.040	1.113	–6.187	0.000
	Q2A2	2.150	1.120	4.080	1.324	–5.653	0.000
	Q2A3	2.190	1.297	4.270	0.962	–6.560	0.000
	Q2A4	2.620	1.359	4.230	0.992	–4.896	0.000
丰富性	Q2A5	2.080	1.164	4.350	0.892	–7.893	0.000
	Q2A6	2.350	1.263	4.500	0.812	–7.313	0.000
	Q2A7	2.000	1.095	4.080	1.017	–7.086	0.000
受限制程度高	Q2A8	2.540	1.303	4.580	0.643	–7.152	0.000
	Q2A9	2.580	1.137	4.380	0.697	–6.909	0.000
	Q2A10	2.270	1.116	4.460	0.706	–8.467	0.000

4.3.2 双元机会开发各题项的显著性检验

接下来对创业机会开发等测量题项进行分析，根据表4–14得出的检验结果可以发现，探索型创业机会和利用型创业机会各个不同测量题项的显著性数值均小于0.05，能够直接说明低分组和高分组在这两个具体研究维度上设置的各个测量题项均具有显著性差异，说明探索型创业机会和利用型创业机会两个不同属性的创业机会的所有测量题项都能够有效地在正式调查中鉴别出不同受访者的真实反映程度，所以这两个维度的题目在正式问卷中均可予以保留。

表4–14 双元机会开发预测试数据显著性分析结果

维度	题项	低分组（N=26）		高分组（N=26）		T	Sig
		均值	标准差	均值	标准差		
探索型创业机会	Q3A1	2.080	1.197	4.420	0.703	–8.616	0.000
	Q3A2	2.120	1.177	4.500	0.648	–9.047	0.000
	Q3A3	2.040	1.183	4.500	0.510	–9.746	0.000
	Q3A4	2.960	1.509	4.150	0.967	–3.391	0.002
利用型创业机会	Q3A5	2.880	1.423	4.120	0.909	–3.716	0.001
	Q3A6	2.500	1.393	4.420	0.809	–6.089	0.000
	Q3A7	2.420	1.238	4.420	0.809	–6.895	0.000

4.3.3 创业环境的显著性检验

通过项目分析创业环境属性的测量题项，最后处理得到检验结果数据，从表4–15可以看出用于测量动态复杂性环境的各个不同题项的显著性均小于0.05，说明低分组和高分组在此维度的各个测量题项上均具有显著性差异，说明此维度中的所有测量题项都可以在正式调研中鉴别不同受访者的真实反映程度，该维度下所有测量题目均应予以保留。但是对于宽松稳定维度下的题项Q4A9（本行业对稀缺型人才有巨大的吸引力且能长期留住该类型人才）的显著性数值显示为0.100，此数值大于0.05，说明高分组和低分组在Q4A9上不存在显著性差异，数据显示该测量题项存在区分度不高的情况，在正式调研用到的调查问卷中应当将该测量题项剔除。对于宽松稳定维度下的其他测量题项来说，显著性得到的数值均小于0.05，说明该研究维度的其他测量题项在低分组和高分组均具有显著性差异，均可予以保留。

表4–15　　创业环境预测试数据显著性分析结果

维度	题项	低分组（N=26）		高分组（N=26）		T	Sig
		均值	标准差	均值	标准差		
动态复杂	Q4A1	2.350	1.495	3.880	1.107	–4.216	0.000
	Q4A2	2.420	1.604	3.960	1.113	–4.018	0.000
	Q4A3	2.580	1.528	4.080	1.197	–3.940	0.000
	Q4A4	2.420	1.447	3.850	1.347	–3.670	0.001
	Q4A5	2.420	1.270	4.040	1.183	–4.746	0.000
宽松稳定	Q4A6	2.380	1.061	3.850	1.347	–4.345	0.000
	Q4A7	2.150	1.084	4.000	1.166	–5.912	0.000
	Q4A8	2.460	0.989	4.120	1.366	–5.000	0.000
	Q4A9	2.420	1.137	3.040	1.483	–1.679	0.100

4.3.4 创业绩效的显著性检验

通过项目分析创业企业绩效的测量题项，最终从表4–16得到的检验结果数值表明，成长绩效中的各个测量题项的显著性均小于0.05，说明低分组和高分组中成长绩效具体研究维度的各个测量题项均具有显著性差异，说明用于成长绩效的所有测量题项均能够鉴别不同受访者的真实反映程度，该维度下所有测量题目在正式问卷中均应当予以保留。但是最终得到的数据显示，对于生存绩效维度下的题项Q5A8（企业的营业利润率保持在很高的水平）的显著性数值最终为0.092，大于标准0.05，直接证明高分组和低分组在Q5A8测量题项上不存在显著性差异，该测量题项存在区分度不高的本质问题，所以在正式问卷中应当将该题项剔除。对生存绩效维度下的其他题项，显著性均小于0.05，均具有显著性差异，均可予以保留。

表4-16 创业企业绩效预测试数据显著性分析结果

维度	题项	低分组（N=26）		高分组（N=26）		T	Sig
		均值	标准差	均值	标准差		
成长绩效	Q5A1	2.540	1.303	4.150	1.084	–4.859	0.000
	Q5A2	2.540	1.503	4.120	1.071	–4.358	0.000
	Q5A3	2.690	1.436	4.000	1.095	–3.692	0.001
	Q5A4	2.960	1.708	3.960	0.916	–2.631	0.012
生存绩效	Q5A5	2.310	1.543	4.150	1.008	–5.108	0.000
	Q5A6	2.620	1.577	4.190	0.694	–4.668	0.000
	Q5A7	2.620	1.416	3.920	1.129	–3.682	0.001
	Q5A8	2.690	1.490	3.420	1.579	–1.716	0.092

4.4 问卷量表的信效度检验

4.4.1 信度检验

本次小样本预测试将采用内部一致性信度法对问卷用到的测量题项进行信度检验。也有学者将信度检验称为可靠性检验，该检验是一种在研究中对所用问卷收集到的整体样本数据的稳定性和一致性进行统一考量的方法。最终取得的结果如果能证明量表的信度越大，则用其测量的研究维度标准误差越小，研究结果就越准确，具体研究标准如表4-17所示。

表4-17 Cronbach's α（克朗巴哈）系数评判标准

Cronbach's α 系数参考范围	可接受程度
Cronbach's α <0.3	信度过低
0.3 ≤ Cronbach's α <0.5	信度最低可接受范围
0.5 ≤ Cronbach's α <0.7	信度良好
0.7 ≤ Cronbach's α	信度非常好

为了提高正式调研所用问卷的信度和效度。首先，本研究以CITC（Corrected Item-Total Correlation，修正后的总相关系数）和项目删除时的

Cronbach's α 信度系数为依据优化测量题项和量表。一般认为，当测量题项的CITC小于0.3且删除该题项后Cronbach's α会增加时，应将其予以删除。本研究采纳0.3作为删除测量条款的标准。

各研究维度下设置的具体测量题项，在小样本预测试中对其信度的测试均会选择采用CITC值和同质性检验有机结合的方式，最终达到筛选正式调研所用问卷测量题项的目的，CITC值被学者在研究中用来测量同一变量的每一个测量项目和其他测量题项之间的相关性系数，最终被用来统一评价每一个测量题项设置的合理性，如果最终经过软件处理得到的CITC值大于0.5，则表明该量表中设置的具体测量题项合理，可以说量表具有很好的收敛性，同时意味着量表中没有测量题项需要被剔除。如果最终经过处理后发现量表的信度较低，即得到的α系数较小，在剔除问题题项时可选择使用修正后项总系数来筛选出最优测量题项。

如表4–18所示，通过预调查中的数据计算出创业者结构洞各题项的信度值和CITC值后，可以知道多样性维度下的题项Q2A4（在您的社交圈中，有很多不同社会背景和经验积累的人）的最终CITC值为0.253，此数值明显小于0.5的标准，对该题项进行剔除后重新进行数据分析，可以发现多样性维度的信度值会因为剔除了问题题项而提升到0.768，该结果意味着在测量多样性维度下的问题题项Q2A4应当在正式问卷中予以删除。其余两个研究丰富性和受限制程度的各测量题项得到的最终指标均符合规定的信度值和CITC值标准。在问卷中剔除了Q2A4测量题项后，重新对多样性研究维度进行信度检验的相关分析。

表4–18　　结构洞信度分析结果

维度	题项	CITC	项目剔除后的Cronbach's α	Cronbach's α
多样性	Q2A1	0.575	0.573	0.698
	Q2A2	0.609	0.553	
	Q2A3	0.525	0.608	
	Q2A4	0.253	0.768	
丰富性	Q2A5	0.669	0.741	0.814
	Q2A6	0.663	0.747	
	Q2A7	0.663	0.747	

续表

维度	题项	CITC	项目剔除后的Cronbach's α	Cronbach's α
受限制程度	Q2A8	0.823	0.757	0.873
	Q2A9	0.666	0.897	
	Q2A10	0.784	0.794	

剔除问题测量题项后进行分析得到的结果如表4-19所示，此时可以看出多样性维度的信度值已经变为0.768，其余各个不同测量题项最终得到的CITC值均大于0.5，可以证明该问卷已经达到了正式调研所需的相关标准，也从一方面说明将原测量问题题项删除之后，该部分问卷的整体信度得到了提升；另一方面也意味着本研究用来测试结构洞多样性的问卷量表部分通过了信度检验，可以用来进行下一步的正式调研。

表4-19　　剔除问题题项后信度分析结果（结构洞）

维度	题项	CITC	项目剔除后的Cronbach's α	Cronbach's α
多样性	Q2A1	0.605	0.683	0.768
	Q2A2	0.648	0.635	
	Q2A3	0.551	0.741	

如表4-20所示，通过对预调查中双元机会开发各测量题项的信度值和CITC值的分析处理后得到具体数值，能够看出用来测量探索型创业机会维度下的题项Q3A4（在您的社交圈中，有很多不同社会背景和经验积累的人）最终的CITC值为0.298，小于0.5的规定标准。在剔除该问题题项后，可以发现最终得到的探索型创业机会维度的信度值会提升到0.898，也就说明探索型创业机会维度下的测量题项Q3A4应当在正式问卷中予以删除。除此之外，利用型创业机会维度下各不同测量题项得到的各指标均符合信度值，CITC值也符合测量标准。另外，在剔除测试题项Q3A4后，对探索型创业机会维度的测量问卷重新进行了信度检验。

表4-20　创业机会题项信度分析结果

维度	题项	CITC	项目剔除后的Cronbach's α	Cronbach's α
探索型创业机会	Q3A1	0.756	0.696	0.809
	Q3A2	0.793	0.676	
	Q3A3	0.706	0.720	
	Q3A4	0.298	0.898	
利用型创业机会	Q3A5	0.696	0.864	0.870
	Q3A6	0.736	0.830	
	Q3A7	0.823	0.747	

剔除Q3A4之后得到的最终结果如表4-21所示，探索型创业机会维度的信度值会因为剔除问题题项后变为0.898，除此之外，其余各题项的CITC值均大于0.5的标准，达到正式问卷的相关标准，说明在对问题题项进行剔除之后，问卷的整体信度得到了提升，同时结合验证结果说明正式问卷中探索型创业机会的量表部分通过了信度检验，可以用于正式调研。

表4-21　剔除问题题项后的信度分析结果（创业机会）

维度	题项	CITC	项目剔除后的Cronbach's α	Cronbach's α
探索型创业机会	Q3A1	0.828	0.829	0.898
	Q3A2	0.842	0.815	
	Q3A3	0.727	0.914	

创业环境的信度检验结果和CITC值分析同样通过预测试调查，对创业环境不同属性各个测量题项的信度值和CITC值进行计算和分析处理，可以发现动态复杂维度下的测量题项Q4A5（市场中企业之间人才流通速度很快，经常有跳槽的现象发生）显示的CITC值为0.286，小于0.5的标准，剔除了该问题题项之后，动态复杂维度的信度值会因此提升为0.894，因此在形成的正式调查问卷中应当删除动态复杂维度下的Q4A5。宽松稳定维度下的各测量题项得到的各个指标显示均符合信度值和CITC值的研究标准。在剔除了Q4A5问题

题项之后，对动态复杂维度的测量问卷中的题项重新进行信度检验分析。

表4-22 创业环境信度分析结果

维度	题项	CITC	项目剔除后的Cronbach's α	Cronbach's α
动态复杂	Q4A1	0.766	0.771	0.839
	Q4A2	0.703	0.789	
	Q4A3	0.727	0.783	
	Q4A4	0.765	0.771	
	Q4A5	0.286	0.894	
宽松稳定	Q4A6	0.740	0.807	0.862
	Q4A7	0.676	0.867	
	Q4A8	0.807	0.743	

在剔除问题题项后，分析数据结果显示如表4-23所示，测量动态复杂性维度信度值为0.894，除此之外其他各测量题项最终得到的CITC值均大于0.5，达到研究的标准，证明剔除问题题项后，该部分的问卷测量题项整体信度得到了提升，本部分问卷动态复杂量表测量题项均通过了信度检验，可以用于正式调查。

表4-23 剔除问题题项后的信度分析结果（创业环境）

维度	题项	CITC	项目剔除后的Cronbach's α	Cronbach's α
动态复杂	Q4A1	0.811	0.845	0.894
	Q4A2	0.704	0.885	
	Q4A3	0.743	0.871	
	Q4A4	0.803	0.849	

如表4-24所示，在对预测试调查中的各测量题项的信度值和CITC值分析处理后，结合最终得到的结果可以知道成长绩效研究维度和生存绩效研究维度的具体信度值分别为0.832和0.763，各测量题项的CITC值均大于0.5的研究标准，所以不需要剔除相关测量题项，可以将现有题项直接用于正式调查。

表4-24 创业企业绩效信度分析结果

维度	题项	CITC	项目剔除后的Cronbach's α	Cronbach's α
成长绩效	Q5A1	0.690	0.775	0.832
	Q5A2	0.669	0.785	
	Q5A3	0.642	0.797	
	Q5A4	0.642	0.796	
生存绩效	Q5A5	0.565	0.715	0.763
	Q5A6	0.581	0.697	
	Q5A7	0.638	0.633	

4.4.2 效度检验

学术界对预测试问卷的内容进行效度分析时可以采用多种不同的方法，以真实地反映效度的不同方面内容。结合学者的研究成果以及此次研究中设置的具体要求，最终决定在本次预测试调研进行的效度分析中主要分析整个问卷中的结构效度。

测量整个问卷的结构效度，目的是帮助研究者确认构建的研究模型结构具有十分明显的有效性，这部分用到的研究分析软件主要是SPSS。最终可以通过得到的探索性因子来分析并考察文章中所需要研究的变量，并在研究中选择运用KMO（Kaiser-Meyer-Olkin，用于比较变量间简单相关系数和偏相关系数的指标）和Bartlett（巴特利特）球形检验作为有关描述性统计量的选项，与此同时，额外选择Varimax最大变异法为旋转方法来具体进行因子分析。依据一般研究分析制定的相关原则，当任何一个研究选择最大变异法作为旋转方法时，其最后得到的特征值均不应该是小于1的数值，如果所用到的因子负荷量最终显示的数值全部介于0.5到1，并且可解释变异一项显示的百分比都大于50%，则在研究中用到的此问卷可被视作具有十分可靠的结构效度。如果最终取得的验证结果能够处在理想状态，那么作为测量某个变量的维度应该全部落在一个因子上，也就说明问卷以及研究模型具有良好的效度，可以用来继续进行实证研究。

（1）创业者结构洞效度检验。如表4-25所示，本研究最终通过软件分析得到的KMO数值为 0.744，表示比较适合进行因子分析。通过SPSS 23.0软件来处理收集到的数据，接着对数据进行效度检验，通过Bartlett球形检验和KMO检验两个不同的检验过程来对结构洞的效度进行分析，最后得到结果证明。问卷调查一共涉及9个不同的测量题项，在通过Bartlett球形检验的时候，得到的结果是405.401，这说明获得的信息具有一定的重叠性，因此需要对因子进行相应的分析。在研究中，如果KMO检验的结果是无限接近于1的，那么就说明该因子将会取得更好的效果。

表4-25 结构洞效度分析结果（1）

KMO采样充分性检验		**0.744**
Bartlett球形检验	近似卡方	405.401
	自由度	36
	Sig	0.000

如表4-26所示，按照标准选取相关的问卷，问卷中一共有9个不同的测量题选项，一共能够抽取出3个不同的因子，方差累积百分比达到了73.984%，符合相关规定的要求。通过研究可以看出，抽取出来的公因子，第一个是受限制性，第二个是丰富性，第三个是多样性。抽取出来的3个因子各有不同，每个因子都包括不同的测量题选项，通过研究发现，其最终得数均位于0.5的标准之上，超出了有关研究所建议的临界水平，直接体现了问卷结构洞测量量表部分具有较高的结构效度，能够在正式调研中使用。

表4-26 结构洞效度分析结果（2）

题项	成分		
	1	2	3
Q2A1	0.142	0.063	**0.822**
Q2A2	0.091	0.130	**0.844**
Q2A3	0.123	0.165	**0.759**
Q2A5	0.245	**0.815**	0.092
Q2A6	0.198	**0.814**	0.146
Q2A7	0.049	**0.855**	0.140
Q2A8	**0.907**	0.144	0.135

续表

题项	成分		
	1	2	3
Q2A9	**0.808**	0.200	0.105
Q2A10	**0.886**	0.140	0.153
初始特征值	2.405	2.186	2.068
解释方差（%）	26.717	24.291	22.976
累积解释方差（%）	26.717	51.007	73.984

（2）双元机会开发的效度检验。同样首先利用SPSS 23.0数据分析软件对收集回来的数据进行检验，并结合Bartlett球形检验和KMO检验对数据的效度进行分析。通过对量表的6个测量题项进行检验后可以看出，最终得到Bartlett球形检验 χ^2值为395.227（自由度15，Sig=0.000），以上6个不同的测量题项能够反映的信息具有一定重叠性，也就意味着有必要开展因子分析。一般在研究中我们用KMO检验来考察变量间的偏相关性，通过考察发现当数值越接近1的时候，不同的变量之间就会具备更强的偏相关性，最终也会得到更好的因子分析效果。此处得到的KMO值为0.728，这就说明比较适合开展因子分析。

以上述内容为基础开展相关检验，最终可以得出以下结果（见表4–27）。

表4–27　　　　创业机会效度分析结果（1）

KMO采样充分性检验		**0.728**
Bartlett球形检验	近似卡方	395.227
	自由度	15
	Sig	0.000

从表4–28展示出来的旋转成分矩阵可以看出，按照特征值大于1研究规定的方式抽取，问卷不同类型的机会开发量表部分包括6个不同的选项，一共可以抽取2个公共因子。而且，计算出来的累计解释方差能够达到81.396%，符合相关规定的标准。通过对因子的聚合情况进行研究之后发现，第一个被

抽取出来的公因子是探索型创业机会，第二个被抽取出来的公因子为利用型创业机会。结合两个公因子可以看出，所有测量题项的因子载荷数值都高于0.5，均超过建议的临界水平，这说明该量表具有较高的结构效度，能够在正式调研中使用。

表4–28 创业机会效度分析结果（2）

题项	成分	
	1	2
Q3A1	**0.909**	0.174
Q3A2	**0.911**	0.196
Q3A3	**0.864**	0.147
Q3A5	0.091	**0.866**
Q3A6	0.227	**0.849**
Q3A7	0.200	**0.906**
初始特征值	2.503	2.381
解释方差（%）	41.720	39.675
累积解释方差（%）	41.720	81.396

（3）创业环境效度检验。同样首先需要利用SPSS 23.0数据处理软件对回收的数据分别进行Bartlett球形检验和KMO检验分析，最终得到的分析结果表明，问卷创业环境的不同属性量表部分共计7个不同题项的Bartlett球形检验χ^2值为412.216（自由度21，Sig=0.000），这就说明这7个测量题项反映的信息具有一定的重叠性，因此有必要开展进一步的因子分析。此处通过处理之后得到的KMO值达到了0.794，这就说明适合对其进行因子分析（见表4–29）。

表4–29 创业环境效度分析结果（1）

KMO采样充分性检验		**0.794**
Bartlett球形检验	近似卡方	412.216
	自由度	21
	Sig	0.000

通过表4–30罗列的旋转成分矩阵能够发现，根据特征值大于1的规定标准进行操作，就可以从7个不同的测量题项中抽取出2个不同的公共因子，且通过统计以后得出的解释方差为77.224%，这一数值符合研究标准的规定，因此从因子聚合的具体情况可以看出，第一个被抽取出来的公因子为动态复杂性因子，第二个被抽取出来的公因子为宽松稳定性因子，均超过研究规定的标准临界水平0.5，综合体现了问卷创业环境的不同属性量表的部分具有比较高的结构效度，能够在正式调研中使用。

表4–30　　　　　创业环境效度分析结果（2）

题项	成分	
	1	2
Q4A1	**0.900**	0.092
Q4A2	**0.798**	0.226
Q4A3	**0.849**	0.116
Q4A4	**0.890**	0.119
Q4A6	0.163	**0.871**
Q4A7	0.107	**0.840**
Q4A8	0.145	**0.913**
初始特征值	3.020	2.386
解释方差（%）	43.142	34.082
累积解释方差（%）	43.142	77.224

（4）创业企业绩效效度检验。通过SPSS 23.0分析软件进行，最终得出结论，这部分的问卷绩效量表主要有7个测量题项，通过对这7个题项检验后得到Bartlett球形 χ^2 数值达到了244.285（自由度21，Sig=0.000），量表中的测量题项反映的信息具有一定的重叠性，有必要进一步开展因子分析。通过研究发现，一般情况下，我们利用KMO检验相关变量之间的偏相关性，取值范围为0～1，如果得到的数值无限接近于1，那么研究的偏相关性就更强，因子分析取得的效果也更好。本研究最终得到的KMO值为 0.769，表示比较适合进行因子分析（见表4–31）。

表4-31　　创业绩效效度分析结果（1）

KMO采样充分性检验		**0.769**
Bartlett球形检验	近似卡方	244.285
	自由度	21
	Sig	0.000

根据表4-32展示的旋转成分矩阵可以看出，在研究的步骤中严格按照规定的抽取方式对相关的特征进行操作，创业绩效问卷表一共包括7个不同的测量题项，能够抽取出2个不同的公共因子，且最终取得的累积解释方差为67.232%，符合标准要求的60%。通过因子聚合情况我们能够看出，第一个被提取出来的公因子是成长绩效因子，第二个被提取出来的公因子是生存绩效因子。从抽提出来的2个不同公因子中所包含的7个测量题项的因子载荷数来看，其数值均高于0.5，超过规定建议的临界水平。因此，结果体现出创业绩效量表部分具有较高的结构效度，能够在正式调研中使用。

表4-32　　创业绩效效度分析结果（2）

题项	成分	
	1	2
Q5A1	**0.829**	0.11
Q5A2	**0.816**	0.106
Q5A3	**0.782**	0.178
Q5A4	**0.796**	0.111
Q5A5	0.076	**0.805**
Q5A6	0.170	**0.797**
Q5A7	0.138	**0.839**
初始特征值	2.652	2.054
解释方差（%）	37.887	29.345
累积解释方差（%）	37.887	67.232

第五章　调查结果与讨论

5.1　样本描述性统计分析

上一章结合案例企业调研的结果以及现实背景确定正式问卷的发放对象后，接下来的研究需要预估一个理想的回收样本数量。本研究计划采用分析软件SPSS和AMOS来对回收的问卷调研数据进行计算处理。吴明隆（2003，2010）在其著作中提到，如果在研究中采用此类方法对数据进行处理分析，对样本的总数量是有一定要求的，具体来说对于问卷中的每个不同观测变量，需要用5～10个不同的样本来进行测量，研究中涉及的样本数量太多或者太少都不利于最终对数据的处理和分析，也有可能影响最终的分析结果的准确性。此次研究最终经过筛选后得到的测量题项参见附录2，按照吴明隆给出的标准，最终发放且需要成功回收的问卷数量应该为250～500份，所以本研究计划发放500份问卷。

发放正式问卷的时间是2019年7月到11月，通过四种方式发放和收集问卷：一是通过联系到的创业孵化中心的相关工作人员向中心所在地合适的创业企业发送网络问卷星链接，邀请企业内部的管理人员（主要是参与创立企业全过程的创业者）填写问卷；二是在河南省内的创业孵化中心放置、发放部分纸质问卷，邀请孵化中心的创业者现场填写问卷；三是向高校创业基地中的大学生创业群体发送问卷星链接或电子邮件；四是通过熟人介绍、利用熟人关系联系合适的创业者发放并回收部分纸质或电子问卷。利用上述四种方式发放和回收的调查问卷总数超过470份，对成功回收的问卷进行筛选，将有效填答率在80%以下的问卷与部分因填写人对题项填写错误或不合格的无效问卷剔除后，有效问卷的数量为428份，回收有效率约为91.1%，达到设计的标准，可以结合回收整理的数据开展实证分析。

开展后续实证研究前需要对样本整体进行描述性统计分析，可以从宏观角度反映数据样本的基本情况。描述性统计分析的内容主要分为两部分：一是对受访者的基本特征进行分析处理；二是对测量题项的统计情况进行分析处理，包括每一项调查问题的具体填写情况。

本研究共收集有效样本428份，分别从性别、年龄、学历、员工数量、企业成立时间、企业营业收入、企业资产规模进行描述分析，具体如表5-1所示。

表5-1 受访者特征描述分析 单位：人，%

属性	类别	人数	百分比
性别	男	239	55.8
	女	189	44.2
年龄	25岁以下	78	18.2
	25～34岁	135	31.5
	35～44岁	125	29.2
	45～54岁	66	15.4
	55岁及以上	24	5.6
学历	初中及以下	57	13.3
	高中或技校	81	18.9
	专科	122	28.5
	本科	135	31.5
	硕士研究生及以上	33	7.7
员工数量	1～10人	46	10.7
	11～50人	95	22.2
	51～100人	146	34.1
	101～150人	108	25.2
	150人以上	33	7.7
企业成立时间	1年以内	36	8.4

续表

属性	类别	人数	百分比
企业成立时间	1～＜3年	155	36.2
	3～＜6年	96	22.4
	6～10年	77	18
	10年以上	64	14.9
企业营业收入	100万元以内	66	15.4
	100万元～＜300万元	166	38.8
	300万元～＜500万元	85	19.9
	500万元～1000万元	60	14
	1000万元以上	51	11.9
企业资产规模	300万元以内	64	14.9
	300万元～＜500万元	96	22.4
	500万元～＜1000万元	134	31.3
	1000万元～3000万元	86	20.1
	3000万元以上	48	11.2

（1）性别。

此次正式调查中，男受访者占有效样本的55.8%，女受访者占有效样本的44.2%，男受访者的数量明显多于女受访者的数量，可以说明目前我国创业群体中男性创业者基数庞大，可能因为具有更强的探索创新精神，所以倾向于选择通过创业的方式实现自身价值和达到某种目的。

（2）年龄。

此次正式调查中，25～34岁的受访者所占比例最大，约占有效样本量的31.5%，35～44岁的创业者居次席，约占有效样本量的29.2%，故可以证明25～44岁正是创业的黄金阶段，创业者有充沛的时间和精力，另外还有一些先期的经验积累，可以支撑其参与创业活动。25岁以下、45～54岁以及55岁及以上的受访者分别占有效样本量的18.2%、15.4%、5.6%。55岁及以上的创业者所占比例最小，因为人们普遍在这个年龄段中有属于自己的事业，不需要为了生计再创立新企业，或者一部分人选择照顾家庭不再选择风险更大的创业活动。

（3）学历。

考虑到创业活动对创业者的学历没有设置十分具体的准入门槛，所以在正式调查中主要将学历分为初中及以下、高中或技校、专科、本科、硕士研究生及以上五个层次。初中及以下学历的受访者占总有效样本的13.3%，高中或技校学历占总有效样本的18.9%，专科学历占总有效样本的28.5%，本科学历的占31.5%，硕士研究生及以上学历占总有效样本的7.7%。这说明高学历的创业者在创业活动中能够更好地通过自身积累的知识和以往学习生活中积攒的技能来解决创业企业经营中遇到的现实问题，可以在遇到问题时游刃有余地拿出最佳解决办法。

（4）企业规模。

正式调研中，受访者所在企业员工数在1～10人的占总有效样本的10.7%，11～50人的占22.2%，51～100人的占34.1%。这说明样本中属于中小企业的占绝大多数，在一定程度上与创业企业在创立初期规模较小的特征吻合。企业员工数在101～150人占总有效样本的25.2%，150人以上的占7.7%，说明被调研的大规模的创业企业数量相对较少，这也证明创业企业的规模多以中小型企业为主。此外，企业资产规模在300万元以内的占14.9%，300万元～＜500万元的占22.4%，500万元～＜1000万元的占31.3%，1000万元～3000万元的占20.1%，3000万元以上的占11.2%。由此可见，受访企业的资产规模多数在500万元～＜1000万元，有一定的创业启动资金。

企业营业收入在100万元以内的占总有效样本的15.4%，100万元～＜300万元的占38.8%，300万元～＜500万元的占19.9%，500万元～1000万元的占14%，1000万元以上的占11.9%。从另一个角度再次证明了创业企业的营业收入大多在100万元～＜300万元，属于收入不高的中小型企业。本研究使用SPSS 23.0软件对量表收集的数据特征进行初步的描述性分析，检验数据分布情况。从表5-2中可以看出，各个量表数据的均值均未出现异常，数据描述性统计特征较为理想，可以继续进行下一步的处理分析。

表 5-2　　测量题项的描述统计分析

题项	N	最小值	最大值	平均值	标准差	偏度	峰度
x11	428	1	5	3.49	1.279	−0.380	−0.951
x12	428	1	5	3.61	1.126	−0.496	−0.659
x13	428	1	5	3.63	1.343	−0.680	−0.786
x21	428	1	5	3.71	1.103	−0.747	−0.111
x22	428	1	5	3.80	1.112	−0.707	−0.364
x23	428	1	5	3.81	1.051	−0.854	0.282
x31	428	1	5	3.70	1.184	−0.854	−0.118
x32	428	1	5	3.80	1.069	−0.627	−0.344
x33	428	1	5	3.74	1.148	−0.835	0.066
w11	428	1	5	4.21	0.969	−1.162	0.665
w12	428	1	5	4.15	0.999	−1.012	0.247
w13	428	1	5	4.21	0.920	−1.049	0.425
w14	428	1	5	4.07	0.968	−0.726	−0.385
w21	428	1	5	4.09	1.057	−0.994	0.110
w22	428	1	5	4.03	1.076	−0.839	−0.403
w23	428	1	5	4.08	1.049	−0.914	−0.130
m11	428	1	5	3.57	1.157	−0.509	−0.653
m12	428	1	5	3.83	1.131	−0.448	−1.136
m13	428	1	5	3.60	1.113	−0.464	−0.576
m21	428	1	5	3.65	1.180	−0.493	−0.812
m22	428	1	5	3.80	1.076	−0.529	−0.730
m23	428	1	5	3.81	1.110	−0.605	−0.468
y11	428	1	5	3.71	1.267	−0.787	−0.452
y12	428	1	5	3.74	1.112	−0.609	−0.494
y13	428	1	5	3.88	1.141	−0.914	−0.003
y14	428	1	5	3.73	1.165	−0.710	−0.395
y21	428	1	5	3.58	1.138	−0.364	−0.861
y22	428	1	5	3.86	0.960	−0.692	0.150
y23	428	1	5	3.54	1.137	−0.269	−0.864

5.2 共同方法偏差检验

本研究采用Harman单因子检验进行共同方法偏差检验。结果表明，特征值大于1的因子共有8个，且第一个主因子解释的变异量为32.510%，小于40%规定的临界标准。因此，本研究不存在严重的共同方法偏差，数据可以被继续用来开展后续研究，具体数值如表5-3所示。

表5-3 问卷数据总方差解释结果

成分	初始特征值			提取载荷平方和		
	总计	方差百分比（%）	累积百分比（%）	总计	方差百分比（%）	累积百分比（%）
1	9.428	32.510	32.510	9.428	32.510	32.510
2	3.361	11.591	44.100	3.361	11.591	44.100
3	1.746	6.022	50.123	1.746	6.022	50.123
4	1.519	5.236	55.359	1.519	5.236	55.359
5	1.458	5.029	60.388	1.458	5.029	60.388
6	1.308	4.512	64.900	1.308	4.512	64.900
7	1.184	4.083	68.983	1.184	4.083	68.983
8	1.085	3.741	72.724	1.085	3.741	72.724
9	0.985	3.398	76.122			
10	0.574	1.979	78.101			
11	0.493	1.699	79.799			
12	0.475	1.637	81.436			
13	0.458	1.580	83.016			
14	0.445	1.534	84.550			
15	0.422	1.455	86.006			
16	0.390	1.344	87.349			
17	0.363	1.251	88.600			
18	0.359	1.237	89.837			
19	0.334	1.153	90.991			
20	0.323	1.114	92.104			
21	0.308	1.064	93.168			

续表

成分	初始特征值			提取载荷平方和		
	总计	方差百分比（%）	累积百分比（%）	总计	方差百分比（%）	累积百分比（%）
22	0.295	1.017	94.185			
23	0.282	.973	95.158			
24	0.269	.927	96.085			
25	0.266	.918	97.003			
26	0.237	.818	97.821			
27	0.227	.782	98.603			
28	0.213	.734	99.337			
29	0.192	.663	100.000			

注：提取方法为主成分分析法。

5.3 数据信度分析

处理正式问卷数据时，检验方法上采用的是信度分析，即Cronbach's α系数，对调查问卷研究变量在各个具体维度上的一致性程度进行检验。研究中一般认为变量信度分析的Cronbach's α系数必须大于0.7才意味着有较好的信度。

如表5-4所示，本研究所细分的不同研究维度即多样性、丰富性、受限制程度高、探索型创业机会、利用型创业机会、动态复杂型环境、宽松稳定型环境、成长绩效、生存绩效，最终算出来的Cronbach's α系数具体数值分别是0.822、0.850、0.854、0.870、0.849、0.836、0.847、0.869、0.865，均大于研究规定的0.7标准数值，直接表明研究变量具有良好的内部一致性信度。最后取得的CITC值也均大于0.5的标准，表明用来测量的题项均能很好地满足研究的具体要求。从最终“删除该题项的Cronbach's α值”来看，删除任意一题均不会引起Cronbach's α值指数出现变动，这也同样表明变量具有良好的信度。

续表

表 5-4 问卷数据信度分析结果

因素	题项	CITC	Cronbach's α if Item Deleted	Cronbach's α 系数
多样性	x11	0.716	0.715	0.822
	x12	0.671	0.767	
	x13	0.656	0.782	
丰富性	x21	0.782	0.728	0.85
	x22	0.681	0.828	
	x23	0.698	0.811	
受限制程度高	x31	0.789	0.733	0.854
	x32	0.689	0.83	
	x33	0.705	0.816	
探索型创业机会	m11	0.797	0.774	0.870
	m12	0.718	0.847	
	m13	0.741	0.826	
利用型创业机会	m21	0.741	0.769	0.849
	m22	0.709	0.799	
	m23	0.707	0.799	
动态复杂型环境	w11	0.73	0.764	0.836
	w12	0.663	0.795	
	w13	0.644	0.803	
	w14	0.632	0.808	
宽松稳定型环境	w21	0.711	0.788	0.847
	w22	0.707	0.793	
	w23	0.723	0.778	
成长绩效	y11	0.755	0.818	0.869
	y12	0.739	0.825	
	y13	0.686	0.845	
	y14	0.706	0.838	
生存绩效	y21	0.77	0.785	0.865
	y22	0.723	0.834	
	y23	0.749	0.805	

5.4　探索性因子分析

5.4.1　创业者结构洞

利用SPSS 23.0软件进行探索性因子分析，结合软件的具体功能对量表进行KMO和Bartlett球形检验，最终可以得到如表5–5所示的结果。

表5–5　创业者结构洞KMO和Bartlett 球形检验的具体结果

取样足够度的KMO度量		**0.829**
Bartlett 球形检验	近似卡方	1651.010
	自由度	36
	Sig	0.000

由表5–5展示的具体内容可以看出，KMO=0.829，大于0.7的研究标准，Bartlett 球形检验最终得到的数值为显著（Sig<0.001），直接说明问卷的数据符合进行因子分析的所有前提要求。所以可以对数据进一步处理分析。因子提取时主要采用的是主成分分析法，并以特征值大于1为因子提取公因子，因子旋转时采用方差最大正交旋转进行因素分析。最终的分析结果如表5–6所示。

表5–6　结构洞因子分析结果

题项	组成部分		
	丰富性	受限制程度高	多样性
x21	**0.877**	–0.176	0.172
x23	**0.854**	–0.105	0.148
x22	**0.802**	–0.237	0.157
x31	–0.229	**0.862**	–0.201
x33	–0.119	**0.835**	–0.211
x32	–0.18	**0.818**	–0.186
x11	0.136	–0.199	**0.852**
x12	0.108	–0.188	**0.836**

续表

题项	组成部分		
	丰富性	受限制程度高	多样性
x13	0.249	-0.196	**0.778**
特征值	2.333	2.321	2.225
方差百分比（%）	25.918	25.784	24.725
累积百分比（%）	25.918	51.702	76.427

从表5-6可以看出，因素分析结果总共分解得到3个因素，分别为丰富性、受限制程度高、多样性，并且总解释能力达到了76.427%，大于50%的标准，直接证明通过筛选得出来的3个因素均具有良好的代表性。各个测量题项的因素负荷量均大于0.5，同时交叉载荷均小于0.4，每个题项均能落到具体对应的因素中，直接表明测量量表中各个维度设置的题项均具有良好的结构效度。

5.4.2 创业环境

这一步同样需要借助SPSS 23.0软件进行探索性因子分析，结合软件的具体功能对量表进行KMO和Bartlett球形检验，最终得到的结果如表5-7所示。

表5-7 创业环境KMO和Bartlett球形检验的具体结果

取样足够度的KMO度量		**0.822**
Bartlett球形检验	近似卡方	1142.722
	自由度	21
	Sig	0.000

由表5-7看出，KMO=0.822，大于0.7的规定标准，同时Bartlett球形检验的具体数值也为显著（Sig<0.001），表明问卷数据符合开展因子分析的所有前提要求。因此可以进一步分析处理，因子提取时主要采用的是主成分分析法，并以特征值大于1为因子提取公因子，因子旋转时主要采用的是方差最大正交旋转进行因素分析。最终得到的结果见表5-8。

表 5-8　　创业环境因子分析结果

题项	组成部分	
	动态复杂型环境	宽松稳定型环境
w11	**0.847**	0.18
w13	**0.805**	0.115
w12	**0.795**	0.177
w14	**0.748**	0.239
w21	0.126	**0.872**
w23	0.228	**0.847**
w22	0.213	**0.842**
特征值	2.671	2.321
方差百分比（%）	38.16	33.16
累积百分比（%）	38.16	71.321

从表 5-8 可以看出因子分析结果总共得到 2 个因子，分别为动态复杂型环境、宽松稳定型环境，总解释能力达到了 71.321%，大于 50% 规定的标准，表明筛选出来的 2 个因子具有良好的代表性。各个测量题项的因子负荷量数值均大于 0.5 的标准，且交叉载荷的数值均小于 0.4 的标准，每个题项均能很好地落到相对应的因子中，表明量表具有良好的结构效度。

5.4.3　双元机会

利用SPSS 23.0分析软件进行探索性因子分析，结合软件的具体功能对量表进行KMO和Bartlett球形检验，最终得到的结果如表 5-9 所示。

表 5-9　　双元机会 KMO 和 Bartlett 检验的具体结果

取样足够度的 KMO 度量		**0.797**
Bartlett 球形检验	近似卡方	1132.969
	自由度	15
	Sig	0.000

如表5-9所示，KMO=0.797，大于0.7的标准，Bartlett球形检验的具体数值也为显著（Sig<0.001），直接表明问卷数据符合因子分析的所有前提要求，因此可以开始处理分析。提取因子采用的主要方法是主成分分析法，并以特征值大于1为因子提取公因子，因子旋转时采用的主要方法是方差最大正交旋转进行因素分析。最终处理分析的结果如表5-10所示。

表5-10 双元机会因子分析结果

题项	组成部分	
	探索型创业机会	利用型创业机会
m11	**0.900**	0.178
m13	**0.877**	0.151
m12	**0.830**	0.256
m21	0.224	**0.859**
m23	0.167	**0.855**
m22	0.179	**0.852**
特征值	2.378	2.317
方差百分比（%）	39.636	38.615
累积百分比（%）	39.636	78.252

从表5-10中可以看出，因子分析总共得到两个因子，分别为探索型创业机会、利用型创业机会，同时总解释能力达到了78.252%，大于50%的标准，表明筛选出来的两个因子具有良好的代表性。因素负荷量系数如表5-10所示。各个不同测量题项的因子负荷量均大于0.5，且交叉载荷最终取得的数值均小于标准0.4，直接证明每个题项均能落到对应的因素中，表明量表具有良好的结构效度。

5.4.4 创业绩效

同样选择使用SPSS 23.0软件进行探索性因子分析，借助软件的功能对量表分别进行KMO和Bartlett球形检验分析，结果如表5-11所示。

表5-11　　创业绩效KMO和Bartlett检验的具体结果

取样足够度的 KMO 度量		**0.855**
Bartlett 球形检验	近似卡方	1387.585
	自由度	21
	Sig	0.000

由表5-11可以看出，KMO=0.855，大于0.7的标准，Bartlett球形检验数值也为显著（Sig<0.001），表明问卷数据符合开展因子分析的所有前提要求。因此可以进一步处理分析，提取因子时主要采用的是主成分分析法，并以特征值大于1为因子提取公因子，因子旋转时主要采用的是方差最大正交旋转进行因素分析。最终的分析结果如表5-12所示。

表5-12　　创业绩效因子分析结果

题项	组成部分	
	成长绩效	生存绩效
y11	**0.840**	0.227
y12	**0.827**	0.236
y14	**0.814**	0.200
y13	**0.791**	0.217
y21	0.226	**0.873**
y22	0.178	**0.865**
y23	0.302	**0.833**
特征值	2.852	2.398
方差百分比（%）	40.747	34.256
累积百分比（%）	40.747	75.002

从表5-12可以看出因素分析结果总共得到两个因素，分别为成长绩效、生存绩效，总解释能力达到75.002%，大于50%的标准，直接可以证明筛选出来的两个因素具有良好的代表性。各个测量题项的因素负荷量均大于0.5，且交叉载荷具体数值均小于0.4，每个题项均能落到对应的因素中，表明量表具有良好的结构效度。

5.5 验证性因子分析

5.5.1 创业者结构洞

创业者结构洞分为多样性、丰富性、受限制程度高，共9个不同的测量题项，运用AMOS 23.0软件进行验证性因子分析，得到的结果如表5-13、表5-14及图5-1所示。

表5-13 结构洞验证性因子模型拟合度

模型拟合指标	最优标准值	统计值	拟合情况
CMIN	—	31.870	—
DF	—	24.000	—
CMIN/DF	<3.00	1.328	好
RMR	<0.08	0.043	好
GFI	>0.90	0.982	好
AGFI	>0.90	0.966	好
NFI	>0.90	0.981	好
IFI	>0.90	0.995	好
TLI	>0.90	0.993	好
CFI	>0.90	0.995	好
RMSEA	<0.08	0.029	好

由表5-13可以得知，CMIN/DF的统计值为1.328，小于3.00以下的规定标准，GFI、AGFI、NFI、IFI、TLI、CFI的统计值均达到0.90以上的规定标准；RMR的统计值为0.043，小于0.08；RMSEA的统计值为0.029，也小于0.08。各个不同拟合指标均符合一般规定的研究标准，能够认为这个模型有不错的适配度。

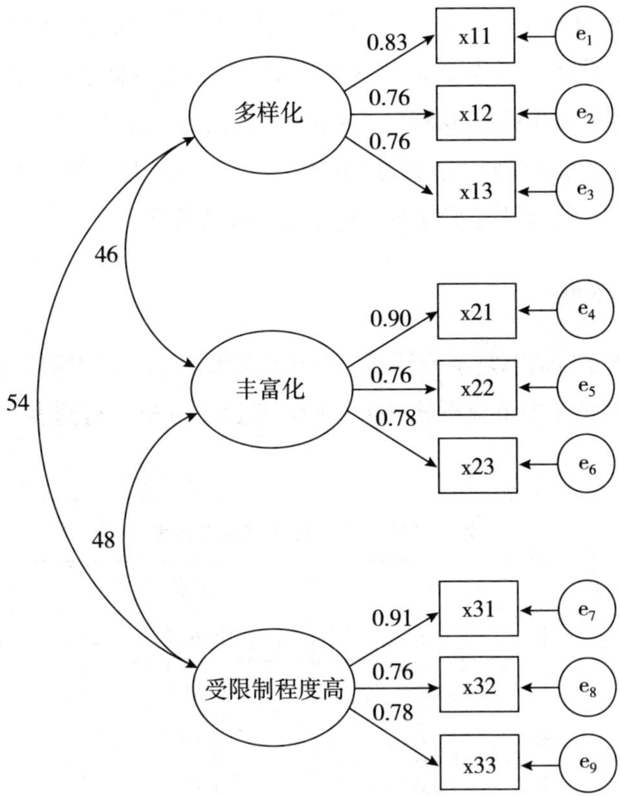

图5-1　创业者结构洞验证性因子分析

表5-14　结构洞验证性因子分析结果

变量	题项	因素负荷	组成信度（CR）	平均变异萃取量（AVE）
多样化	x11	0.828	0.827	0.615
	x12	0.764		
	x13	0.758		
丰富化	x21	0.900	0.855	0.663
	x22	0.760		
	x23	0.776		
受限制程度高	x31	0.910	0.858	0.670
	x32	0.760		
	x33	0.777		

由表5-14可知，多样化、丰富化、受限制程度高的各个不同测量指标最终显示的标准化因子负荷数值均大于0.6以上的规定标准；组成信度（CR）的最终数值分别为0.827、0.855、0.858，均大于0.7的规定标准；平均变异萃取量（AVE）的最终数值分别为0.615、0.663、0.670，均大于0.5的规定标准，表明各个不同的研究变量均具有良好的收敛效度。

5.5.2 创业环境

创业环境分为动态复杂型环境、宽松稳定型环境，总共有7个不同的测量题项，利用AMOS 23.0分析软件进行验证性因子分析，得到表5-15、表5-16及图5-2。

表5-15 创业环境验证性因子模型拟合度

模型拟合指标	最优标准值	统计值	拟合情况
CMIN	—	30.682	—
DF	—	13.000	—
CMIN/DF	<3.00	2.360	好
RMR	<0.08	0.032	好
GFI	>0.90	0.977	好
AGFI	>0.90	0.950	好
NFI	>0.90	0.973	好
IFI	>0.90	0.984	好
TLI	>0.90	0.975	好
CFI	>0.90	0.984	好
RMSEA	<0.08	0.060	好

由表5-15可知，CMIN/DF的统计值为2.360，小于3.00以下的规定标准；GFI、AGFI、NFI、IFI、TLI、CFI的统计值均达到0.90以上的规定标准；RMR的统计值为0.032，RMSEA的数值为0.060，均小于0.08的规定标准。各个不同拟合指标最终得到的数值均显示符合一般的研究标准，可以认为这个模型有不错的适配度。

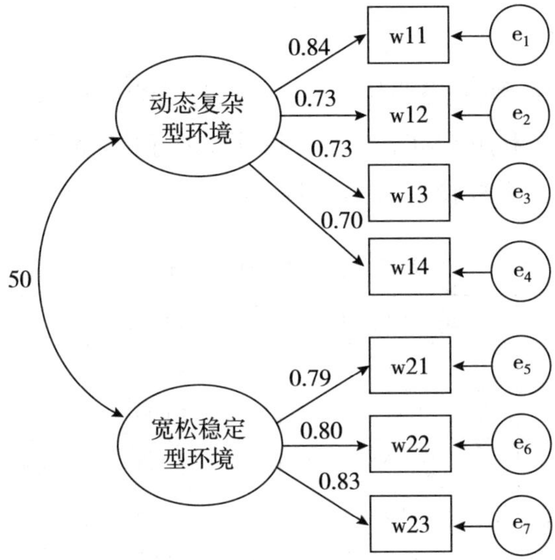

图5-2 创业环境验证性因子分析

表5-16 创业环境验证性因子分析结果

变量	题项	因素负荷	组成信度（CR）	平均变异萃取量（AVE）
动态复杂型环境	w11	0.836	0.838	0.565
	w12	0.734		
	w13	0.733		
	w14	0.696		
宽松稳定型环境	w21	0.789	0.847	0.648
	w22	0.798		
	w23	0.827		

由表5-16可知，创业环境属性下对动态复杂型环境、宽松稳定型环境的各个不同测量指标标准化因子负荷的数值均大于0.6的规定标准；组成信度（CR）的数值分别为0.838、0.847，均大于0.7的规定标准；平均变异萃取量（AVE）的数值分别为0.565、0.648，均大于0.5的规定标准，可以直接证明各个变量具有良好的收敛效度。

5.5.3 双元机会

双元机会的种类可以分为探索型创业机会、利用型创业机会，总共有6个不同的测量题项，利用AMOS 23.0分析软件进行验证性因子分析，得到的最终结果如表5–17、表5–18及图5–3所示。

表5–17　　　　　　　　双元机会验证性因子模型拟合度

模型拟合指标	最优标准值	统计值	拟合情况
CMIN	—	9.933	—
DF	—	8.000	—
CMIN/DF	<3.00	1.242	好
RMR	<0.08	0.033	好
GFI	>0.90	0.991	好
AGFI	>0.90	0.977	好
NFI	>0.90	0.991	好
IFI	>0.90	0.998	好
TLI	>0.90	0.997	好
CFI	>0.90	0.998	好
RMSEA	<0.08	0.025	好

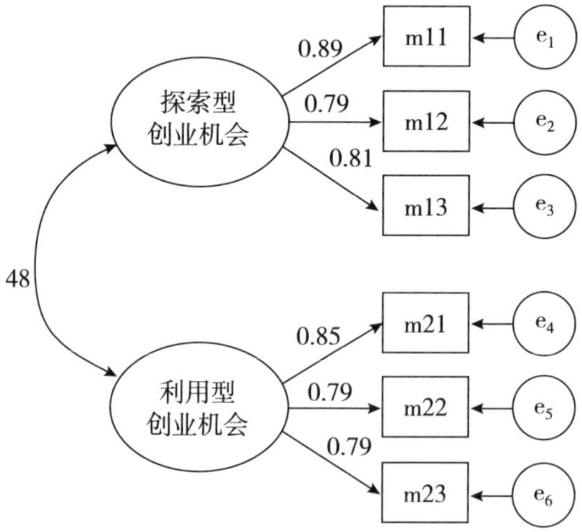

图5–3　双元机会验证性因子分析

由表5-17可知，CMIN/DF的统计值为1.242，小于3.00的规定标准；GFI、AGFI、NFI、IFI、TLI、CFI的数值均达到0.90以上的规定标准；RMR的统计值为0.033，RMSEA的统计值为0.025，均小于0.08的规定标准。以上各个不同拟合指标均符合一般的研究标准，所以可以认定这个模型有不错的适配度。

表5-18　　双元机会验证性因子分析结果

变量	题项	因素负荷	组成信度（CR）	平均变异萃取量（AVE）
探索型创业机会	m11	0.894	0.872	0.695
	m12	0.790		
	m13	0.814		
利用型创业机会	m21	0.849	0.850	0.654
	m22	0.790		
	m23	0.785		

通过表5-18可知，创业机会的探索型创业机会、利用型创业机会的各个不同测量指标标准化因子负荷最终得到的数值均大于0.6的规定标准；组成信度（CR）的最终数值分别为0.872、0.850，均大于0.7的规定标准；平均变异萃取量（AVE）最终数值分别为0.695、0.654，均大于0.5的规定标准，可以直接表明各个变量具有良好的收敛效度。

5.5.4 创业绩效

由文献综述部分的内容可知，创业绩效可以被分为成长绩效、生存绩效两个维度，总共有7个不同的测量题项，借助AMOS 23.0软件进行验证性因子分析，最终得到的结果如表5-19、表5-20及图5-4所示。

表5-19　　创业企业绩效验证性因子模型拟合度

模型拟合指标	最优标准值	统计值	拟合情况
CMIN	—	19.297	—
DF	—	13.000	—
CMIN/DF	<3.00	1.484	好

续表

模型拟合指标	最优标准值	统计值	拟合情况
RMR	<0.08	0.026	好
GFI	>0.90	0.986	好
AGFI	>0.90	0.969	好
NFI	>0.90	0.986	好
IFI	>0.90	0.995	好
TLI	>0.90	0.993	好
CFI	>0.90	0.995	好
RMSEA	<0.08	0.036	好

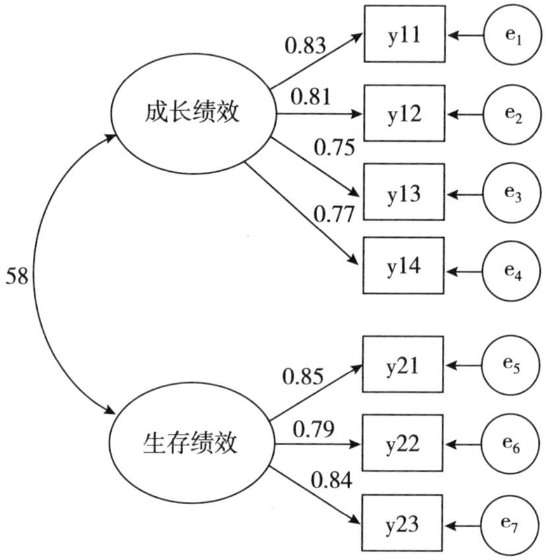

图5-4 创业绩效验证性因子分析

由表5-19可知，CMIN/DF的统计值为1.484，小于3.00的规定标准；GFI、AGFI、NFI、IFI、TLI、CFI的统计值均达到0.90以上的规定标准；RMR的统计值为0.026，小于0.08的规定标准；RMSEA的统计值为0.036，小于0.08的规定标准。各个不同拟合指标均符合一般的研究标准，所以可以直接证明这个模型有不错的适配度。

表5–20　　创业企业绩效验证性因子分析结果

变量	题项	因素负荷	组成信度（CR）	平均变异萃取量（AVE）
成长绩效	y11	0.830	0.870	0.626
	y12	0.812		
	y13	0.749		
	y14	0.771		
生存绩效	y21	0.853	0.867	0.686
	y22	0.785		
	y23	0.845		

由表5–20可知，成长绩效、生存绩效中的各个不同测量指标的标准化因子负荷最终数值均大于0.6的规定标准；组成信度（CR）的最终数值分别为0.870、0.867，均大于0.7的规定标准；平均变异萃取量（AVE）的最终数值分别为0.626、0.686，均大于0.5的规定标准，可以直接证明各个不同的研究变量均具有良好的收敛效度。

5.6　区分效度

本次研究采用较为严谨的AVE方法对数据进行处理分析，该方法最早是由Fornell和Larcker（1981）在研究中将每个不同因素的AVE数值开根号处理，得到的结果必须大于各成对变数的相关系数，才能直接表示因素之间具有明显的区分效度。在对本研究搜集到的数据进行区分效度检验后，发现其最终数值均大于对角线外的标准化相关系数，所以本研究具有明显的区分效度，详情可见表5–21中的有关内容。

表5–21　　问卷数据区分效度分析

	多样化	丰富化	受限制程度高	动态复杂型环境	宽松稳定型环境	探索型创业机会	利用型创业机会	成长绩效	生存绩效
多样化	**0.784**								
丰富化	0.404**	**0.814**							
受限制程度高	–0.470**	–0.421**	**0.819**						

续表

	多样化	丰富化	受限制程度高	动态复杂型环境	宽松稳定型环境	探索型创业机会	利用型创业机会	成长绩效	生存绩效
动态复杂型环境	0.122*	0.053	−0.125*	**0.752**					
宽松稳定型环境	0.109*	0.002	−0.200**	0.422**	**0.805**				
探索型创业机会	0.399**	0.355**	−0.406**	0.162**	0.271**	**0.834**			
利用型创业机会	0.391**	0.397**	−0.421**	0.115*	0.230**	0.425**	**0.809**		
成长绩效	0.457**	0.489**	−0.556**	0.164**	0.234**	0.515**	0.539**	**0.791**	
生存绩效	0.449**	0.460**	−0.436**	0.276**	0.260**	0.513**	0.480**	0.508**	**0.828**

注：*，$p<0.05$；**，$p<0.01$。

5.7 构建及检验结构方程模型

进行研究假设的检验前，必须先构建研究用到的结构方程初始模型。本研究的展开步骤里构建的初始模型可以分为结构模型和测量模型，所有步骤中最核心的任务就是要完整构建出结构模型，且要能够确定初始模型当中所涉及的全体潜变量。构建初始模型前需要先初步确定各个研究变量之间的关系和发挥的具体作用，这种关系和发挥的具体作用需要结合数据进一步地验证后才能知晓。本书的实证研究部分一共设置了多样化、丰富化、受限制程度高、探索型创业机会、利用型创业机会、成长绩效、生存绩效7个不同的潜变量。研究各个不同的潜变量之间的关系和发挥的作用是构建初始模型的关键，也是构造结构模型中的必要步骤。

初步构建研究所用的结构模型后，还需要确立测量模型，事先确定每个不同的潜变量与其所属观测变量（测量题项）之间的具体关系，将具体的概念模型和研究假设以及初始模型构建中的相关注意事项有机地结合在一起，最终可以构建出如图5-5所示的初始模型，为进一步的实证验证奠定基础。

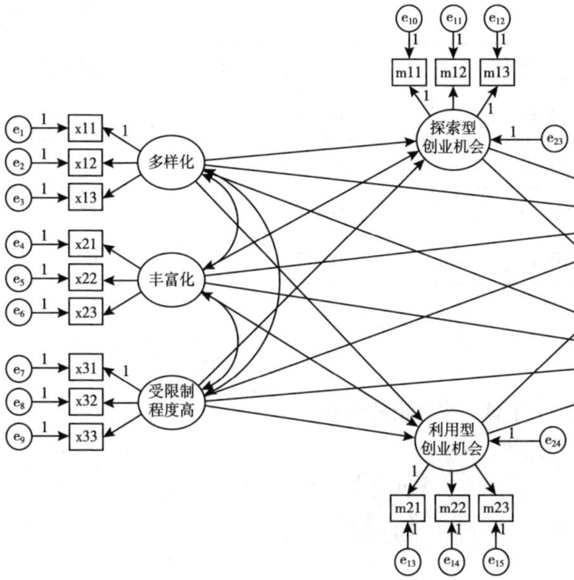

图5–5 结构方程模型

5.7.1 模型拟合度分析

由表5–22展示的内容可以知道，CMIN/DF的统计值为1.269，小于3.00以下的规定标准；GFI、AGFI、NFI、IFI、TLI、CFI的统计值均达到0.90以上的规定标准；RMR的统计值为0.054，小于0.08规定的研究标准；RMSEA的统计值为0.027，同样小于0.08的研究标准。可以看出各个不同拟合指标的得数均符合研究标准，证明这个模型有不错的适配度。

表5–22 结构模型拟合度分析结果

模型拟合指标	最优标准值	统计值	拟合情况
CMIN	—	241.104	—
DF	—	190.000	—
CMIN/DF	<3.00	1.269	好
RMR	<0.08	0.054	好
GFI	>0.90	0.946	好
AGFI	>0.90	0.928	好
NFI	>0.90	0.951	好

续表

模型拟合指标	最优标准值	统计值	拟合情况
IFI	>0.90	0.989	好
TLI	>0.90	0.987	好
CFI	>0.90	0.989	好
RMSEA	<0.08	0.027	好

5.7.2 模型分析

利用AMOS 23.0软件执行计算，得到图5–6。

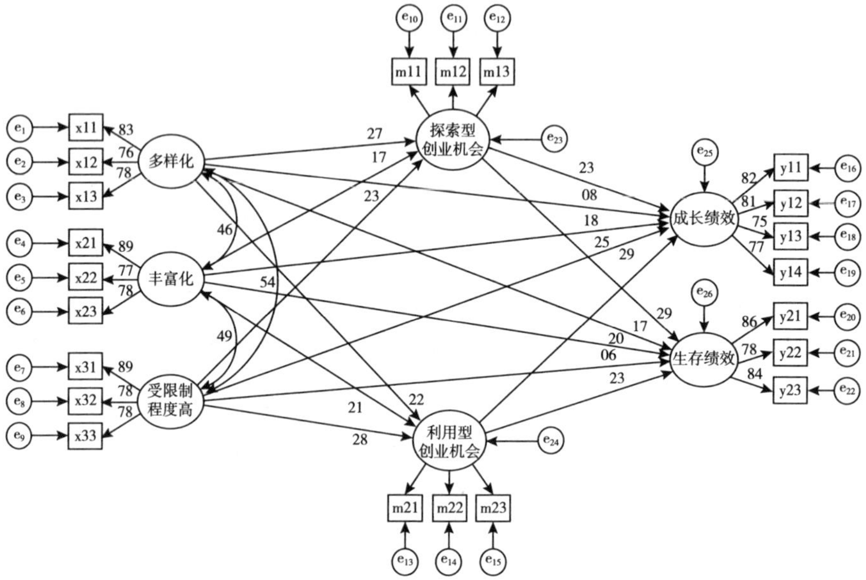

图5–6 模型分析

5.8 假设验证结果

由表5–23展示的内容可以看出，多样化对探索型创业机会（β=0.273，p<0.05）具有十分显著的正向影响，研究假设成立；丰富化对探索型创业机会（β=0.175，p<0.05）同样具有十分显著的正向影响，研究假设成立；受限制程度高对探索型创业机会（β= 0.233，p<0.05）具有十分显著的负向影响，

研究假设成立。

多样化对利用型创业机会（$\beta=0.223$，$p<0.05$）具有十分显著的正向影响，研究假设成立；丰富化对利用型创业机会（$\beta=0.209$，$p<0.05$）具有十分显著的正向影响，研究假设成立；受限制程度高对利用型创业机会（$\beta=-0.275$，$p<0.05$）具有十分显著的负向影响，研究假设成立。

多样化对成长绩效（$\beta=0.080$，$p>0.05$）不具有十分显著的正向影响，研究假设不成立；丰富化对成长绩效（$\beta=0.177$，$p<0.05$）具有十分显著的正向影响，研究假设成立；受限制程度高对成长绩效（$\beta=-0.247$，$p<0.05$）具有十分显著的负向影响，研究假设成立；探索型创业机会对成长绩效（$\beta=0.232$，$p<0.05$）具有十分显著的正向影响，研究假设成立；利用型创业机会对成长绩效（$\beta=0.290$，$p<0.05$）具有十分显著的正向影响，研究假设成立。

多样化对生存绩效（$\beta=0.171$，$p<0.05$）具有十分显著的正向影响，研究假设成立；丰富化对生存绩效（$\beta=0.199$，$p<0.05$）具有十分显著的正向影响，研究假设成立；受限制程度高对生存绩效（$\beta=-0.064$，$p>0.05$）不具有显著负向影响，研究假设不成立；探索型创业机会对生存绩效（$\beta=0.287$，$p<0.05$）具有十分显著的正向影响，研究假设成立；利用型创业机会对生存绩效（$\beta=0.233$，$p<0.05$）具有十分显著的正向影响，研究假设成立。

表5-23 路径系数分析结果

路径		标准化系数	非标准化系数	S.E.	C.R.	P	结果
探索型	多样化	0.273	0.264	0.067	3.923	***	成立
探索型	丰富化	0.175	0.184	0.067	2.755	0.006	成立
探索型	受限制程度高	−0.233	−0.228	0.067	−3.402	***	成立
利用型	多样化	0.223	0.210	0.066	3.193	0.001	成立
利用型	丰富化	0.209	0.214	0.066	3.258	0.001	成立
利用型	受限制程度高	−0.275	−0.262	0.066	−3.957	***	成立
成长绩效	多样化	0.080	0.078	0.059	1.322	0.186	不成立
成长绩效	丰富化	0.177	0.188	0.058	3.223	0.001	成立
成长绩效	受限制程度高	−0.247	−0.243	0.06	−4.051	***	成立

续表

路径		标准化系数	非标准化系数	S.E.	C.R.	P	结果
成长绩效	探索型创业机会	0.232	0.233	0.054	4.331	***	成立
成长绩效	利用型创业机会	0.290	0.300	0.059	5.114	***	成立
生存绩效	多样化	0.171	0.155	0.060	2.603	0.009	成立
生存绩效	丰富化	0.199	0.197	0.058	3.383	***	成立
生存绩效	受限制程度高	-0.064	-0.059	0.059	-0.996	0.319	不成立
生存绩效	探索型创业机会	0.287	0.270	0.054	4.992	***	成立
生存绩效	利用型创业机会	0.233	0.225	0.058	3.895	***	成立

5.9 中介效应检验

5.9.1 宏观层面中介效应

本研究采用Bootstrapping（处理分析方法）加以验证中介效应。研究结果表明，Bootstrap的置信区间不包含0，直接表明对应的间接、直接或总效应明显存在。

借助AMOS 23.0软件中的分析功能，使用Bootstrapping直接运行5000次，最终得出的Bias-Corrected与Percentile在95%置信区间（CI）下的水平值，结果如表5-24所示。

表5-24 总效应、直接效应及间接效应分析结果（宏观层面）

	效应值	Bias-Corrected		Percentile	
		95% CI		95% CI	
		Lower	Upper	Lower	Upper
总效应					
多样化—创业绩效	0.325	0.197	0.458	0.197	0.458
丰富化—创业绩效	0.374	0.256	0.496	0.257	0.497
受限制程度高—创业绩效	-0.391	-0.532	-0.208	-0.537	-0.219
直接效应					
多样化—创业绩效	0.157	0.04	0.265	0.045	0.267

续表

	效应值	Bias-Corrected 95% CI		Percentile 95% CI	
		Lower	Upper	Lower	Upper
直接效应					
丰富化—创业绩效	0.243	0.138	0.355	0.138	0.356
受限制程度高—创业绩效	-0.218	-0.372	-0.058	-0.366	-0.048
间接效应					
多样化—探索型创业机会—创业绩效	0.091	0.04	0.16	0.036	0.155
丰富化—探索型创业机会—创业绩效	0.058	0.011	0.115	0.009	0.112
受限制程度高—探索型创业机会—创业绩效	-0.077	-0.145	-0.026	-0.139	-0.022
多样化—利用型创业机会—创业绩效	0.077	0.033	0.138	0.031	0.135
丰富化—利用型创业机会—创业绩效	0.072	0.032	0.125	0.032	0.124
受限制程度高—利用型创业机会—创业绩效	-0.095	-0.208	-0.022	-0.202	-0.02

从表5-24可以看出，多样化—创业绩效最终经过分析处理后得到的总效应值为0.325，在Bias-Corrected与Percentile 95% CI的Lower和Upper的几个具体数值区间内均不包含0，直接证明总效应明显存在；多样化—创业绩效最终经过处理分析得到的直接效应值为0.157，在Bias-Corrected与Percentile 95% CI的Lower和Upper的数值区间均不包含0，可以表明直接效应明显存在；多样化—探索型创业机会—创业绩效和多样化—利用型创业机会—创业绩效最终经过处理分析得到的间接效应值分别为0.091、0.077，在Bias-Corrected与Percentile 95% CI的Lower和Upper的数值区间之内均不包含0，得到的结果表明间接效应明显存在。

最终得到的丰富化—创业绩效的总效应值为0.374，在Bias-Corrected与Percentile 95% CI的Lower和Upper的数值区间均不包含0，能够证明总效应明显存在；丰富化—创业绩效的直接效应值为0.243，在Bias-Corrected与Percentile 95% CI的Lower和Upper的数值区间均不包含0，能够表明直接效应明显存在；丰富化—探索型创业机会—创业绩效和丰富化—利用型创业机会—创业绩效的间接效应值分别为0.058、0.072，在Bias-Corrected与

Percentile 95% CI的Lower和Upper的数值区间均不包含0，能够表明间接效应明显存在。

最终得到的受限制程度高—创业绩效的总效应值为-0.391，在Bias-Corrected 与Percentile 95% CI的Lower和Upper的数值区间均不包含0，能够表明总效应明显存在；受限制程度高—创业绩效的直接效应值为-0.218，在Bias-Corrected 与Percentile 95% CI的Lower和Upper的数值区间之内均不包含0，能够表明直接效应明显存在；受限制程度高—探索型创业机会—创业绩效和受限制程度高—利用型创业机会—创业绩效的间接效值分别为-0.077、-0.095，在Bias-Corrected 与Percentile 95% CI的Lower和Upper的数值区间均不包含0，能够表明间接效应明显存在。

5.9.2 研究维度中介效应

本研究采用Bootstrapping的方法验证中介效应。研究结果表明，Bootstrap的置信区间不包含0，直接证明对应的间接、直接或总效应明显存在。

在AMOS 23.0软件中使用具体的功能Bootstrap处理方法运行5000次，最终得出的Bias-Corrected与Percentile在95%置信区间下的水平值，具体如表5-25所示。

表5-25 总效应、直接效应及间接效应分析结果（研究维度）

	效应值	Bias-Corrected 95%CI		Percentile 95%CI	
		Lower	Upper	Lower	Upper
总效应					
多样化—成长绩效	0.208	0.069	0.360	0.067	0.358
丰富化—成长绩效	0.279	0.156	0.408	0.158	0.411
受限制程度高—成长绩效	-0.381	-0.518	-0.201	-0.522	-0.207
多样化—生存绩效	0.301	0.186	0.420	0.186	0.422
丰富化—生存绩效	0.298	0.193	0.409	0.195	0.411
受限制程度高—生存绩效	-0.195	-0.352	-0.015	-0.353	-0.018
直接效应					

续表

	效应值	Bias-Corrected 95%CI		Percentile 95%CI	
		Lower	Upper	Lower	Upper
多样化—成长绩效	0.080	–0.054	0.208	–0.053	0.209
丰富化—成长绩效	0.177	0.052	0.296	0.055	0.299
受限制程度高—成长绩效	–0.247	–0.411	–0.07	–0.407	–0.067
多样化—生存绩效	0.171	0.074	0.273	0.075	0.274
丰富化—生存绩效	0.199	0.105	0.297	0.109	0.302
受限制程度高—生存绩效	–0.064	–0.211	0.096	–0.209	0.101
间接效应					
多样化—探索型创业机会—成长绩效	0.063	0.025	0.127	0.022	0.120
丰富化—探索型创业机会—成长绩效	0.041	0.008	0.091	0.006	0.086
受限制程度高—探索型创业机会—成长绩效	–0.054	–0.114	–0.018	–0.105	–0.015
多样化—利用型创业机会—成长绩效	0.065	0.027	0.123	0.025	0.118
丰富化—利用型创业机会—成长绩效	0.061	0.025	0.113	0.024	0.110
受限制程度高—利用型创业机会—成长绩效	–0.080	–0.175	–0.022	–0.169	–0.017
多样化—探索型创业机会—生存绩效	0.078	0.036	0.140	0.032	0.133
丰富化—探索型创业机会—生存绩效	0.050	0.010	0.103	0.007	0.099
受限制程度高—探索型创业机会—生存绩效	–0.067	–0.133	–0.021	–0.129	–0.018
多样化—利用型创业机会—生存绩效	0.052	0.021	0.104	0.018	0.099
丰富化—利用型创业机会—生存绩效	0.049	0.019	0.097	0.018	0.093
受限制程度高—利用型创业机会—生存绩效	–0.064	–0.159	–0.013	–0.152	–0.011

由表5-25可以得到，多样化—成长绩效的总效应值为0.208，在Bias-Corrected与Percentile 95% CI的Lower和Upper的数值区间均不包含0，表明总效应明显存在；最终得到的多样化—成长绩效的直接效应值为0.080，在Bias-Corrected 与Percentile 95% CI的Lower和Upper的数值区间均包含0，表明直接效应明显不存在；多样化—探索型创业机会—成长绩效和多样化—利用型创业机会—成长绩效的间接效应值分别为0.063、0.065，在Bias-Corrected 与Percentile 95% CI的Lower和Upper的数值区间均不包含0，表明

间接效应明显存在。

丰富化—成长绩效得到的总效应值为0.279，同时在Bias-Corrected与Percentile 95% CI的Lower和Upper的数值区间均不包含0，表明总效应明显存在；丰富化—成长绩效的直接效应值为0.177，在Bias-Corrected与Percentile 95% CI的Lower和Upper的数值区间均不包含0，表明直接效应明显存在；丰富化—探索型创业机会—成长绩效和丰富化—利用型创业机会—成长绩效的间接效应值分别为0.041、0.061，在Bias-Corrected与Percentile 95% CI的Lower和Upper的数值区间均不包含0，表明间接效应存在。

受限制程度高—成长绩效的总效应值为-0.381，在Bias-Corrected与Percentile 95% CI的Lower和Upper的数值区间均不包含0，表明总效应明显存在；受限制程度高—成长绩效的直接效应值为-0.247，在Bias-Corrected与Percentile 95% CI的Lower和Upper的数值区间均不包含0，表明直接效应明显存在；受限制程度高—探索型创业机会—成长绩效和受限制程度高—利用型创业机会—成长绩效的间接效应值分别为-0.054、-0.080，在Bias-Corrected与Percentile 95% CI的Lower和Upper的数值区间均不包含0，表明间接效应明显存在。

多样化—生存绩效的总效应值为0.301，在Bias-Corrected与Percentile 95% CI的Lower和Upper的数值区间均不包含0，表明总效应明显存在；多样化—生存绩效的直接效应值为0.171，在Bias-Corrected与Percentile 95% CI的Lower和Upper的数值区间均不包含0，表明直接效应明显存在；多样化—探索型创业机会—生存绩效和多样化—利用型创业机会—生存绩效的间接效应值分别为0.078、0.052，在Bias-Corrected与Percentile 95% CI的Lower和Upper的数值区间均不包含0，表明间接效应明显存在。

丰富化—生存绩效的总效应值为0.298，在Bias-Corrected与Percentile 95% CI的Lower和Upper的数值区间均不包含0，表明总效应明显存在；丰富化—生存绩效的直接效应值为0.199，在Bias-Corrected与Percentile 95% CI的Lower和Upper的数值区间均不包含0，表明直接效应明显存在；丰富化—探索型创业机会—生存绩效和丰富化—利用型创业机会—生存绩效的间接效应值分别为0.050、0.049，在Bias-Corrected与Percentile 95% CI的Lower和Upper的数值区间均不包含0，表明间接效应明显存在。

受限制程度高—生存绩效的总效应值为–0.195，在Bias–Corrected与Percentile 95% CI的Lower和Upper的数值区间均不包含0，表明总效应存在；受限制程度高—生存绩效的直接效应值为–0.064，在Bias–Corrected与Percentile 95% CI的Lower和Upper的数值区间均包含0，表明直接效应明显不存在；受限制程度高—探索型创业机会—生存绩效和受限制程度高—利用型创业机会—生存绩效的间接效应值分别为–0.067、–0.064，在Bias–Corrected与Percentile 95% CI的Lower和Upper的数值区间均不包含0，表明间接效应明显存在。

5.10 调节效应假设检验

（1）动态复杂型环境对企业绩效的具体调节作用检验。

将诸如员工数量、企业成立时间、企业营业收入、企业资产规模等特征作为研究的控制变量，探索型创业机会作为研究的自变量，动态复杂型环境作为研究的调节变量，企业绩效作为研究的因变量，利用SPSS 23.0软件进行调节检验，得到表5–26。

表5–26　动态复杂型环境对企业绩效调节分析结果

	企业绩效			
	模型1	模型2	模型3	模型4
	β	β	β	β
员工数量	–0.055	–0.074	–0.087*	–0.086*
企业成立时间	0.076	0.031	0.034	0.020
企业营业收入	0.125*	0.058	0.050	0.036
企业资产规模	0.143**	0.091*	0.099*	0.072
探索型创业机会		0.577***	0.55***	0.508***
动态复杂型环境			0.169***	0.225***
探索型创业机会×动态复杂型环境				0.217***
R^2	0.044	0.368	0.395	0.437
R^2变化	0.044	0.324	0.028	0.041
F	4.321**	43.302***	40.449***	41.006***

注：*，$p<0.05$；**，$p<0.01$；***，$p<0.001$。

从表5–26中的模型4可以看出，探索型创业机会 × 动态复杂型环境对创业企业绩效（$\beta = 0.217$，$p<0.001$）具有十分显著的正向影响，直接证明动态复杂型环境对企业绩效具有正向的调节作用，所以研究假设经过验证成立（见图5–7）。

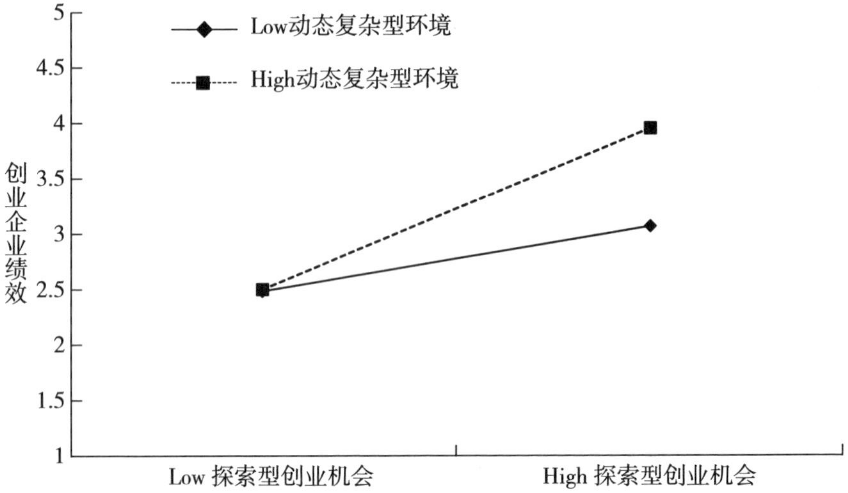

图5–7 交叉效应检验结果（探索型创业机会 × 动态复杂型环境对创业企业绩效的影响）

（2）动态复杂型环境对成长绩效的调节检验。

将员工数量、企业成立时间、企业营业收入、企业资产规模作为研究所选的控制变量，探索型创业机会作为研究的自变量，动态复杂型环境作为研究的调节变量，成长绩效作为研究的因变量，利用SPSS 23.0软件进行调节检验，得到表5–27。

表5–27 动态复杂型环境对成长绩效的调节检验结果

	成长绩效			
	模型1	模型2	模型3	模型4
	β	β	β	β
员工数量	–0.091	–0.108*	–0.115**	–0.114**
企业成立时间	0.072	0.033	0.034	0.024
企业营业收入	0.099	0.041	0.037	0.027
企业资产规模	0.144**	0.099*	0.103*	0.085

续表

	成长绩效			
	模型1	模型2	模型3	模型4
	β	β	β	β
探索型创业机会		0.502***	0.487***	0.458***
动态复杂型环境			0.094*	0.133**
探索型创业机会 × 动态复杂型环境				0.151**
R^2	0.043	0.288	0.297	0.317
R^2变化	0.043	0.245	0.008	0.020
F	4.202**	30.115***	26.075***	24.482***

注：*，$p<0.05$；**，$p<0.01$；***，$p<0.001$。

由表5-27模型4得到探索型创业机会 × 动态复杂型环境对成长绩效（$\beta=0.151$，$p<0.01$）具有十分显著的正向影响，直接证明动态复杂型环境在对成长绩效的影响中具有正向调节的作用，研究提出的假设成立（见图5-8）。

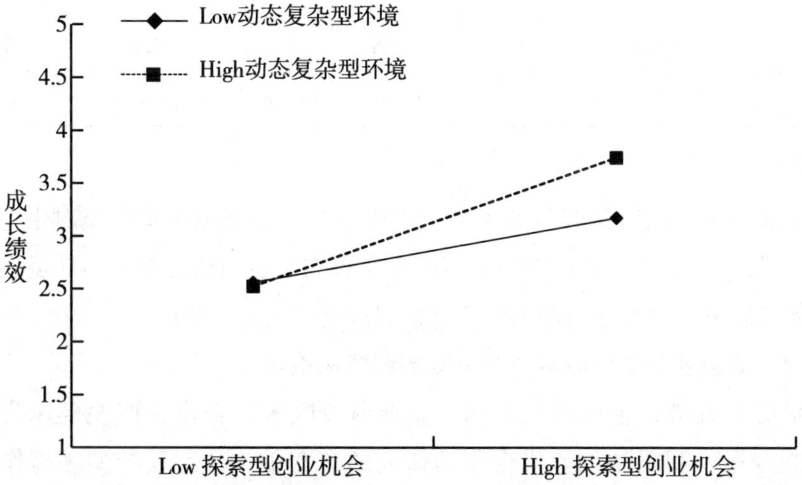

图5-8 交叉效应检验结果（探索型创业机会 × 动态复杂型环境对成长绩效的影响）

（3）动态复杂型环境对生存绩效的调节检验。

将员工数量、企业成立时间、企业营业收入、企业资产规模作为研究的控制变量，探索型创业机会作为研究的自变量，动态复杂型环境作为研究的调节变量，生存绩效作为研究的因变量，利用SPSS 23.0软件进行调节检验，得到表5–28。

表5–28　　动态复杂型环境对生存绩效的调节检验结果

	生存绩效			
	模型1	模型2	模型3	模型4
	β	β	β	β
员工数量	–0.002	–0.019	–0.034	–0.033
企业成立时间	0.061	0.022	0.025	0.01
企业营业收入	0.118*	0.060	0.050	0.036
企业资产规模	0.104*	0.058	0.068	0.040
探索型创业机会		0.5***	0.468***	0.424***
动态复杂型环境			0.202***	0.261***
探索型创业机会 × 动态复杂型环境				0.227***
R^2	0.028	0.271	0.310	0.356
R^2变化	0.028	0.243	0.039	0.046
F	2.704*	27.662***	27.815***	29.195***

注：*，$p<0.05$；**，$p<0.01$；***，$p<0.001$。

由表5–28模型4最终得到探索型创业机会 × 动态复杂型环境对生存绩效（β=0.227，$p<0.001$）具有十分显著的正向影响，表明动态复杂型环境在对生存绩效的影响中具有正向调节作用，假设成立（见图5–9）。

（4）动态复杂型环境对企业绩效的调节检验。

将员工数量、企业成立时间、企业营业收入、企业资产规模作为研究的控制变量，利用型创业机会作为研究的自变量，动态复杂型环境作为研究的调节变量，企业绩效作为研究的因变量，利用SPSS 23.0软件进行调节检验，得到表5–29。

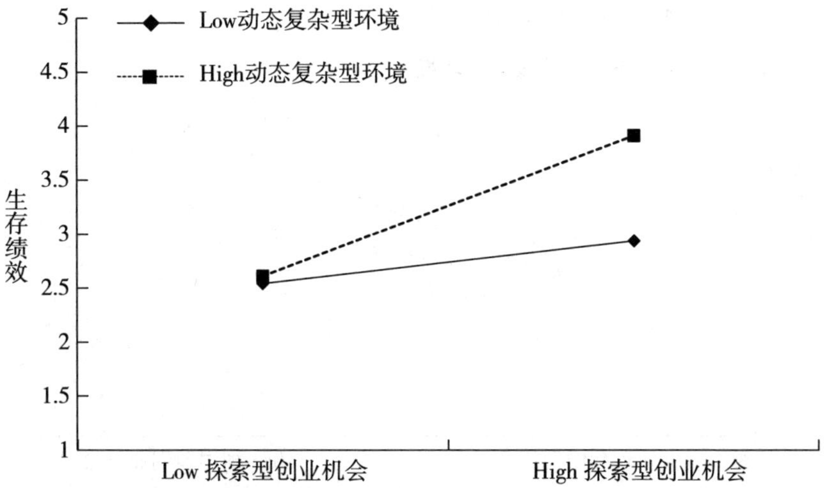

图5-9 交叉效应检验结果（探索型创业机会 × 动态复杂型环境对生存绩效的影响）

表5-29 动态复杂型环境对企业绩效的调节检验结果

	企业绩效			
	模型1	模型2	模型3	模型4
	β	β	β	β
员工数量	−0.055	−0.064	−0.079	−0.089*
企业成立时间	0.076	0.039	0.041	0.052
企业营业收入	0.125*	0.064	0.053	0.049
企业资产规模	0.143**	0.086*	0.094*	0.088*
利用型创业机会		0.57***	0.548***	0.523***
动态复杂型环境			0.194***	0.21***
利用型创业机会 × 动态复杂型环境				0.157***
R^2	0.044	0.361	0.398	0.422
R^2变化	0.044	0.317	0.037	0.024
F	4.321**	42.07***	40.904***	38.541***

注：*，$p<0.05$；**，$p<0.01$；***，$p<0.001$。

由表5-29模型4得到利用型创业机会 × 动态复杂型环境对企业绩效（$\beta=0.157$，$p<0.001$）具有十分显著的正向影响，结合最终的结果可以直接表明动态复杂型环境在对企业绩效的影响中具有正向调节的作用，研究提出的假设成立（见图5-10）。

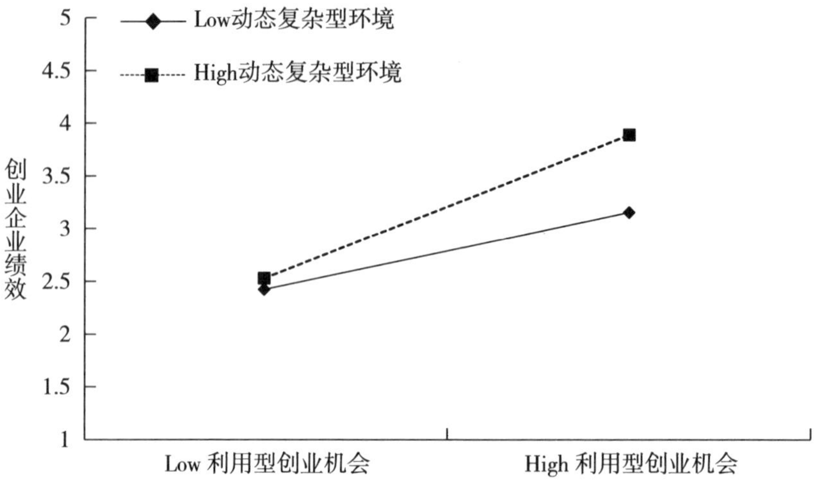

图5-10 交叉效应检验结果（利用型创业机会 × 动态复杂型环境对创业企业绩效的影响）

（5）动态复杂型环境对成长绩效的调节检验。

将员工数量、企业成立时间、企业营业收入、企业资产规模作为研究的控制变量，利用型创业机会作为研究的自变量，动态复杂型环境作为研究的调节变量，成长绩效作为研究的因变量，利用SPSS 23.0软件进行调节检验，得到表5-30。

表5-30 动态复杂型环境对成长绩效的调节检验结果

	成长绩效			
	模型1	模型2	模型3	模型4
	β	β	β	β
员工数量	−0.091	−0.099*	−0.108*	−0.115**
企业成立时间	0.072	0.038	0.039	0.046
企业营业收入	0.099	0.043	0.037	0.034
企业资产规模	0.144**	0.091*	0.096*	0.092*
利用型创业机会		0.524***	0.512***	0.495***
动态复杂型环境			0.113**	0.124**
利用型创业机会×动态复杂型环境				0.105*
R^2	0.043	0.311	0.324	0.334
R^2变化	0.043	0.268	0.013	0.01
F	4.202**	33.581***	29.574***	26.512***

注：*，$p<0.05$；**，$p<0.01$；***，$p<0.001$。

由表5-30所示的模型4中得到利用型创业机会 × 动态复杂型环境对成长绩效（β=0.105，p<0.05）具有十分显著的正向影响，表明动态复杂型环境在对成长绩效的影响中具有正向调节作用，假设成立（见图5-11）。

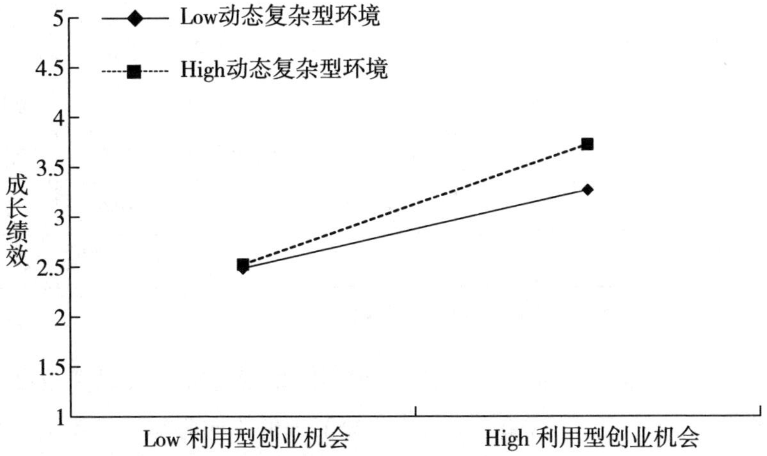

图5-11　交叉效应检验结果（利用型创业机会 × 动态复杂型环境对成长绩效的影响）

（6）动态复杂型环境对生存绩效的调节检验。

将员工数量、企业成立时间、企业营业收入、企业资产规模作为研究的控制变量，利用型创业机会作为研究的自变量，动态复杂型环境作为研究的调节变量，生存绩效作为研究的因变量，利用SPSS 23.0软件进行调节检验，得到表5-31。

表5-31　　动态复杂型环境对生存绩效的调节检验结果

	生存绩效			
	模型1	模型2	模型3	模型4
	β	β	β	β
员工数量	−0.002	−0.009	−0.027	−0.038
企业成立时间	0.061	0.031	0.033	0.044
企业营业收入	0.118*	0.068	0.056	0.051
企业资产规模	0.104*	0.057	0.067	0.060
利用型创业机会		0.465***	0.44***	0.412***

续表

	生存绩效			
	模型 1	模型 2	模型 3	模型 4
	β	β	β	β
动态复杂型环境			0.226***	0.243***
利用型创业机会 × 动态复杂型环境				0.169***
R^2	0.028	0.239	0.289	0.316
R^2 变化	0.028	0.211	0.050	0.027
F	2.704*	23.35***	25.119***	24.433***

注：*，$p<0.05$；**，$p<0.01$；***，$p<0.001$。

从表5-31具体所示的模型4能够得到利用型创业机会 × 动态复杂型环境对生存绩效（β=0.169，$p<0.001$）具有十分显著的正向影响，表明动态复杂型环境对生存绩效的影响中具有正向调节作用，假设成立（见图5-12）。

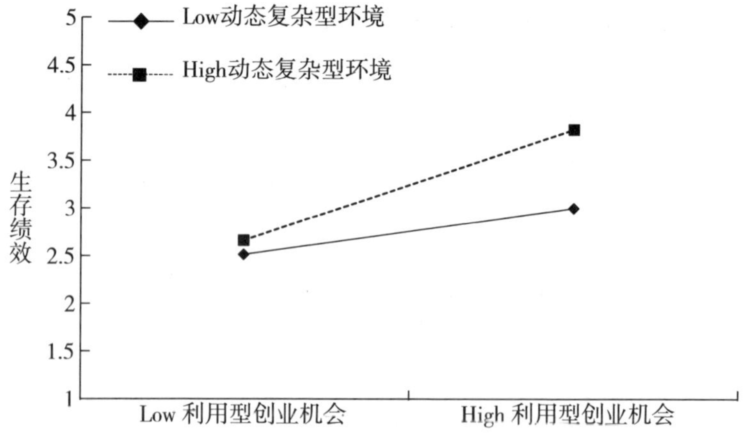

图5-12　交叉效应检验结果（利用型创业机会 × 动态复杂型环境对生存绩效的影响）

（7）宽松稳定型环境对企业绩效的调节检验。

将员工数量、企业成立时间、企业营业收入、企业资产规模作为研究的控制变量，探索型创业机会作为研究的自变量，宽松稳定型环境作为研究的调节变量，企业绩效作为研究的因变量，利用SPSS 23.0软件进行调节检验，得到表5-32。

表5-32　　宽松稳定型环境对企业绩效的调节检验结果

	企业绩效			
	模型1	模型2	模型3	模型4
	β	β	β	β
员工数量	–0.055	–0.074	–0.083*	–0.086*
企业成立时间	0.076	0.031	0.034	0.038
企业营业收入	0.125*	0.058	0.052	0.035
企业资产规模	0.143**	0.091*	0.09*	0.08*
探索型创业机会		0.577***	0.541***	0.527***
宽松稳定型环境			0.136**	0.178***
探索型创业机会 × 宽松稳定型环境				0.162***
R^2	0.044	0.368	0.385	0.409
R^2变化	0.044	0.324	0.017	0.024
F	4.321**	43.302***	38.703***	36.61***

注：*，p<0.05；**，p<0.01；***，p<0.001。

从表5-32所示的模型4能够得到探索型创业机会 × 宽松稳定型环境对企业绩效（β = 0.162，p<0.001）具有显著正向影响，表明宽松稳定型环境在对企业绩效的影响中具有正向调节作用，假设成立（见图5-13）。

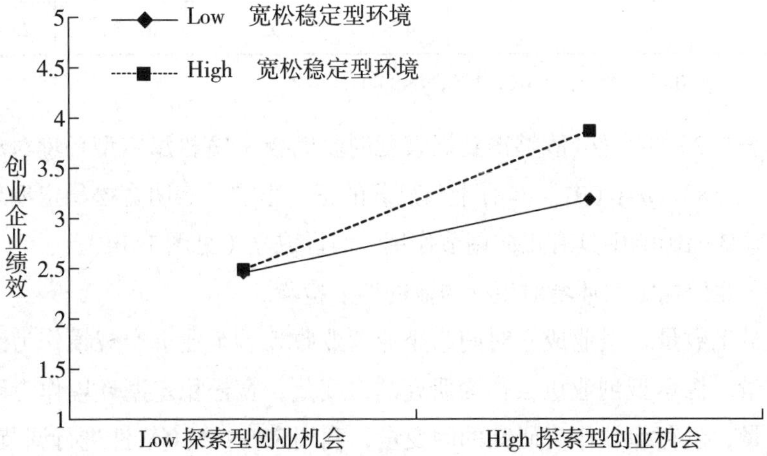

图5-13　交叉效应检验结果（探索型创业机会 × 宽松稳定型环境对创业企业绩效的影响）

（8）宽松稳定型环境对成长绩效的调节检验。

将员工数量、企业成立时间、企业营业收入、企业资产规模作为研究的控制变量，探索型创业机会作为研究的自变量，宽松稳定型环境作为研究的调节变量，成长绩效作为研究的因变量，利用SPSS 23.0软件进行调节检验，得到表5–33。

表5–33　宽松稳定型环境对成长绩效的调节检验结果

	成长绩效			
	模型1	模型2	模型3	模型4
	β	β	β	β
员工数量	–0.091	–0.108*	–0.115**	–0.119**
企业成立时间	0.072	0.033	0.035	0.039
企业营业收入	0.099	0.041	0.036	0.017
企业资产规模	0.144**	0.099*	0.098*	0.087*
探索型创业机会		0.502***	0.474***	0.458***
宽松稳定型环境			0.107*	0.154**
探索型创业机会 × 宽松稳定型环境				0.183***
R^2	0.043	0.288	0.299	0.330
R^2变化	0.043	0.245	0.011	0.031
F	4.202**	30.115***	26.337***	25.986***

注：*，p<0.05；**，p<0.01；***，p<0.001。

由表5–33的模型4能够得到探索型创业机会 × 宽松稳定型环境对成长绩效（β = 0.183，p<0.001）具有十分显著的正向影响，表明宽松稳定型环境在对成长绩效的影响中具有正向调节作用，假设成立（见图5–14）。

（9）宽松稳定型环境对生存绩效的调节检验。

将员工数量、企业成立时间、企业营业收入、企业资产规模作为研究的控制变量，探索型创业机会作为研究的自变量，宽松稳定型环境作为研究的调节变量，生存绩效作为研究的因变量，利用SPSS 23.0软件进行调节检验，得到表5–34。

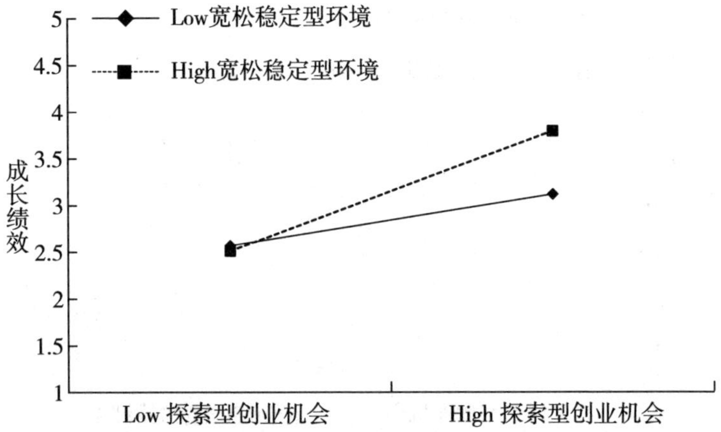

图5-14 交叉效应检验结果（探索型创业机会 × 宽松稳定型环境对成长绩效的影响）

表5-34 宽松稳定型环境对生存绩效的调节检验结果

	生存绩效			
	模型1	模型2	模型3	模型4
	β	β	β	β
员工数量	−0.002	−0.019	−0.027	−0.029
企业成立时间	0.061	0.022	0.024	0.026
企业营业收入	0.118*	0.06	0.054	0.044
企业资产规模	0.104*	0.058	0.057	0.051
探索型创业机会		0.5***	0.466***	0.457***
宽松稳定型环境			0.13**	0.155**
探索型创业机会 × 宽松稳定型环境				0.097*
R^2	0.028	0.271	0.287	0.295
R^2变化	0.028	0.243	0.015	0.009
F	2.704*	27.662***	24.832***	22.14***

注：*，$p<0.05$；**，$p<0.01$；***，$p<0.001$。

从表5-34中的模型4能够得到探索型创业机会 × 宽松稳定型环境对生存绩效（$\beta=0.097$，$p<0.05$）具有显著正向影响，表明宽松稳定型环境在对生存绩效的影响中具有正向调节作用，假设成立（见图5-15）。

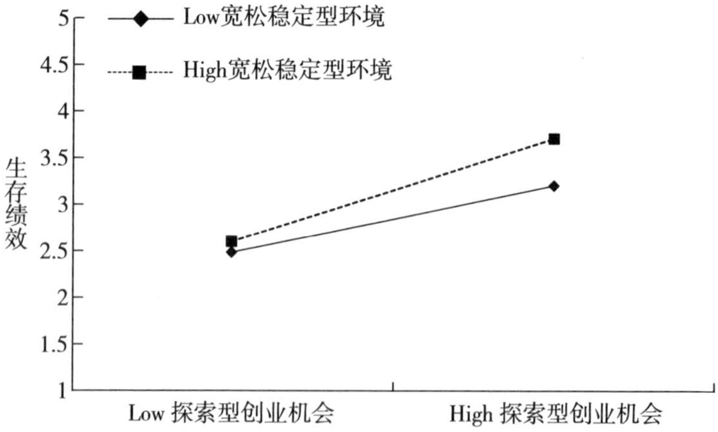

图5-15 交叉效应检验结果（探索型创业机会 × 宽松稳定型环境对生存绩效的影响）

（10）宽松稳定型环境对企业绩效的调节检验。

将员工数量、企业成立时间、企业营业收入、企业资产规模作为研究的控制变量，利用型创业机会作为研究的自变量，宽松稳定型环境作为研究的调节变量，企业绩效作为研究的因变量，利用SPSS 23.0软件进行调节检验分析，得到表5-35。

表5-35 宽松稳定型环境对企业绩效的调节检验结果

	企业绩效			
	模型1	模型2	模型3	模型4
	β	β	β	β
员工数量	–0.055	–0.064	–0.075	–0.073
企业成立时间	0.076	0.039	0.041	0.049
企业营业收入	0.125*	0.064	0.056	0.044
企业资产规模	0.143**	0.086*	0.084*	0.087*
利用型创业机会		0.57***	0.535***	0.514***
宽松稳定型环境			0.159***	0.216***
利用型创业机会 × 宽松稳定型环境				0.229***
R^2	0.044	0.361	0.385	0.434
R^2变化	0.044	0.317	0.024	0.049
F	4.321**	42.07***	38.71***	40.565***

注：*，p<0.05；**，p<0.01；***，p<0.001。

从表5–35中模型4能够得到利用型创业机会 × 宽松稳定型环境对企业绩效（$\beta = 0.229$，$p<0.001$）具有显著正向影响，表明宽松稳定型环境在对企业绩效的影响中具有正向调节作用，假设成立（见图5–16）。

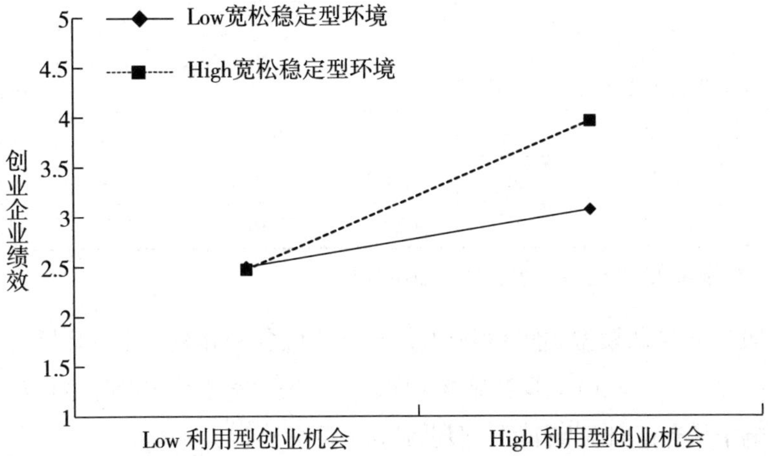

图5–16　交叉效应检验结果（利用型创业机会 × 宽松稳定型环境对创业企业绩效的影响）

（11）宽松稳定型环境对成长绩效的调节检验。

将员工数量、企业成立时间、企业营业收入、企业资产规模作为研究的控制变量，利用型创业机会作为研究的自变量，宽松稳定型环境作为研究的调节变量，成长绩效作为研究的因变量，利用SPSS 23.0软件进行调节检验分析，得到表5–36。

表5–36　　宽松稳定型环境对成长绩效的调节检验结果

	成长绩效			
	模型1	模型2	模型3	模型4
	β	β	β	β
员工数量	–0.091	-0.099^{*}	-0.108^{*}	-0.106^{*}
企业成立时间	0.072	0.038	0.039	0.047
企业营业收入	0.099	0.043	0.037	0.025
企业资产规模	0.144^{**}	0.091^{*}	0.09^{*}	0.093^{*}
利用型创业机会		0.524^{***}	0.497^{***}	0.476^{***}

续表

	成长绩效			
	模型1	模型2	模型3	模型4
	β	β	β	β
宽松稳定型环境			0.121**	0.177***
利用型创业机会 × 宽松稳定型环境				0.227***
R^2	0.043	0.311	0.325	0.373
R^2变化	0.043	0.268	0.014	0.049
F	4.202**	33.581***	29.733***	31.48***

注：*，$p<0.05$；**，$p<0.01$；***，$p<0.001$。

从表5-36中的模型4能够得到利用型创业机会 × 宽松稳定型环境对成长绩效（$\beta = 0.227$，$p<0.001$）具有显著正向影响，表明宽松稳定型环境在对成长绩效的影响中具有正向调节作用，假设成立（见图5-17）。

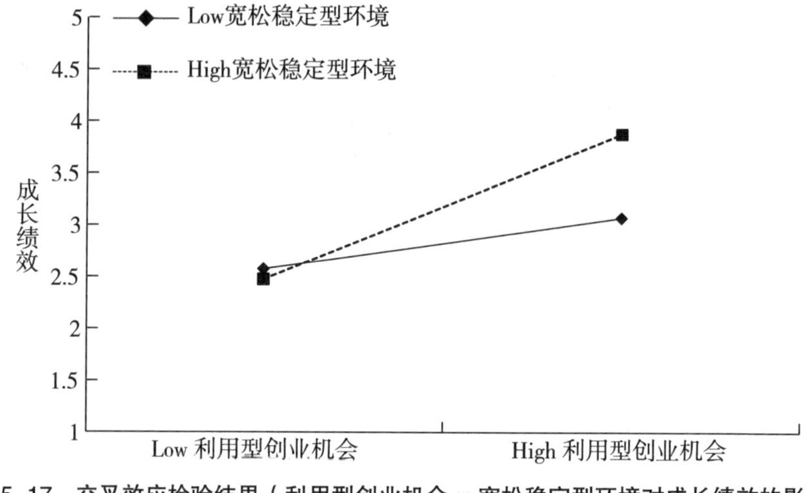

图5-17 交叉效应检验结果（利用型创业机会 × 宽松稳定型环境对成长绩效的影响）

（12）宽松稳定型环境对生存绩效的调节检验。

将员工数量、企业成立时间、企业营业收入、企业资产规模作为研究的控制变量，利用型创业机会作为研究的自变量，宽松稳定型环境作为研究的调节变量，生存绩效作为研究的因变量，利用SPSS 23.0软件进行调节检验，得到表5-37。

从表5–37中的模型4中能够得到利用型创业机会 × 宽松稳定型环境对生存绩效（$\beta = 0.169$，$p<0.001$）具有十分显著的正向影响，直接证明宽松稳定型环境在对生存绩效的影响中具有正向调节作用，假设成立（见图5–18）。

表5–37　　　　宽松稳定型环境对生存绩效的调节检验

	生存绩效			
	模型1	模型2	模型3	模型4
	β	β	β	β
员工数量	−0.002	−0.009	−0.02	−0.019
企业成立时间	0.061	0.031	0.032	0.038
企业营业收入	0.118*	0.068	0.060	0.051
企业资产规模	0.104*	0.057	0.055	0.057
利用型创业机会		0.465***	0.43***	0.415***
宽松稳定型环境			0.156**	0.198***
利用型创业机会 × 宽松稳定型环境				0.169***
R^2	0.028	0.239	0.262	0.289
R^2变化	0.028	0.211	0.023	0.027
F	2.704*	23.35***	21.926***	21.447***

注：*，$p<0.05$；**，$p<0.01$；***，$p<0.001$。

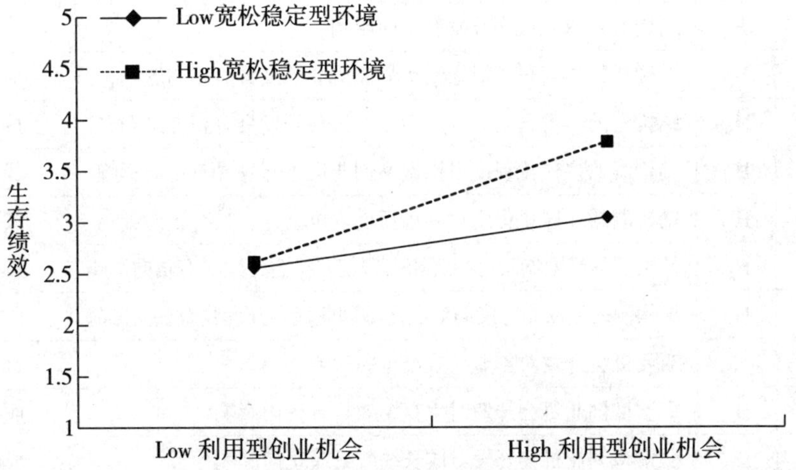

图5–18　交叉效应检验结果（利用型创业机会 × 宽松稳定型环境对生存绩效的影响）

5.11 本章小结

本章开始对问卷数据的质量检验主要采取的是描述性统计分析、信度及效度分析，最终得到的结果显示，本研究采用的正式问卷所获得的数据具有良好的研究质量。

接着运用结构方程建模的方式对本研究各个不同变量间的效应假设进行检验。结合分析软件验证假设后，可以发现结构洞中的多样化、丰富化、受限制程度高、双元机会开发等能够有效促进创业企业的成长，对企业成长绩效和生存绩效的提升具有十分显著的作用。

现将研究假设检验结果汇总如表5–38、表5–39及表5–40所示。

表5–38 直接假设检验结果汇总

序号	编号	研究假设	检验结果
1	H_1	结构洞对创业绩效具有正向影响	N/A
2	H_{1a}	结构洞的丰富化程度对企业生存绩效具有正向影响	成立
3	H_{1b}	结构洞的多样化程度对企业生存绩效具有正向影响	成立
4	H_{1c}	结构洞的受限制程度高对企业生存绩效具有负向影响	不成立
5	H_{1d}	结构洞的丰富化程度对企业成长绩效具有正向影响	成立
6	H_{1e}	结构洞的多样化程度对企业成长绩效具有正向影响	不成立
7	H_{1f}	结构洞的受限制程度高对企业成长绩效具有负向影响	成立
8	H_2	结构洞对双元机会开发有正向影响	N/A
9	H_{2a}	结构洞的丰富程度对探索型创业机会开发具有正向影响	成立
10	H_{2b}	结构洞的丰富程度对利用型创业机会开发具有正向影响	成立
11	H_{2c}	结构洞的多样化程度对探索型创业机会开发具有正向影响	成立
12	H_{2d}	结构洞的多样化程度对利用型创业机会开发具有正向影响	成立
13	H_{2e}	结构洞的受限制程度高对探索型创业机会开发具有负向影响	成立
14	H_{2f}	结构洞的受限制程度高对利用型创业机会开发具有负向影响	成立
15	H_3	双元机会开发对创业绩效有正向影响	N/A
16	H_{3a}	探索型创业机会开发对生存绩效具有正向影响	成立
17	H_{3b}	探索型创业机会开发对成长绩效具有正向影响	成立

表5-39 中介效应研究假设检验结果汇总

序号	编号	研究假设	检验结果
1	H_4	创业机会开发在结构洞与创业绩效之间起中介作用	N/A
2	H_{4a}	探索型创业机会开发在结构洞与创业绩效中起中介作用	成立
3	H_{4b}	利用型创业机会开发在结构洞与创业绩效中起中介作用	成立

表5-40 调节效应研究假设检验结果汇总

序号	编号	研究假设	检验结果
1	H_{5a}	动态复杂的创业环境会增强探索型创业机会开发和创业绩效之间的正向关系	成立
2	H_{5b}	动态复杂的创业环境会增强探索型创业机会开发和成长绩效之间的正向关系	成立
3	H_{5c}	动态复杂的创业环境会增强探索型创业机会开发和生存绩效之间的正向关系	成立
4	H_{5d}	动态复杂的创业环境会增强利用型创业机会开发和创业绩效之间的正向关系	成立
5	H_{5e}	动态复杂的创业环境会增强利用型创业机会开发和成长绩效之间的正向关系	成立
6	H_{5f}	动态复杂的创业环境会增强利用型创业机会开发和生存绩效之间的正向关系	成立
7	H_{5g}	宽松稳定的创业环境会增强探索型创业机会开发和创业绩效之间的正向关系	成立
8	H_{5h}	宽松稳定的创业环境会增强探索型创业机会开发和成长绩效之间的正向关系	成立
9	H_{5i}	宽松稳定的创业环境会增强探索型创业机会开发和生存绩效之间的正向关系	成立
10	H_{5j}	宽松稳定的创业环境会增强利用型创业机会开发和创业绩效之间的正向关系	成立
11	H_{5k}	宽松稳定的创业环境会增强利用型创业机会开发和成长绩效之间的正向关系	成立
12	H_{5l}	宽松稳定的创业环境会增强利用型创业机会开发和生存绩效之间的正向关系	成立

第六章　优化建议

随着“大众创业”“草根创业”等新浪潮的兴起，加之经济社会的转型发展和市场竞争加剧，创业者在创业的全过程中会面临诸多的挑战，创业活动越来越向多元化和大众化的方向发展，对于外部创业环境的变化应该时刻予以关注。作为创业企业的核心和灵魂，创业者要能够将占据的结构洞转化为创业企业提升绩效所必需的创业机会，并且在创业企业的不同阶段能够根据企业的具体需求开发不同类型的创业机会，对于创业环境的不同属性也能够及时地找出相应的应对措施，帮助创业企业在竞争中持续地保持优势。因此，本章结合实证研究取得的结果及经过验证后的有关假设，从创业者结构洞优化、双元机会开发、创业绩效和适应创业环境变化等方面提出可行的优化建议。

6.1　结构洞优化

（1）创业者要着手降低结构洞的受限制程度。

通过上一章证明的研究假设可以发现，创业者结构洞的受限制程度过高会直接影响创业企业的绩效表现。创业者是一个具有特殊身份的群体，但如何在诸多错综复杂的关系链中选择最直接高效的连接链条，摒弃那些不是必须保留下来的、要耗费大量精力维系的关系链条，是所有创业者在经营创业企业进行关系优化筛选前需要优先考虑的战略性问题。在进行这项工作时可以选择采用“不重不漏”的改进方法，让创业者在资源十分有限的情况下，充分利用现有资源在网络中开发出更多的非重复关系人。对开发出的关系人与原有网络中的关系人采用“分类治之”的方法，意味着创业者需要借由其他网络成员之间的竞争和一方因为失误引发的矛盾来掌握自己的支配权，降低自己在网络中的受限制程度。采用的两种优化方法在具体实施过程中，都要求创业者能够成功做到在控制核心资源的同时，也要有针对性地选择和把握自己在结构洞中的核心位置。

两种方法可以用图6–1来形象地展示，实心圆A代表创业者，空心圆a、b、c、d代表网络中的其余节点，不同长度的线条代表联系需要跨越的距离，虚线用来表示关系程度处在一个比较弱的水平上，实线用来表示关系处在一个比较强的联系上，且节点双方的联系较为紧密，其他的空心圆用来表示创业者占有的所有资源种类。

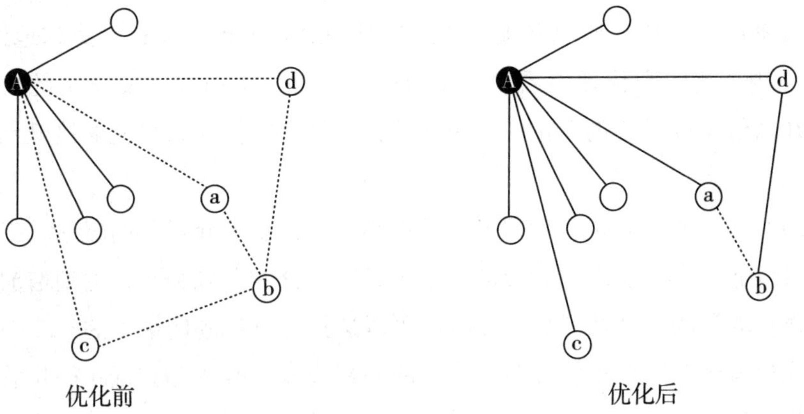

图6–1　受限制程度的具体优化办法

从图6–1可以看出，在优化结构洞网络之前，A如果想和b建立联系必须通过a、c、d三者，而关系网络中的其余关系链A–d–b和A–c–d均比关系链A–a–b更长，这表明信息或其他资源流通的时候要耗费更多的时间，交流沟通受到的约束也比较大。此时，可以通过撤去相对次要的两个节点c和d，着重抓住最为核心的关系链上的a，最终就可以帮助A达到既争取到有限的资源，同时节省大量精力的目的。此外，网络强弱关系的变化也为整个网络带来了关系的重组和受限制程度的变化。

A在优化过程中一方面能够剔除重复的关系链，在网络中保持占据最核心的关系资源链，创造并提升新网络的运转效率。与此同时，A能够通过加强控制的强度，在网络中创造下属节点成员之间的竞争关系，并在竞争关系中占据强有力的支配位置。另外，在对网络进行优化完善前，A虽然拥有了一定的关系资源，但对网络进行优化之后，A不仅更加有效地掌握了最有利的关系资源，也帮助其有效地节约了精力投入，借由创造出的竞争获取对信息的控制利益，不断地通过制造明确的分工、制造互相牵制的合作状态，达到重新分配网络中利益的目的。在对网络进行实际管理控制过程中，不断扩大自身占据和收到的实际收益。

（2）增加结构洞的多样性。

从上一章进行实证研究取得的结论中可以看出，创业者结构洞的多样化程度可以有效地提升创业企业的绩效表现。创业者的社交会受到管理幅度和自身能力等多方面因素的限制，由于这些因素的影响最终无法做到全面且百密而无一疏，所以必须在实际运营中综合考虑，通过有意识地挑选，增加一些合适的主代理关系人，使这些代理关系人组成一支特定的人员队伍，在队伍组成后借助队伍的力量节约自身精力，扩大自身能够接触到的机会面。

2002年，Burt在进行的研究中首次提出“二手中介者”的概念，二手中介者可以通过有意识的行为分取“中介者”部分的资源利益，达到增加自身整体效益的目的。任何一名企业家都可以选择通过控制网络中的“二手中介者”优化自己最终获得的收益和自己的获利手段，改变且扩宽获得收益的路径。此优化方法如图6-2所示。

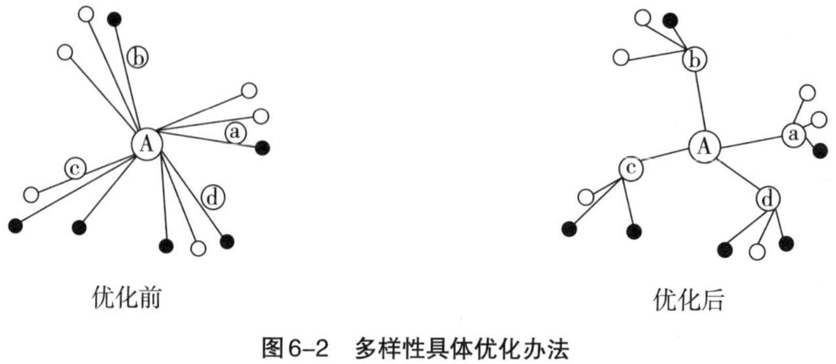

图6-2 多样性具体优化办法

从图6-2中可以看出，在网络优化前，a、b、c、d之间没有直接的联系，A仅仅与周围散布的不同类型的资源节点分别建立了紧密的联系，A在网络中需要不断努力来搭建多条不同的关系链条，这些工作会消耗A大量的精力。对网络进行优化后，A只需要与a、b、c、d建立四条不同的关系链，就能在网络中实现同样控制周围所有类型资源的目的。在这一过程中，a、b、c、d

在关系链中就扮演了“二手中介”的角色，此时占据主导权的A可以在有限关系数量里提升获取资源的效率。任何一名创业者都可以选择通过改变关系中控制的归属形态和治理状态，在网络中努力寻找最合适的“二手中介”，使“二手中介”帮助自己分离原本数量极多且排布极其复杂的关系链，通过这些工作最终为创业企业带来更多的收益机会，增加对所有类型创业机会的控制能力，为创业者结构洞增加多样性。

（3）创业者要能够不断增加结构洞的丰富性。

通过上一章最后得到的结论可以看出，创业者结构洞的丰富化程度同样可以有效提升创业企业的绩效表现。如果创业者长期处于一个被外界孤立、被有意识隔离且闭合不流通的圈子，就会极大地阻碍创业者所运营的创业企业接触外部市场中的创业机会，在这种情况下，只有创业者主动尝试去占据并努力填补外部网络中空缺的结构洞，才有可能帮助创业企业更好地打破封闭网络圈，成功占据对企业运营十分有利的中心控制位置。创业者如果想要成为这个新建联系结构洞中两端节点的“中间联系人”，就需要在企业运营的过程中不断拓展不同行业、不同产业、不同联盟间的战略合作关系，通过新搭建的战略合作关系在网络中创造出“结构自主”的核心位置，具体的优化思路如图6–3所示。

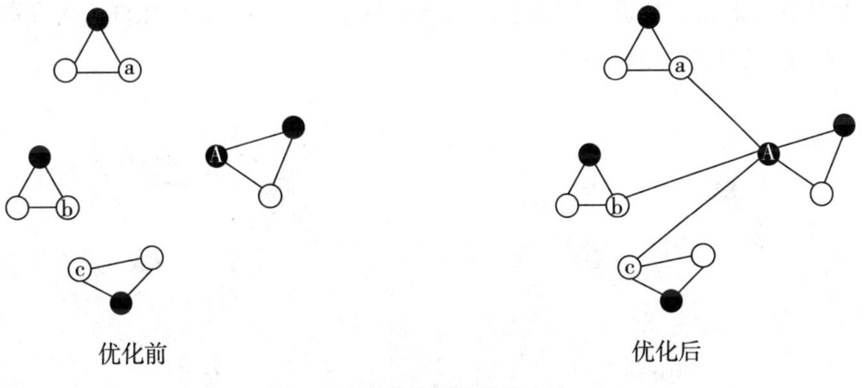

图6–3 丰富性具体优化办法一

对结构洞进行优化前，A和a、b、c所处的是彼此封闭的小圈子；对结构洞进行优化后，A成为主动发起填补结构洞行为的第一人，并通过这一行为牢牢地占据着a、b、c的结构洞，将优化前四个原本封闭的圈子通过填补行为有机结合起来，该行为帮助A在日后的网络中坐拥信息和控制的双重收益。

由创业者发起的“补洞”行为能够让原本没有直接联系的不同关系圈建立新的联系，创业者在这一行为中不仅可以通过发起“补洞”行为来重塑自己原有的人际网络，也为整个关系网中的其他节点企业带来了更为广泛的联通。所以，创业者在经营创业企业的过程中不仅需要不断加强同内部各部门的紧密联系，也要帮助企业内部的有关人员不断开拓新的对外关系，以获得外界对企业的支持。除此之外，创业者还可以通过补全结构洞有效地把握并挑选合适的关系网络连接人，在对合适的机会进行开发的同时，注意有机地整合内外部全部类型的资源，不断发现市场中的探索型创业机会。

假如创业者在关系网络中的结构洞种类不够丰富，就会直接影响企业探索和开发合适的创业机会，所以必须在创业的过程中积极主动地在节点间搭建新的关系桥，帮助创业者解决企业可能面临的内部资源有限甚至枯竭的问题。创业者可以通过发起的“搭桥”行为帮助企业在内部探索并创造新的创业资源，同时帮助原有的内部资源不断同新的资源进行交换和流通。此时，创业者只有争取到能操纵其他成员占有资源的真实情况，才能真正意义上使竞争对手处于相对被孤立的状态，最终通过这一举动不断增加自己的投资回报。优化方案如图6–4所示。

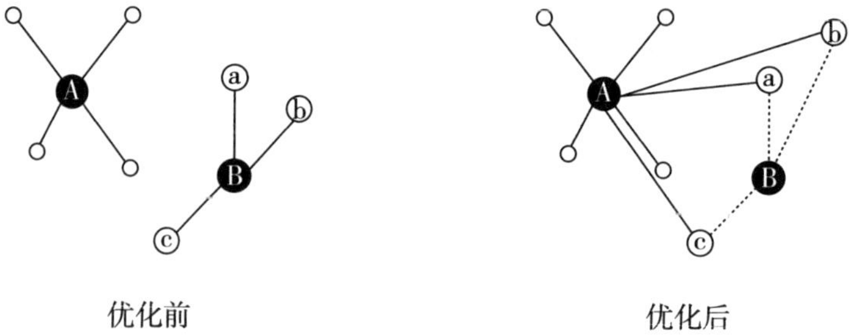

图6–4 丰富性具体优化办法二

图6–4中，A和B作为竞争关系中的两个主体，优化前，A和B分别在不同程度上控制一定范围的关系资源；优化后，A开始有意识地主动攫取并搭建起原本在B所属范围的联系人关系。A通过这一举动有效地削弱了B的地

位，最终使B逐渐陷入被孤立的处境。此举需要创业者在稳固其原有掌控的各种关系链的基础上，尽最大可能扩展社交范围，充分调动能为自己服务的能力和关系，借助多方力量获得支持，帮助自己所在的企业成为不同行业、不同层次、不同领域的“关系架桥人”，最终增加本企业拥有的关系资本，有效地增加自己社交关系网络中的丰富性。

6.2 双元机会开发优化

从前面的数据结论来看，多样化和丰富化能对企业的可持续竞争优势产生积极的正向影响。经过验证后可以发现，二者对探索型机会开发和利用型机会开发均具有正向影响，但受限制程度对两种类型的机会开发起到了负向影响。因此，创业者可以根据自身的结构洞将获取到的创业信息和资源转化成独特的创业机会，并根据创业机会制定有价值的战略发展目标，采取可靠的战略决策，最终帮助创业企业在激烈的竞争环境中提高自身的素质和能力，并在企业的发展中不断引进新的技术来开展新的业务，继而利用这些行为帮助企业锁定目标市场，扩宽业务渠道，帮助企业获取更为有利的竞争保障。

从前面的结论中可以看出，具有更多样化且丰富化的结构洞的创业者，能够结合市场和同行业的发展现状，选择具有一定风险性的创业发展机遇，为创业企业开辟出更多的创新发展项目，然后根据探索型创业发展定位自己的能力和创新环境价值。在创新活动的实施过程中，创业导向更偏向于企业的创新性、主动性和冒险性。根据调查掌握的情况可知，开展创新活动的创业者的判断能力比较强，敢于尝试各种新事物，大胆运用新的网络技术和新的网络信息，研究开发不同的产品，完善创新理念。在企业创业的过程中会出现各种意想不到的问题，尤其是在新产品和新服务的研发过程中。所以，创业者必须有一定的胆识，去寻找企业发展的机会，使企业效益实现快速增长。创业者在发展中逐步积累的多样化且丰富化的结构洞能够较好地预测风险，可以使创业企业拥有更强的风险承担能力，最终为创业企业带来更好的绩效。

创业者要在开发任何一种类型的创业机会之前，根据结构洞掌握的信息，明确发展的方向，引导企业进行探索型创业机会和利用型创业机会的开发，搭建战略平台，寻找适合自己的合作伙伴，把握机遇从而推动企业的可持续发展。创业者如果能够通过结构洞掌握更多的反馈信息，当所处的外部环境动态性较强时，则可以结合自身的具体情况开发具有挑战性的业务，与此同时，还可以在这种环境中发展、突破和创新，帮助创业企业尽快融入市场，并在市场中占据有利地位。在发展中，结构洞能够帮助创业者以超前的思维提高企业的竞争优势，稳步增加创新业务。反之，如果创业者占据的结构洞受限制程度较高且外部环境较为稳定，则可以选择利用型的创业机会开发逻辑，为创业企业的后续发展做好先期准备工作，这样做不仅能促进创新业务的开展，也能扩大企业在市场中的影响力，为创业企业提供稳定的、风险较小的创业收益。在这两种发展模式的作用下，创业企业无论在任何时期都能拥有一定的竞争优势。

根据前面的数据分析结果可以得知，两种类型的机会开发均能对创业企业绩效起到很大的促进作用，结构洞能帮助创业者结合行业环境的发展现状及时更新企业的未来发展规划，还可以根据各资源的特点进行合理的配置，从而有效地完善新产品和新服务发展模式，在合理运用市场逻辑把握市场发展机遇的同时，进行商业开发模式的创新。从实证结果中还能发现，如果双元机会开发能够为绩效提升带来预期的效果，那么企业的生存绩效和成长绩效就会在市场运作的过程中取得良好的回报，进而通过企业的壮大获得长久的竞争力。如果企业没有明确的发展方向，就应该及时地结合结构洞反馈的信息对相关方案进行调整，认真探索在双元机会开发过程中企业发展的平衡点，从不同角度研究企业存在的价值，提高创业成功的概率。无论是探索型创业机会还是利用型创业机会，其开发均有利于企业竞争优势的长久性，并且能帮助创业企业实现更高的绩效目标，这就需要创业者能够综合考量外部环境及各种影响因素制定最终的战略发展决策。

6.3 创业绩效的优化

从前文预测试对案例企业的实地调研和得到的实证研究结论可以看出，创业者在管理创业企业时，要促使企业不断地推出有价值的新产品，不断地拓展自身占据的结构洞关系网络，才能最终帮助企业更好地从创业环境中获取稀缺的战略资源。此外，创业者还需要通过结构洞回馈的信息在创业的各阶段认真地选择合作伙伴，降低与社会团体构建结构洞网络需要承担的费用，实现以最少的投资扩大创业企业规模的目的。从与案例企业创始人的访谈中能够看出，对于任意一家创业企业来说，创业绩效的提升是一个反复尝试和不断变化的过程，创业者要根据实际情况不断优化现有网络的结构和提高效能，为网络选择最优成员配置，并对所有成员实行优胜劣汰的法则，一方面帮助网络成员找到相关创业资源，另一方面帮助网络持续高效地运营。在本章第一节创业者对结构洞的不断优化完善进程中，要自觉地建立起一系列保障机制，比如，在对知名的企业和优秀创业者的选择中应该更加谨慎，确保创业者能通过这些手段帮助创业企业绩效实现显著的提升。

在创业者通过各种方案的落实对绩效不断进行优化的过程中，为了使企业实现创业初期设置的既定目标，创业者要进一步与合作伙伴加强联系，通过合作来帮助双方提高各自的市场竞争力，这也相当于同时促使结构洞丰富化和多样化，进而使创业者自己的结构洞网络资源具有更大的竞争优势。创业者还要通过不断改进自己的形象，提高信誉，建立良好的声望机制。良好的声望机制是创业者主动与结构洞网络中的成员进行密切的互惠活动和情感联系而获取的，不仅能帮助创业者降低在结构洞中的受限制程度，还能完善其网络信用和担保机制。这些优化措施都能为创业企业成长绩效和生存绩效的提升打下扎实的基础。

另外，还可以从与案例企业管理者的访谈中发现，良好的社会认知力和较强的向心力是进行创业绩效优化的基础，网络中结构洞位置上的节点成员应借助关系网发挥的作用及时获取相关信息，然后再结合所处环境的实际情况让市场中的潜在顾客或合作伙伴建立对创业企业的信任。基于以上几点原因，创业者如果想通过自身的努力在创业过程中为提高创业绩效发挥一定的作用，就需要提高企业的社会认知力，并加强企业向心力的建设力度。因此，创业者不仅需要提高营销活动的力度，通过越来越多的亲民营销活动来提高自身的知名度和社会认知度，增加结构洞的丰富性和多样性，还应加强与其他网络节点成员间进行交易的互惠行为，更多互惠行为可以提高网络实力，加速整体网络呈现的竞争优势和影响力。

6.4 时刻关注创业环境的变化

创业的过程是一个动态过程，创业过程所处外部环境的各个不同要素时刻在相互影响，发挥着作用。不断变化的创业环境，为创业者管理和开发创业机会的过程带来更多的不确定因素。因此，在创业企业所处的外部竞争环境中，相关的社会关系网络带来的信息至关重要，及时抓住这些信息就意味着抓住了机遇。现在的市场竞争不再是“大鱼吃小鱼”，而是“撑死胆大的，饿死胆小的”，创业者一定要第一时间抓住机会，争取先入为主，基于这个背景，通过机会的成功转化就能够更好地满足客户的多样化需求，完善创业企业的各种经营体系。

通过案例企业的访谈以及实证研究的结论可以看出，小企业创业成功概率的提高需要创业者构建完善的结构洞网络，并且需要在节点位置上建立有效的信息交流制度，使此网络与企业内外部环境的变化能够得到合理化的同步，通过缓和外部环境变化带来的冲击，最终实现在创业机会开发中的持续创新和突破性发展。根据前文回溯的文献表述的观点，创业企业需要经历五个阶段，包括种子阶段、初始创造阶段、成长阶段和成熟阶段以及衰退阶段。创业企业往往在种子阶段和初始创造阶段就很容易夭折，因为处于这个阶段的创业企业主要依靠外部的融资来支持企业的日常运作，而不是企业运营所产生的效益。即使企业能够顺利地走过这两个阶段，随着创业企业生存绩效的提高，也会在不同程度上产生“马太效应”，即在运营过程中优秀的创业企业会快速地整合优势资源。这些企业通常向外界呈现的是“小、快、跳”，就像一只活泼的羚羊，这些“瞪羚企业”的年增长率很容易就会超过50%，甚至更高。这些优秀的创业企业一般具有以下几点特征：成长快、创新能力强、技术力量雄厚等。所以此时这类企业的创业者可以适当地采取更为激进的创业机会开发战略，更多地选择开发探索型创业机会，可以对现有的企业创业机会开发模式进行彻底的革新；反之，创业生存绩效提升并不明显的企业则可以适当地采取利基战略，盯住长尾市场，更多地选择开发利用型创业机会，在稳住生存绩效的同时，再有策略地选择发展成长绩效。对于后一种类型的创业企业来说，企业要想成长为行业内的“瞪羚企业”，就要具备不断培养创新意识，并且坚定不移地依照企业发展策略，通过稳扎稳打的行为风格促进企业的可持续发展。

结合实证研究的结论对如何将机会开发价值最大化这一问题进行探究，可以从中发现，关注客户和创新内容并不是最核心的问题，最关键的是创业企业生产的产品或提供的服务怎样才能为顾客创造出最大的使用价值。在完善措施中，要以外部创业环境的变化为载体，围绕创业企业的核心业务开展集约化培育，其中可以选择将非核心业务外包，从根本上改变创业企业的研发和营销模式，同时要学会以结构洞中的信息交流沟通网络为平台，借助结构洞发挥的优势进行低成本创业，整合商流、物流、资金流和人流。

凯旋创投创始合伙人周志雄曾说过："70%风险投资失败的企业，他们不是没有选对创业机会，而是没有选对人。"创业是一个风险系数较高的动态过程，在创业的推进中，创业者需要根据创业环境的动态变化，不断提高创新能力，保持创新行为的协调性发展。一名成功的创业者首先是一个有突破创新能力的人，在创业企业发展的过程中能够及时有效地整合内外部环境资源，在对客户需求进行充分了解的基础上，采取合适的方法为客户提供更有价值的产品或服务，这样才能从根本上在多变的环境中增强创业企业的市场竞争力，通过缓解外部环境带来的冲击最终达到提高企业利润的目标。

第七章　研究结论与未来展望

7.1　研究结论

创业者作为一个少数群体，在经营创业企业时应掌握如何通过开发占据结构洞并利用其优势，最终帮助企业获取更有效、更及时的创业扶持资源和第一手信息。这也是本研究一直进行深入探索的基本核心问题。

前文系统性地回顾梳理并总结分析了结构洞、创业、组织双元等基础理论，并结合三个基础理论尝试性地在研究中给出结构洞、双元机会、创业环境等名词的定义，同时在相关研究文献的基础上建立了创业者结构洞和创业绩效的研究概念模型，并根据模型中的关系提出需要在研究中验证的一系列研究假设，目的是能够在后续的研究过程中具体研究变量之间和各自变量细分维度间的作用关系。实证研究主要选取了河南省郑州市、河北省保定市和张家口市、江西省南昌市以及北京等部分创业企业中的创业者作为受访者，并选择通过实地走访调研和网络发放问卷有机结合的方式，发放、回收、整理问卷，获得第一手研究数据进行实证分析处理，最终通过实证研究对提出的研究假设进行综合验证。本研究主要得出了以下结论。

（1）创业者结构洞对创业绩效有显著的正向影响。首先，可以从回归结果中看出创业者结构洞与创业企业绩效之间存在显著的正向关系，且结构洞的三个维度中的两个（丰富性、多样性）均对创业企业绩效有显著的正向影响。借鉴结构洞理论中的研究方法，结合收集的数据验证研究，三个维度可以分为结构洞（网络结构）、双元机会开发（创业机会）、创业绩效（企业绩效）。创业经验均对创业成功有显著的正向影响，该结果验证了假设H_1、H_{1a}、H_{1b}、H_{1d}，与众多学者的研究相吻合。结构洞中包括丰富化、多样化这些一直以来就被视为创业企业成功的关键资源（刘成梅，2017；汪艳霞和曹锦纤，2019）。创业者结构洞对创业绩效的影响主要体现在对创业企业的生存和成长性两方面。多样化维度具体数值（$\beta = 0.199$）表现出来的影响程度要略高于丰富化维度的具体数值（$\beta = 0.171$）表现出来的影响程度，意味着多样化在一定程度上会比丰富化更能影响创业者取得的创业绩效。因此，对于创业者来说，要想提高创业的有效性就需要注重社会关系资本的积累，这可以直接为提高创业的成效性搭建一座便利的桥梁。多样化的结构洞对创业绩效提升有十分重要的意义。丰富化的结构洞可以帮助创业者建立更多的社会关系，通过社会关系的积累获取必要的创业稀缺资源，也有利于开发探索型创业机会。相比较而言，研究假设H_{1c}在研究中并未被验证，但是结构洞中的受限制程度依然是提升创业绩效不容忽视的重要因素之一。创业者在创业的全过程中，不能忽视其对创业绩效产生的影响作用。

（2）双元机会开发在创业者结构洞与创业绩效之间起中介作用。本研究的实证部分主要采用的是层次回归分析法，验证了创业者结构洞及各维度能够积极推动双元机会的开发这一论点，而双元机会的开发也会最终作用于创业绩效的各个维度，并且在两者间起到完全中介作用。根据这一点能够清楚地认识到，为了更好地推动创业者结构洞及其维度对创业绩效的作用，创业者普遍会选择在不同的阶段开发探索型创业机会和利用型创业机会，以最终实现创业目标。

第一，结构洞具体细分维度中的丰富性和多样性，能够积极地影响双元机会及其维度的开发。相反，受限制程度高这一维度极大地抑制了双元机会及其维度的开发，根据这几个研究结果，对假设H_2、H_{2a}、H_{2b}、H_{2c}、H_{2d}、H_{2e}、H_{2f}做了相关的验证。结合该结果可以认为，创业者结构洞在两个维度上有利于双元机会开发，同时可以发现创业者结构洞的受限制程度高这一维度会对双元机会开发的不同维度有负向影响。由此证明，有意识地增加结构洞的丰富性，通过扩大自己的社交圈来加深结构洞的多样性，占据结构洞的中心点位来降低受限制程度都会使双元机会的开发受到影响。相关的实证研究结果表明，创业者结构洞的各个维度和探索型机会之间存在着显著性关系的差异，而且该关系呈现的是由强到弱的顺序：多样性、丰富性、受限制程度高。创业者结构洞的各个维度与利用型机会之间也存在着显著性关系的差异，且同样呈现的是由强到弱的顺序：多样性、丰富性、受限制程度高。综上可得，受限制程度是一把双刃剑，其程度的高低会影响双元机会开发，受限制程度过高容易产生路径影响，使创业者在创业过程中形成思维定式，创业者们就会对开发低创新水平的利用型机会比较青睐；相反，如果创业者不受思维定式的影响，可能性最大的是选择开发探索型创业机会。这又一次通过实证结论证明，在创业活动的进程中，加强结构洞的丰富性和多样性是十分必要的，多样性和丰富性在探索型创业机会和利用型创业机会的开发上均发挥着非常积极的影响作用，尤为重要的是创业者要牢记自己的使命，承担起自己的责任。与此同时，创业者无论选择开发哪种类型的双元机会，都要重视社会资源的积累。这一结论有助于探明双元机会开发的前因变量，并在原有基础上丰富双元机会开发领域的实证研究。

第二，通过实证研究可以得到双元机会开发及其各维度对创业绩效的提升起到了积极促进作用的结论，该结论验证了假设 H_3、H_{3a}、H_{3b}。实证结果表明，利用型创业机会和创业绩效之间的显著性（$\beta = 0.29$，$p<0.05$）比探索型创业机会和创业绩效之间关系的显著性（$\beta = 0.232$，$p<0.05$）略高，这表明开发在市场中较为成熟的创业机会由于其后发优势，能够帮助处在初创期的创业企业在行业中占据优势地位，产品和服务较为成熟，会在初期获得稳定的收益，帮助其提高创业成功率。因此，初创期的创业企业的创业者应开发利用型创业机会。但是，在创业绩效的提升过程中，两者都能对其发挥积极的作用，所以两者之间并不是非此即彼的关系，而是在一定程度上可以合作共存的。这也证明了无论是发达国家还是发展中国家的创业企业，他们在进行双元机会开发的过程中，都会结合自身的条件和资源，综合分析内外部环境，再在开发探索型创业机会和利用型创业机会之间做出战略选择。

第三，实证结果验证了创业机会开发及其维度在创业者人力资本与创业成功间的中介作用是成立的。该结果验证了假设 H_4、H_{4a}、H_{4b}，这就一定程度上从创业机会开发的角度解答了学者们对创业者结构洞与创业绩效之间关系紧密程度存在的疑问，这也是创业者结构洞转化为创业绩效的路径之一。无论创业机会的创新程度如何都能起到中介作用，都能将创业者所积累的结构洞成功转化为创业企业最终取得的绩效。另外，创业者通过结构洞的多样化和丰富化选择开发的创业机会的创新程度有高有低，之所以出现这种情况，可能是由于创业者所拥有的社会关系资本程度不同。凝结越多社会关系的创业者越倾向于开发创新程度高的探索型机会。因此，创业机会开发是创业者潜在结构洞转化为绩效的必要途径，对创业绩效和个人创业成功起到催化剂的作用。因此，本研究通过构建创业者结构洞—双元机会开发—创业绩效这一传导机制，检验了双元机会开发及其维度在创业者结构洞与创业绩效间的中介作用，说明创业者结构洞并不是直接作用于创业绩效变量，变量之间有中介效应的存在，这在一定程度上解释了创业者结构洞与创业成功间相关系数不大的原因，从而也说明双元机会开发变量的中介作用很重要。

（3）创业环境的调节效应。本研究在回溯分析相关文献的基础上，提出了创业环境及其各维度的调节效应。经过回归检验得到的结果表明，创业环境及其各维度在双元机会开发和创业绩效关系间有积极显著的调节作用。

第一，回归结果表明动态复杂的创业环境在探索型创业机会和创业绩效各维度关系间起调节作用，即H_{5a}、H_{5b}、H_{5c}等假设均获得实证数据支持。出现此结果的原因可能包括如下两方面。一方面，相比较而言，探索型创业机会的创新层次较高，是创业企业选择在既有产品、过程等基础上的边际提升，一些追求探索型创业机会的行为是由敢于作为脱离既有市场的引领者而发起的，相较于利用型创业机会的纯粹模仿和照搬，在动态复杂的创业环境中如果能够有效地进行探索型创业机会开发，会极大地提升企业在行业中取得的创业绩效。另一方面，有些创业者秉持的是“先发制人”的战略，通过探索型创业机会开发行为成为跟随者中的第一名。开发探索型创业机会的创业企业能够在竞争者中独占鳌头，同时由于其创新程度较高，能在一定程度上消除不确定环境的影响，占据一定的优势地位（Johnson等，2011）。所以，创业企业在动态复杂的创业环境中开发探索型创业机会可以有效地降低环境不确定性给创业绩效带来的影响，同时在竞争中占得头筹。创业企业能够通过开发探索型创业机会成为第一个进入市场的引领者，并且能够凭借先发优势成为某个阶段的规则制定者和资源垄断者，可以帮助创业企业具备以下几方面的优势：一是比后续市场进入者先积累了宝贵的创新经验；二是比后续竞争者更早地建立了规模优势；三是比后续进入者更早地占有核心原材料、有技能的人才或部件；四是较早地拥有了品牌知名度，比后续进入者有更强的品牌忠诚度；五是凭借优先建立的紧密的合作关系而锁定该部分购买者，增加了购买者的转移成本，致使后期竞争者较难突破。这五种优势能够很好地应对环境中的动态性和敌对性，随创新程度的增强而越明显。

第二，动态复杂的创业环境正向调节利用型创业机会与创业绩效各维度间关系的假设均通过实证检验，即假设H_{5d}、H_{5e}、H_{5f}成立。动态复杂的创业环境在利用型创业机会与创业绩效各维度关系间存在显著的正向调节效应，表明环境不确定性程度越高，利用型创业机会对创业绩效提升的影响越显著。具体原因可能是：相比较而言，虽然利用型创业机会没有探索型创业机会创新层次高，只是在既有产品、过程等基础上的边际提升，是既有市场的跟随者，但利用型创业机会并非纯粹的模仿和照搬，在创新连续体中区别于最末端的模仿（Gaglio，2004）。由此可见，利用型创业机会开发者作为市场的后进入者并不一定就比先动者不具备战略优势，事实上，往往有些创业者秉持的是“后发制人”的战略，成为跟随者中的第一名。开发利用型创业机会的创业企业可能不是第二个进入市场的，却能在第二代竞争者中独占鳌头，由于其创新程度依然较高，能够在一定程度上消除不确定环境的影响，占据一定的优势地位（Johnson等，2011）。比如最早的电子书市场的开创者是法国的Booken公司，早在2000年就进入了市场，而如今占领市场的则是其跟随者——2006年进入市场的索尼eReader以及2007年进入市场的亚马逊Kindle。

第三，回归分析的结果同样验证了宽松稳定的创业环境分别正向调节探索型创业机会和利用型创业机会与创业绩效各维度间的关系，且同样在研究中得到了数据的支持，即假设H_{5g}、H_{5h}、H_{5i}、H_{5j}、H_{5k}、H_{5l}均成立。中国经过改革开放四十余年来的飞速发展，经济增长方式正处于稳定的过渡调整阶段，尤其是“大众创业、万众创新”的提出，政府主管部门以及有关市场主体均在努力营造一个宽松稳定的外部环境。如今的研究结果也表明，宽松稳定的创业环境确实能够为创业者开发双元机会行为起到重要的调节作用。结构洞理论和创业理论共同表明，在宽松稳定的创业环境的正向调节下，双元机会开发及其各维度对创业绩效有明显的促进作用，即环境稳定程度越高，创业者会越有竞争力，也就越有可能取得更好的创业绩效。

7.2 理论贡献

7.2.1 新的研究视角构建验证关系模型

通过回顾整理并阅读分析相关理论大量基础文献，并在日常对创业及其形势和未来走势予以关注的基础上，发现大部分创业者俨然已经对个人网络关系中的结构洞在整个创业过程发挥的重要作用具备了一定的认知，具体表现出来的是这部分创业者在创业的整个过程中遇到难以解决的困难时，会积极主动地发起“拉关系”“讲交情”等行为寻求具体的解决办法。

通过深入探讨发现，相关的理论研究中一直没有为“关系嵌入悖论”找到有效的解释路径。在创业的实践过程中，当创业企业遇到经营困难时，创业者常常十分盲目地寻找社会关系寻求解决办法。通过本研究取得的有关结论可以看出，本研究区分创业者个人网络关系中结构洞的具体维度，并将后者与创业绩效做匹配研究，通过验证研究假设成功构建了创业者结构洞能够有效提升创业绩效的解释机制。在研究结论的基础上，本研究还进一步地验证了不同类型的创业机会在创业绩效中发挥的作用，这些研究有助于本研究的实证研究部分更加符合创业企业面临的实际情况，这也是设置案例企业调研的目的，是为了能够帮助研究取得的结论更贴近企业实际。综上所述，本研究中构建的创业绩效作用模型能够用来具体阐述创业者如何将开发拥有的结构洞关系资源内化为企业内部的收益，一定程度上弥合了现有研究中存在的理论缺口，也有助于推动创业绩效研究领域的进一步发展。

7.2.2 识别不同属性创业环境的调节作用

回顾和分析基础理论文献后，结合实证研究得到的结论。本研究一定程度上成功识别出了不同属性的外部创业环境是创业机会开发和创业绩效之间关系的重要调节变量之一，所以在研究构建的模型中加入该调节变量开展实证研究。市场中任何一种类型的创业企业自诞生起，其自身具备的特殊属性会使其在日后的发展运营过程中需要格外关注外部市场环境因素带来的具体影响。另外，任何一家企业在识别和开发创业机会的整个过程中，通过成功实现机会的内化帮助企业盈利和发展成长。这一系列的活动发起和进行过程均受到不同类型的外部环境的约束和影响。本研究基于上述内容将不同属性的创业环境作为研究的调节变量整合到“创业者结构洞—创业机会开发—创业企业绩效”的理论概念模型中，通过最后验证的研究结论能够具体地阐明创业机会开发过程中不同属性的创业环境所发挥的调节作用。本研究最后验证的研究假设和取得的有关结论能够丰富创业绩效研究领域，为后续学者的研究提供相关的参考依据。

7.2.3 扩充研究领域

如今，经济生活的主体已经变成创新。近些年，中国经济年度人物评选的首要标准和评价指标是在以往经济行为中是否有过创新性的开创贡献。近几年国内外学者进行研究后取得的结论也对创新这一主题给予了重点关注和探索，这些研究中的关键词普遍是企业内部技术上的创新。通过回顾以往的研究文献可以看出，大部分学者并没有在研究过程中将创业企业单独提炼出来进行研究。

具体原因如上文相关内容所述，我国经济市场中的创业企业普遍具有生命周期短、成长率低的特征，创业热情虽然十分高涨，但创业失败率始终居高不下。即使大部分国内学者在近年来所做的研究中开始综合借鉴西方学术界中的有关观点，逐渐对创业企业予以重视和关注，但是这些学者的研究更多是采取套用老牌企业的研究框架，并没有专门针对创业企业存在的现实问题进行研究。综上所述，该主题的研究框架有待后续持续扩充。

基于以上观点，本研究侧重于最终取得的创业绩效，以处在初创期的创业企业严重依赖的创业者个人层面的网络关系为研究的主要切入点，综合构建涵盖了结构洞、双元机会开发、创业绩效的研究模型。以此模型为基础通过研究发现，创业企业由于受到先天缺乏社会资本、经济资本、顾客群体信任等进入缺陷的影响，在经营过程中战略发展方式的具体选择上，无法和老牌企业经营中的“大手笔”“大投入”等经营标准持平，更多依赖的是根据外部创业环境变化而有选择性发起的创新方式。综上所述，本研究能够提供一个全新的切入点为后续以创业企业为主体的创业绩效研究提供借鉴。

7.3　研究局限性与未来展望

本研究通过将创业企业为主的创业者作为调研对象进行数据收集，从结合回收的第一手数据开展的实证研究后得到的结论中可以看出，任何一家企业的生存和成长路径中均涉及诸多不同的要素集合，在现实生活中可以有意识地选择通过建构和把握增加企业家网络中的结构洞数量来促进所在企业的生存和未来成长，但在研究结束后发现研究的进行过程中仍然存在一些不足，需要在后续的研究中对其进行补充完善。

7.3.1　研究局限性

本研究主要从创业者个体层面出发，对影响创业绩效的创业者结构洞以及创业机会识别和开发进行了深入探讨，同时在构建研究模型时将企业所处的外部不同属性的创业环境要素纳入模型中综合考量。在研究过程中综合借鉴了结构洞、创业机会开发、创业绩效等多个管理学科范围的基础理论开展研究，此研究结合理论中的相关观点后能够具备一定的创新性，但是在实际调研过程中由于种种主客观条件和不可控影响因素的限制，造成本研究中存在一些不足的地方，总结来说主要体现在以下两个方面。

（1）本研究在实证研究的前期设计和具体分析进行过程中所采用的数据均为横截面的静态数据。由于通过问卷获取的这种横截面数据只能从静态的角度反映创业企业的特定发展阶段表现出来的具体特征，通过实证研究最终得到的结论中反映出来的情况只能被用来代表创业者结构洞在某一特定的创业阶段中对创业企业发挥的具体影响机理，并不能真实地反映出创业企业整个生存和成长的动态路径过程。现实生活中，创业是一个持续不断的动态过程，创业企业的生存和成长也是一个动态变化的不间断过程，在研究中选择通过横截面的静态数据来综合分析动态变化过程具有一定的局限性，没有办法准确地用最后取得的研究结论来描述分析这一动态过程。所以，在后续进行的研究中可以通过全过程追踪的方法，通过对创业全过程的追踪获取动态的时间序列数据，对创业者结构洞、创业机会开发对创业绩效的作用机理以及创业环境的调节效应进行分析研究，通过采用动态分析的方法以便对创业企业的生存和成长提出更为翔实的指导意见。

（2）本研究中核心概念的测量量表中的测度问题。本研究的主要目的在于能够最终结合得到的结论，为我国创业型经济的健康发展以及市场中现存创业企业的生存和成长提供建议，但是由于研究牵扯许多不同的变量以及诸多细分的研究维度，对于这些核心概念的测量方式又有多种不同的可供参考的类型，例如，对于创业企业成长绩效这一细分维度的测量，本研究在选取测量指标时综合采用了财务类指标与技术、产品发展机会等非财务类指标，在研究领域中关于这种测量方式还有待进一步检验其准确性和普适性。除此之外，由于本研究采用的测量量表大部分源于国内外学者在之前进行过的研究中开发的成熟量表，这部分量表虽然已经被很多学者广泛认可并用于所做的研究中，并且还选择通过预调研测试的方式，结合问卷剔除了量表中部分不相关的问题题项，然而原始量表中存在的文化、语言等方面的差异，尽管已经在问卷发放之前进行了翻译和复译的过程，但还是难以克服语境不同带来的影响，所以最终使得通过正式问卷收集来的实证数据的准确性以及测量全过程的可靠性可能会受到一定影响。后续如果想要对我国创业问题开展相关研究，更合情合理的方式是基于中国本土的真实情境来开发测量量表，目的是能够更加准确地反映出中国创业活动中整个创业过程的实际情况，也能够通过研究最后取得的结果为创业企业更好的成长发展和生存提供更加合理化且科学化的建议。

7.3.2 未来展望

综合以上几点研究存在的局限性以及最终取得的结论，接下来尝试对未来可行的研究提出几点展望。

第一，增加被测试样本数量以获得更多的调研数据。在日后进行的研究中，可以有意识地进一步增加样本的数量，从更多的样本数量中筛选出能够代表企业高层管理者最真实的那部分数据样本，可以在一定程度上有效地增加调查样本的代表性和结合研究数据取得的最终结论的普适性。更多的样本数量可以帮助学者在研究中更有效地通过企业的规模（如员工数量或营业收入）和企业所在的行业具体特征、企业的成立时间和经营年限这几类数据进行研究，并将其作为研究的控制变量，在研究中综合地结合有关数据，测量在这些控制变量的影响作用下研究结论会受到怎样的影响。

第二，和其他学科中取得的成熟研究结论进行整合研究。学者可以有意识地选择在后续进行的有关研究中综合心理学或社会学领域中的相关研究成果，从这两个学科的有关研究视角出发对占据结构洞位置的创业者及其关系联系人的人口统计特征、心理特征和组成的创业团队特性等进行研究分析，从合适的切入点深入探究这些因素对结构洞发挥具体价值的影响。除此之外，还可以对结构洞创造的收益和带来的企业内部价值、网络福利和价值领域等内容进行重点研究，目的是能够从研究中探索不同形态的结构洞所对应的不同收益模式，并结合有关测量进行实证定量分析。

第三，在本研究构建的理论模型基础上继续探寻其余因素可能产生的影响。本研究主要从创业者与创业全过程中所有要素集合不断进行的交流、要素集合在创业过程中对最终创业绩效产生的影响这一研究视角出发，综合研究了创业者结构洞对创业绩效的作用机理，并基于理论分析将研究中的结构洞详细划分成三个维度，探讨其对于创业企业生存和成长绩效的具体作用机理。在构建研究用到的理论模型的过程中，由于客观条件和研究篇幅的限制，并没有在模型中将更多的影响因素加入进来，可以在后续的研究中考虑在模型中加入更多的影响因素。除此以外，创业者身上的某些人口统计学特征，如性别、年龄、受教育程度等也会对创业绩效产生一定的影响。本研究中选择将这些要素集合作为控制变量加以控制，在后续的研究中，学者可以将这些特征加入研究搭建的模型里进行更深入的研究。

第四，可以尝试着将创业者团队作为研究的主体，探寻创业者团队的结构洞数量对创业绩效的影响机理。本研究从创业者个体层面出发，综合探讨了影响最终创业绩效表现的相关问题。学术界普遍认为从创业者个体角度开展研究，很大程度上能够反映出创业企业在市场运营过程中的实际情况。但是学术界中现有开展的关于创业企业的相关研究观点认为，随着创业过程复杂化的不断加剧，创业者所代表的不只是简单的个体的概念，更多时候显现出来的是团队化的概念特征。在创业企业内部，由创业者组建起来的团队对创业活动的整个过程产生的影响可能超过创业者个体对创业企业产生的影响。由于创业者结构洞属于社会关系维度中的一个具体分支，一诞生就直接具备了社会化的特征，所以在后续研究中可以考虑把整个创业团队结构洞在创业绩效中的具体表现作为研究的主题。

参考文献

［1］王浩宇．资源整合、创业学习与新创企业创新的关系研究［D］．长春：吉林大学，2017.

［2］杨震宁，李东红，范黎波．身陷“盘丝洞”：社会网络关系嵌入过度影响了创业过程吗？［J］．管理世界，2013（12）：101–116.

［3］严亚兰，张勇，查先进．国外结构洞理论应用研究进展［J］．图书情报知识，2019（4）：104–112.

［4］DEMIRKAN I，DEMIRKAN S. Network Characteristics and Patenting in Biotechnology，1990–2006［J］. Journal of Management，2012，38（6）：1892–1927.

［5］聂磊．“结构洞”理论分析：解析《结构洞：竞争的社会结构》［J］．群文天地，2011（8）：280–281.

［6］CHOI E，LEE K C. Relationship Between Social Network Structure Dynamics and Innovation：Micro–Level Analyses of Virtual Cross–Functional Teams in a Multinational B2B Firm［J］. Computers in Human Behavior，2016，65（12）：151–162.

［7］龙静．创业团队内、外社会网络对创新的交互效应［J］．科学学与科学技术管理，2015（5）：148–159.

［8］刘伟，彭琪．结构洞理论视角下的乡村精英与乡村振兴［J］．江汉论坛，2020（11）：133–138.

［9］FERREIRA M P，REIS N R，PINTO C S F. Schumpeter's（1934）Influence on Entrepreneurship（and Management）Research［J］. Revista de Empreendedorismo e Gestão de Pequenas Empresas，2017（6）：4–39.

［10］CROMIE S，BIRLEY S，CALLAGHAN I. Community Brokers：Their Role in the Formation and Development of Business Ventures［J］.

Entrepreneurship & Regional Development, 1993, 5 (3): 247–264.

[11] BRUYAT C, JULIEN D A. Defining the Field of Research in Entrepreneurship [J]. Journal of Business Venturing, 2001, 16 (2): 165–180.

[12] DRUCKER P F, MACIARIELLO J A. The Daily Drucker: 366 Days of Insight and Motivation for Getting the Right Things Done [M]. New York: Harper Business, 2004.

[13] TURNER S, NGUYENP A. Young Entrepreneurs, Social Capital and Doi Moi in Hanoi, Vietnam [J]. Urban Studies, 2005 (10): 1693–1710.

[14] FREILING J, LAUDIEN S M. Explaining New Venture Failure: A Competence-Based Approach [C] // AIMS 2013, 2013.

[15] KIRZNER I M. Competition and Entrepreneurship [M]. Chicago: University of Chicago Press, 1978, 12–14.

[16] AHMED S U. Nach, Risk-Taking Propensity, Locus of Control and Entrepreneurship [J]. Personality and Individual Differences, 1985, 6 (6): 781–782.

[17] BEGLEY T M, BOYD D P. A Comparison of Entrepreneurs and Managers of Small Business Firms [J]. Journal of Management, 1987, 13 (1): 99–108.

[18] GATEWOOD E J, SHAVER K G, GARTNER W B. A Longitudinal Study of Cognitive Factors Influencing Start-Up Behaviors and Success at Venture Creation [J]. Journal of Business Venturing, 1995, 10 (5): 371–391.

[19] SHENG C. Not just the State: The Role of Entrepreneurs in China's Energy Transition [J]. Energy Research & Social Science, 2020 (70).

[20] AMORE M D, GAROFALO O, MARTIN-SANCHEZ V. Failing to Learn from Failure: How Optimism Impedes Entrepreneurial Innovation [J]. Organization Science, 2020, 032 (4): 940–964.

[21] SHAMES W H. Venture Management: The Business of the Inventor, Entrepreneur, Venture Capitalist, and Established Company [M]. New York: The Free Press, 1974.

[22] SIROPOLIS N C. Small Business Management: A Guide to

Entrepreneurship [M]. Boston：Houghton Mifflin，1990.

[23] FENG B，CHEN M. The Impact of Entrepreneurial Passion on Psychology and Behavior of Entrepreneurs [J]. Frontiers in Psychology，2020 (11).

[24] 王秀峰 . 创业者行为研究文献综述：连接创业者个体因素与创业过程及结果 [J]. 科学学与科学技术管理，2016 (8)：3–19.

[25] VENKATARAMAN S，SARASVATHY S D，DEW N，et al. Reflections on the 2010 AMR Decade Award：Whither the Promise? Moving Forward with Eetrepreneurship as a Science of the Artificial [J]. Academy of Management Review，2012，37 (1)：21–33.

[26] ZAHRA A，AHMAD K，SADAT S N. Women and Men Entrepreneurs' Motivations in Industry Sector：Similarities and Differences [J]. Journal of Science，2013 (5)：53–57.

[27] IRELAND R D，HITT M A，CAMP S M，et al. Integrating Entrepreneurship and Strategic Management Actions to Create Firm Wealth [J]. Academy of Management Executive，2001，15 (1)：49–63.

[28] BRANDSTÄTTER H. Personality Aspects of Entrepreneurship：A Look at Five Meta–Analyses [J]. Personality and Individual Differences，2011，51 (3)：222–230.

[29] SHOOK C L，PRIEM R L，MCGEE J E. Venture Creation and the Enterprising Individual：A Review and Synthesis [J]. Journal of Management，2003，29 (3)：379–399.

[30] SARASON Y，DEAN T，DILLARD J F. Entrepreneurship as the Nexus of Individual and Opportunity：A Structuration View [J]. Journal of Business Venturing，2006，21 (3)：286–305.

[31] ALVAREZ S A，BARNEY J B. How Do Entrepreneurs Organize Firms Under Conditions of Uncertainty? [J]. Journal of Management，2005，31 (5)：776–793.

[32] RAMOGLOU S，GARTNER W B，TSANG E W K. "Who is an Entrepreneur?" is (still) the Wrong Question [J]. Journal of Business Venturing

Insights, 2020, 13.

[33] 张秀娥，王超. 创业承诺能促进连续创业意愿吗?［J］. 科学学研究，2020, 38（3）: 466–475.

[34] 张淑梅，罗国锋. 创业者的二维辨别模型及其对创新创业教育的启示［J］. 河北师范大学学报（教育科学版），2021（6）: 134–137.

[35] BORGATTI S P, HALGIN D S. On Network Theory［J］. Organization Science, 2011, 22（5）: 1168–1181.

[36] BURT R S. The Network Structure of Social Capital［J］. Research in Organizational Behavior, 2000, 22: 345–423.

[37] 王海峰，李垣. 结构洞的前沿探析与未来展望［J］. 科技管理研究，2016, 36（11）: 214–219.

[38] BURT R S. Reinforced Structural Holes［J］. Social Networks, 2015, 43: 149–161.

[39] BURT R S. Structural Holes: The Social Structure of Competition［M］. Boston: Harvard University Press, 1995.

[40] BURT R S, JANNOTTA J E, MAHONEY J T. Personality Correlates of Structural Holes［J］. Social Networks, 1998, 20（1）: 63–87.

[41] BURT R S. Reinforced Structural Holes（WITHDRAWN）［J］. Academy of Management Proceedings, 2014（1）: 11017.

[42] BATJARGAL B. The Effects of Network's Structural Holes: Polycentric Institutions, Product Portfolio, and New Venture Growth in China and Russia［J］. Strategic Entrepreneurship Journal, 2010, 4（2）: 146–163.

[43] BURT R S, REAGANS R, VOLVOVSKY H. Network Brokerage and the Perception of Leadership［J］. SSRN Electronic Journal, 2020（1）.

[44] DAVIS R, SINGH A, KACHHAP S, et al. A Comparative Study of EDD and PM-EDD in Producing Holes in Inconel 718 Alloy［C］. International Conference on Material and Manufacturing Technology, 2020.

[45] 李昕，杨皎平. 联盟选择如何影响企业创新绩效：结构洞的中介作用［J］. 科技进步与对策，2020（15）: 80–88.

[46] REAGANS R, MCEVILY B. Network Structure and Knowledge

Transfer: The Effects of Cohesion and Range [J]. Administrative Science Quarterly, 2003, 48 (2): 240–267.

[47] SODA G, USAI A, ZAHEER A. Network Memory: The Influence of Past and Current Networks on Performance [J]. Academy of Management Journal, 2004, 47 (6): 893–906.

[48] PADULA G. Enhancing the Innovation Performance of Firms by Balancing Cohesiveness and Bridging Ties [J]. Long Range Planning, 2008, 41 (4): 395–419.

[49] SHIPILOV A V, LI S X. The Missing Link: The Effect of Customers on the Formation of Relationships Among Producers in the Multiplex Triads [J]. Organization Science, 2012, 23 (2): 472–491.

[50] 孙笑明，崔文田，王乐 . 结构洞与企业创新绩效的关系研究综述 [J]. 科学学与科学技术管理，2014 (11): 142–152.

[51] HARGADON A, SUTTON R I. Technology Brokering and Innovation in a Product Development Firm [J]. Administrative Science Quarterly, 1997, 42: 716–749.

[52] AHUJA G. Collaboration Networks, Structural Holes, and Innovation: A Longitudinal Study [J]. Administrative Science Quarterly, 2000, 45 (3): 425–455.

[53] RODAN S, GALUNIC C. More Than Network Structure: How Knowledge Heterogeneity Influences Managerial Performance and Innovativeness [J]. Strategic Management Journal, 2004, 25 (6): 541–562.

[54] NERKAR A, PARUCHURI S. Evolution of R&D Capabilities: The Role of Knowledge Networks Within a Firm [J]. Management Science, 2005, 51 (5): 771–785.

[55] BALKUNDI P, KILDUFF M, BARSNESS Z I, et al. Demographic Antecedents and Performance Consequences of Structural Holes in Work Teams [J]. Journal of Organizational Behavior, 2007, 28 (2): 241–260.

[56] FLEMING L, MINGO S, CHEN D. Collaborative Brokerage, Generative Creativity, and Creative Success [J]. Administrative Science

Quarterly, 2007, 52 (3): 443–475.

[57] XIAO Z, TSUI A S. When Brokers May Not Work: The Cultural Contingency of Social Capital in Chinese High–Tech Firms [J]. Administrative Science Quarterly, 2007, 52 (1): 1–31.

[58] SHIPILOV A V, LI S X. Can you Have Your Cake and Eat It Too? Structural Holes, Influence on Status Accumulation and Market Performance in Collaborative Networks [J]. Administrative Science Quarterly, 2008, 53 (1): 73–108.

[59] CHAI S K, RHEE M. Confucian Capitalism and the Paradox of Closure and Structural Holes in East Asian Firms [J]. Management and Organization Review, 2010, 6 (1): 5–29.

[60] PARUCHURI S. Intraorganizational Networks, Interorganizational Networks, and the Impact of Central Inventors: A Longitudinal Study of Pharmaceutical Firms [J]. Organization Science, 2010, 21 (1): 63–80.

[61] VASUDEVA G, ZAHEER A, HERNANDEZ E. The Embeddedness of Networks: Institutions, Structural Holes, and Innovativeness in the Fuel Cell Industry [J]. Organization Science, 2013, 24 (3): 645–663.

[62] 孙笑明，崔文田，董劲威. 发明家网络中结构洞填充的影响因素研究 [J]. 科研管理, 2013 (7): 31–38, 44.

[63] 应洪斌. 结构洞对产品创新绩效的作用机理研究：基于知识搜索与转移的视角 [J]. 科研管理, 2016 (4): 9–15.

[64] 王建平，吴晓云. 网络位置产品创新战略与创新绩效：以中国制造企业为样本 [J]. 经济与管理研究, 2020 (1): 131–144.

[65] BURT R S, HOGARTH R M, MICHAUD C. The Social Capital of French and American Managers [J]. Organization Science, 2000, 11 (2): 123–147.

[66] GELETKANYCZ M A, HAMBRICK D C. The External Ties of Top Executives: Implications for Strategic Choice and Performance [J]. Administrative Science Quarterly, 1997, 42 (4): 654–681.

[67] PERRY–SMITH J E. Social Yet Creative: The Role of Social

Relationships in Facilitating Individual Creativity [J]. Academy of Management Journal, 2006, 49 (1): 85–101.

[68] WU J. Asymmetric Roles of Business Ties and Political Ties in Product Innovation [J]. Journal of Business Research, 2011, 64 (11): 1151–1156.

[69] BATJARGAL B, HITT M A, TSUI A S, et al. Institutional Polycentrism, Entrepreneurs' Social Networks, and New Venture Growth [J]. Academy of Management Journal, 2013, 56 (4): 1024–1049.

[70] 周志民，邓乔茜，饶志俊. 在线品牌社群产品知识与结构洞：互依自我的调节 [J]. 管理科学, 2015 (4): 86–96.

[71] 雷宏振，高扬眉. 结构洞文化异质性及其对群间信息传播的影响研究 [J]. 现代情报, 2016, 36 (1): 20–25, 29.

[72] MARKOVSKY B, WILLER D, PATTON T. Power Relations in Exchange Networks [J]. American Sociological Review, 1988, 53 (2): 220–236.

[73] GNYAWALI D R, MADHAVAN R. Cooperative Networks and Competitive Dynamics: A Structural Embeddedness Perspective [J]. Academy of Management Review, 2001, 26 (3): 431–445.

[74] ROWLEY T J, BAUM J A C. The Dynamics of Network Strategies and Positions [J]. Advances in Strategic Management, 2008, 97 (25): 641–671.

[75] 陈运森. 社会网络与企业效率：基于结构洞位置的证据 [J]. 会计研究, 2015 (1): 48–55, 97.

[76] 王敬斋. 结构洞视角下商贸流通企业竞争优势塑造 [J]. 商业经济研究, 2017 (10): 92–93.

[77] 崔海云，魏国辰. 结构洞、强联系与企业市场竞争能力的关系研究 [J]. 南京社会科学, 2016 (7): 30–35.

[78] 蔡若楠，田文灿，王海龙. 结构洞、网络影响力与产品生产能力累积：基于中国制造业产品空间的实证研究 [J]. 管理现代化, 2021 (5): 39–43.

[79] LIN N, DUMIN M. Access to Occupations Through Social Ties [J]. Social Networks, 1986, 8 (4): 365–385.

[80] CAMPBELL K E，MARSDEN P V，HURLBERT J S. Social Resources and Socioeconomic Status [J]. Social Networks，1986，8（1）：97–117.

[81] GRAY P H，PARISE S，IYER B. Innovation Impacts of Using Social Bookmarking Systems [J]. MIS Quarterly，2011，35（3）：629–643.

[82] WU L. Social Network Effects on Performance and Layoffs: Evidence from the Adoption of a Social Networking Tool [C] // International Conference on Information Systems，2011.

[83] WU L. Social Network Effects on Productivity and Jobs Security：Evidence from the Adoption of a Social Networking Tool [J]. Information Systems Research，2013，24（1）：30–51.

[84] 蔡萌，任义科，赵晨，等. 网络结构模式与员工个人绩效：基于整体网络的分析 [J]. 管理评论，2013，25（7）：143–155.

[85] 李德鸿，王肖鹏，崔文田. 结构洞对不同属性研发者创新绩效的权变影响研究 [J]. 科技进步与对策，2016，33（19）：27–33.

[86] 苏楠，吴贵生. 基于结构洞理论的用户主导创新成因研究 [J]. 技术经济，2015，34（5）：1–4.

[87] 杨隽萍，于晓宇，陶向明，等. 社会网络、先前经验与创业风险识别 [J]. 管理科学学报，2017（5）：35–50.

[88] 胡磊，张强. 创业投资网络对投资绩效的影响研究：基于投资决策的中介效应检验 [J]. 财经理论与实践，2018（5）：44–50.

[89] 邓渝. 创业企业联结组合的“结构 – 地位”效应 [J]. 科学学研究，2019（4）：701–710.

[90] 王巍，孙笑明，崔文田，等. 关系强度和结构洞对关键研发者知识扩散的影响：成长阶段的调节效应 [J]. 管理科学，2019，32（4）：105–116.

[91] 李小青，周建，温丰羽，等. 连锁董事网络嵌入、认知距离与民营创业企业成长：基于创业板上市公司的经验证据 [J]. 预测，2020（1）：35–42.

[92] 周育红，刘建丽，张世泽. 资本来源对创业投资绩效的影响路径研究：制度公平与结构洞位置的作用 [J]. 南开管理评论，2021（5）：84–93.

[93] GAGLIO C M. The Role of Mental Simulations and Counterfactual Thinking in the Opportunity Identification Process [J]. Entrepreneurship Theory

and Practice, 2004, 28 (6): 533–552.

[94] SAHLMAN W A. Some Thoughts on Business Plans [M] // SAHLMAN W A, STEVENSON H H , ROBERTS M J, et al. The Entrepreneurial Venture. Boston: Harvard Business School Press, 1999: 138–176.

[95] KORYAK O, MOLE K F, LOCKETT A, et al. Entrepreneurial Leadership, Capabilities and Firm Growth [J]. International Small Business Journal, 2015, 33 (1): 89–105.

[96] 韩荣荣.创业机会识别对新创企业绩效的影响 [J]. 云南科技管理, 2021 (5): 52–55.

[97] CRECENTE F, et al. Climate Change Policy and Entrepreneurial Opportunities [J]. Technological Forecasting and Social Change, 2021, 163 (1): 120446.

[98] 马红玉, 陈梦妍, 夏显力.社会资本、心理资本与新生代农民工创业绩效 [J]. 科研管理, 2020 (11): 193–201.

[99] SHANE S. Prior Knowledge and the Discovery of Entrepreneurial Opportunities [J]. Organization Science, 2000 (11): 448–469.

[100] LUMPKIN G T, LICHTENSTEIN B B. The Role of Organizational Learning in the Opportunity–Recognition Process [J]. Entrepreneurship Theory and Practice, 2005, 29 (4): 451–472.

[101] KOVAL J P, YOUNG G S. Computer Training for Entrepreneurial Meteorologists [J]. Bulletin of the American Meteorological Society, 2001.

[102] RAISCH S, BIRKINSHAW J. Organizational Ambidexterity: Antecedents, Outcomes, and Moderators [J]. Journal of Management, 2008, 34 (3): 375–409.

[103] GEDAJLOVIC E, CAO Q, ZHANG H. Corporate Shareholdings and Organizational Ambidexterity in High–Tech SMEs: Evidence from a Transitional Economy [J]. Journal of Business Venturing, 2012, 27: 652–665.

[104] BAI W, JOHANSON M, MARTIN O M. Dual Business Relationships, Opportunity Knowledge, and New Product Development: A Study on Returnee Young Ventures [J]. Journal of International Marketing, 2019, 27

（3）: 26–42.

［105］JARRETT P. Newborn Care on the Postnatal Ward：A Dual Opportunity for Specialty Training and Newborn Health［J］. Archives of Disease in Childhood，2021，106：518–519.

［106］孙永波，杜双. 创业拼凑与创业机会识别：双元创新和创业导向的作用［J］. 商业经济研究，2020（14）: 129–132.

［107］POWELL W W，KOPUT K W，BOWIE J I，et al. The Spatial Clustering of Science and Capital：Accounting for Biotech Firm–Venture Capital Relationships［J］. Regional Studies，2002，36（3）: 291–305.

［108］MAINKAR A V，LUBATKIN M，SCHULZE W S. Toward a Product–Proliferation Theory of Entry Barriers［J］. Academy of Management Review，2006，31（4）.

［109］赵兴庐，刘衡，张建琦. 冗余如何转化为公司创业？：资源拼凑和机会识别的双元式中介路径研究［J］. 外国经济与管理，2017，39（6）: 54–67.

［110］KIRZNER I M. Entrepreneurial Discovery and the Competitive Market Process：An Austrian Approach［J］. Journal of Economic Literature，1997，35（1）: 60–85.

［111］仲伟伫，芦春荣. 环境动态性对创业机会识别可行性的影响路径研究：基于创业者个人特质［J］. 预测，2014，33（3）: 27–33.

［112］ARDICHVILI A，CARDOZO R，RAY S. A Theory of Entrepreneurial Opportunity Identification and Development［J］. Journal of Business Venturing，2003，18（1）: 105–123.

［113］ECKHARDT J T，SHANE S A. Opportunities and Entrepreneurship［J］. Journal of Management，2003，29（3）: 333–349.

［114］HOLCOMBE R G. The Origins of Entrepreneurial Opportunities［J］. Review of Austrian Economics，2003，16（1）: 25–43.

［115］GEORGE N M，PARIDA V，LAHTI T，et al. A Systematic Literature Review of Entrepreneurial Opportunity Recognition：Insights on Influencing Factors［J］. International Entrepreneurship and Management Journal，2016，12（2）: 309–350.

［116］方世建，孙累累，方文丽．建构主义视角下的创业机会研究经典模型评介［J］．外国经济与管理，2013（5）：2–13，22.

［117］MCMULLEN J S，PLUMMER L A，ACS Z J. What is an Entrepreneurial Opportunity?［J］. Small Business Economics，2007，28（4）：273–283.

［118］SHANE S. Reflections on the 2010 AMR Decade Award：Delivering on the Promise of Entrepreneurship as a Field of Research［J］. Academy of Management Review，2012，37（1）：10–20.

［119］SUDDABY R，BRUTON G D，SI S X. Entrepreneurship Through a Qualitative Lens：Insights on the Construction and/or Discovery of Entrepreneurial Opportunity［J］. Journal of Business Venturing，2015，30（1）：1–10.

［120］GIELNIK M M，FRESE M，GRAF J M，et al. Creativity in the Opportunity Identification Process and the Moderating Effect of Diversity of Information［J］. Journal of Business Venturing，2012，27（5）：559–576.

［121］CHIASSON M，SAUNDERS C. Reconciling Diverse Approaches to Opportunity Research Using the Structuration Theory［J］. Journal of Business Venturing，2005，20（6）：747–767.

［122］张红，葛宝山．创业机会识别研究现状述评及整合模型构建［J］．外国经济与管理，2014（4）：15–24.

［123］杨俊，韩炜，张玉利．工作经验隶属性、市场化程度与创业行为速度［J］．管理科学学报，2014（8）：10–22.

［124］吴兴海，马俊，罗国锋，等．创业投资的资金规模及其影响因素研究［J］．软科学，2015（10）：16–19.

［125］斯晓夫，王颂，傅颖．创业机会从何而来：发现，构建还是发现+构建?：创业机会的理论前沿研究［J］．管理世界，2016（3）：115–127.

［126］张浩，孙新波．网络嵌入视角下创业者外部社会资本对创业机会识别的影响研究［J］．科学学与科学技术管理，2017（12）：133–147.

［127］刘志阳，李斌，陈和午．企业家精神视角下的社会创业研究［J］．管理世界，2018（11）：171–173.

［128］刘翔宇，程鑫玥，张迎新．双元能力研究述评与未来展望［J］．商业

经济研究，2019（22）：130–133.

［129］SAMUELSSON M. Creating New Ventures：A Longitudinal Investigation of the Nascent Venturing Process［D］. Jönköping：Jönköping International Business School，2004.

［130］KOELLINGER P D. Why are Some Entrepreneurs More Innovative than Others?［J］. Small Business Economics，2008，31（1）：21–37.

［131］SAMUELSSON M，DAVIDSSON P. Does Venture Opportunity Variation Matter? Investigating Systematic Process Differences between Innovative and Imitative New Ventures［J］. Small Business Economics，2009，33（2）：229–255.

［132］SMITH B R，MATTHEWS C H，SCHENKEL M T. Differences in Entrepreneurial Opportunities：The Role of Tacitness and Codification in Opportunity Identification［J］. Journal of Small Business Management，2009，47（1）：38–57.

［133］WELTER C，ALVAREZ S. The State of Opportunities：Clarifying the Transitions between Opportunity Types［J］. Management Decision，2015，53（7）：1398–1411.

［134］陈娟，邢建国. 基于新企业成长的商业模式与创业机会匹配：多案例纵向研究［J］. 科技进步与对策，2018，35（21）：23–32.

［135］李昆益. 高职大学生创业机会识别及创业途径选择策略：基于高职大学生创业者的调查［J］. 职业技术教育，2018，39（23）：66–69.

［136］王国红，周怡君，邢蕊. 社会网络强弱关系对创新性机会识别的影响［J］. 科技进步与对策，2018，35（19）：8–14.

［137］DUNCAN G T. Binary Action Based Estimation of Propensities［J］. Psychometrika，1978，43（1）：93–107.

［138］SIMEONI F，BRUNETTI F，MION G，et al. Ambidextrous Organizations for Sustainable Development：The Case of Fair-Trade Systems［J］. Journal of Business Research，2020（112）：549–560.

［139］KOVALEVA I A，EREMINA T N，ROOS A B D. Organizational Transformation of Culture of the “Smart” Enterprise［M］// POPKOVA E G,

SERGI B S. "Smart Technologies" for Society, State and Economy. 2021.

[140] STELZL K, RÖGLLINGER M, KATRIN W. Building an Ambidextrous Organization: A Maturity Model for Organizational Ambidexterity [J]. Business Research, 2020, 13 (3): 1203–1230.

[141] CAMISÓN C, NAVARRO M B, FORÉS B. The Interplay Between Firms' Internal and External Capabilities in Exploration and Exploitation [J]. Management Decision, 2018, 56 (7): 1559–1580.

[142] LUCENA A. The Interaction Mode and Geographic Scope of Firms' Technology Alliances: Implications of Balancing Exploration and Exploitation in R&D [J]. Industry and Innovation, 2016, 23 (7): 595–624.

[143] GIBSON C B, BIRKINSHAW J. The Antecedents, Consequences, and Mediating Role of Organizational Ambidexterity [J]. Academy of Management Journal, 2004, 47 (2): 209–226.

[144] FENECH R, BAGUANT P, IVANOV D. The Changing Role of Human Resource Management in an Era of Digital Transformation [J]. Journal of Management Information and Decision Sciences, 2019, 22 (2): 19–29.

[145] JANSEN J J P, VAN DEN BOSCH F A J, VOLBERDA H W. Managing Potential and Realized Absorptive Capacity: How do Organizational Antecedents Matter? [J]. Academy of Management Journal, 2005, 48 (6): 999–1015.

[146] CAO Q, SIMSEK Z, ZHANG H. Modelling the Joint Impact of the CEO and the TMT on Organizational Ambidexterity [J]. Journal of Management Studies, 2010, 47 (7): 1272–1296.

[147] JAIN P K, HAZENBERG R, SEDDON F A, et al. Social Value as A Mechanism for Linking Public Administrators with Society: Identifying the Meaning, Forms and Process of Social Value Creation [J]. International Journal of Public Administration, 2020, 43 (10): 876–889.

[148] LUCA L M D, ATUAHENE–GIMA K. Market Knowledge Dimensions and Cross–Functional Collaboration: Examining the Different Routes to Product Innovation Performance [J]. Journal of Marketing, 2007, 71 (1):

95–112.

[149] ANDRIOPOULOS C, LEWIS M W. Managing Innovation Paradoxes: Ambidexterity Lessons from Leading Product Design Companies [J]. Long Range Planning, 2010, 43 (1): 104–122.

[150] IMRAN R, ATIYA T M S. The Role of High–Performance Work System and Human Capital in Enhancing Job Performance [J]. World Journal of Entrepreneurship, Management and Sustainable Development, 2020, 16 (3): 195–206.

[151] CHANG Y Y, HUGHES M. Drivers of Innovation Ambidexterity in Small– to Medium–Sized Firms [J]. European Management Journal, 2012, 30 (1): 1–17.

[152] HSU G, NEGRO G, PERRETTI F. Hybrids in Hollywood: A Study of the Production and Performance of Genre–Spanning Films [J]. Industrial and Corporate Change, 2012, 21 (6): 1427–1450.

[153] BIERLY P E, DAMANPOUR F, SANTORO M D. The Application of External Knowledge: Organizational Conditions for Exploration and Exploitation [J]. Journal of Management Studies, 2009, 46 (3): 481–509.

[154] ROTHAERMEL F T, ALEXANDRE M T. Ambidexterity in Technology Sourcing: The Moderating Role of Absorptive Capacity [J]. Organization Science, 2009 (4): 759–780.

[155] KHLIF H, SAMAHA K, AMARA I. Internal Control Quality and Voluntary Disclosure: Does CEO Duality Matter? [J]. Journal of Applied Accounting Research, 2020, 22 (2): 286–306.

[156] SIMSEK Z, HEAVEY C B, VEIGA J F, et al. A Typology for Aligning Organizational Ambidexterity's Conceptualizations, Antecedents, and Outcomes [J]. Journal of Management Studies, 2009, 46 (5): 864–894.

[157] ATUAHENE–GIMA K, MURRAY J Y. Exploratory and Exploitative Learning in New Product Development: A Social Capital Perspective on New Technology Ventures in China [J]. Journal of International Marketing, 2007, 15 (2): 1–29.

［158］WANG C H，DUAN Y F. Market Orientation，Customer Knowledge Acquisition，Strategic Flexibility and Organizational Dual Innovation［J］. Soft Science，2019，33（1）：10–13，18.

［159］DEGEEST D S，VRIES T A D，VEGT G V D. The Duality of Boundary Spanning：Its Positive and Negative Effects on Team Effectiveness［J］. Academy of Management Proceedings，2016.

［160］SHANE S. A General Theory of Entrepreneurship：The Individual–Opportunity Nexus［M］. Cheltenham: Edward Elgar Publishing，2003.

［161］姚凯，李智 . 心理契约视角下的创业承诺缔结多案例比较研究［J］. 复旦学报（自然科学版），2018，57（5）：535–546.

［162］OZGEN E，BARON R A. Social Sources of Information in Opportunity Recognition：Effects of Mentors，Industry Networks and Professional Forums［J］. Journal of Business Venturing，2007，22（2）：174–192.

［163］KONTINEN T，OJALA A. International Opportunity Recognition Among Small and Medium–Sized Family Firms［J］. Journal of Small Business Management，2011，49（3）：490–514.

［164］BHAGAVATULA S，ELFRING T，TILBURG A V，et al. How Social and Human Capital Influence Opportunity Recognition and Resource Mobilization in India’s Handloom Industry［J］. Journal of Business Venturing，2010，25（3）：245–260.

［165］MA R，HUANG Y C，SHENKAR O. Social Networks and Opportunity Recognition：A Cultural Comparison Between Taiwan and the United States［J］. Strategic Management Journal，2011，32（11）：1183–1205.

［166］蔡宁，贺锦江，王节祥 .“互联网+”背景下的制度压力与企业创业战略选择：基于滴滴出行平台的案例研究［J］. 中国工业经济，2017（3）：174–192.

［167］MAINE E，SOH P H，SANTOS N D. The Role of Entrepreneurial Decision–Making in Opportunity Creation and Recognition［J］. Technovation，2015（39–40）：53–72.

［168］赵立祥，张芸笛 . 既有知识、创业警觉性、创造性思维对创业机会

识别的影响研究［J］. 科技管理研究，2017，37（8）：193–200.

［169］DERBYSHIRE J. The Impact of Ambidexterity on Enterprise Performance：Evidence from 15 Countries and 14 Sectors［J］. Technovation，2014，34（10）：574–581.

［170］NAZRI M A，OMAR N A，AMAN A，et al. Corporate Social Responsibility and Business Performance in Takaful Agencies：The Moderating Role of Objective Environment［J］. Sustainability，2020，12（20）：1–18.

［171］KRSTIĆ B，TASIĆ M. Importance of Implementing the Green Economy Concept and Its Impact on Financial Performance of an Enterprise［J］. Ekonomika，Journal for Economic Theory and Practice and Social，2014.

［172］MENG Q，ZHOU Y. Enterprise Economic Performance Evaluation Based on 5G Network and Embedded Processing System［J］. Microprocessors and Microsystems，2021，80（2）.

［173］YANG X R，HU L A. Research on the Impact of Business Environment on the Performance of Private Enterprises：An Empirical Study Based on Hubei Province［J］. International Journal of Social Sciences in Universities，2020，3（4）：63–65.

［174］CHINWE N O，ONYEKWELU N P. Effect of Cashless Economy on the Performance of Micro，Small and Medium Scale Enterprises in Anambra State，Nigeria［J］. International Journal of Science and Research，Business and Finance，2020，9（5）：375–385.

［175］GAO H，ZHU X. Study of the Impact of Equity Incentive on Enterprise Performance based on Information Technology Industry［C］// 2020 International Conference on Economic Development and Innovation（EDI 2020），中国山东济南，2020.

［176］ZHAO Y. Analysis of the Impact of China's Novel Coronavirus Pneumonia on Chinese Enterprises' Performance［J］. Journal of Finance Research，2020，4（2）：135–138.

［177］QEHAJA A B，KUTLLOVCI E. Strategy Tools and Enterprise Performance：The Mediating Role of Competitive Advantage［J］. International

Journal of Business Excellence, 2020, 22（3）: 301–335.

[178] ALENE E T. Determinants that Influence the Performance of Women Entrepreneurs in Micro and Small Enterprises in Ethiopia [J]. Journal of Innovation and Entrepreneurship, 2020, 9（1）: 1–20.

[179] SWEIS R J, SULEIMAN R, ALSAYYED N M, et al. The Effect of Total Quality Management Practices on the Performance of Enterprise Resource Planning Projects: The Case of Jordan [J]. International Journal of Productivity and Quality Management, 2020, 31（3）: 319–348.

[180] HU L K, LEE D C. Economic Performance of State-Owned Enterprises under the Chinese Communist Party's Supervision: Some Reflection on China's Economic Reform [J]. Pacific Economic Review, 2020, 25（4）: 495–511.

[181] BAPORIKAR N, RANDA I O. Organizational Design for Performance Management in State–Owned Enterprises [J]. International Journal of Service Science, Management, Engineering, and Technology, 2020, 11（4）: 1–25.

[182] 郑刚，陈箫，斯晓夫.通过互联网技术与包容性创业减贫：东风村案例 [J]. 科学学研究，2020，38（10）: 1818–1827，1887.

[183] 曾楚宏，王钊，官志华.创业团队成员变更：研究述评与展望 [J]. 管理评论，2020，32（12）: 112–124.

[184] 魏娟，赵佳佳，刘天军.创业失败、创业拼凑与农民再创业绩效 [J]. 软科学，2020，34（11）: 59–64.

[185] 陈敏灵，毛蕊欣.创业者特质与创业企业生存绩效、成长绩效 [J]. 技术与创新管理，2020，41（6）: 616–624.

[186] JONES O, HOLT R. The Creation and Evolution of New Business Ventures: An Activity Theory Perspective [J]. Journal of Small Business and Enterprise Development, 2008, 15（1）: 51–73.

[187] HABER S, REICHEL A. Identifying Performance Measures of Small Ventures: The Case of the Tourism Industry [J]. Journal of Small Business Management, 2005, 43（3）: 257–286.

[188] 吴敏. 创业周期视角下的高职创业人才培养模式创新思路 [J]. 教育与职业，2017（3）: 42–46.

[189] STIGLITZ J E, WEISS A. Credit Rationing in Markets with Imperfect Information [J]. American Economic Review, 1981, 71 (3): 393–410.

[190] BRUSH C G, VANDERWERF P A. A Comparison of Methods and Sources for Obtaining Estimates of New Venture Performance [J]. Journal of Business Venturing, 1992, 7 (2): 157–170.

[191] BAUM J R, BIRD B, CHARDAVOYNE N A. The Relationship of Entrepreneur's Learning Orientations and Practical Intelligence to New Venture Performance [J]. Frontiers of Entrepreneurship Research, 2003: 142–156.

[192] 张昊民，董晓琳，马君. 双创背景下个体成就目标导向对创业倾向及新创企业创新能力的影响 [J]. 科技进步与对策, 2017, 34 (6): 97–102.

[193] 刘广平，陈立文，戚安邦. 创业企业与孵化器互动下的项目导向型组织结构设计与运行机制研究 [J]. 科技进步与对策, 2013, 30 (16): 11–14.

[194] 赵岑，张帏，姜彦福. 基于与大企业联盟的技术创业企业成长机制 [J]. 科研管理, 2012, 33 (2): 97–106.

[195] SINGH G, DENOBLE A. Early Retirees as the Next Generation of Entrepreneurs [J]. Entrepreneurship Theory and Practice, 2003, 27 (3): 207–226.

[196] 刘永根，石玉雏，蔡翔. 初创企业创业者胜任力的构成体系研究 [J]. 技术经济与管理研究, 2018 (5): 39–45.

[197] 张凤海. 动态能力对新企业绩效的影响机理研究 [D]. 大连：大连理工大学, 2013.

[198] 黄胜兰. 创业型领导对新创企业绩效的作用机理研究 [D]. 合肥：中国科学技术大学, 2015.

[199] VENKATRAMAN N, RAMANUJAM V. Measurement of Business Economic Performance: An Examination of Method Convergence [J]. Journal of Management, 1987, 13 (1): 109–122.

[200] CHANDLER G N, HANKS S H. Market Attractiveness, Resource-Based Capabilities, Venture Strategies, and Venture Performance [J]. Journal of Business Venturing, 1994, 9 (4): 331–349.

[201] MURPHY G B, TRAILER J W, HILL R C. Measuring Performance

in Entrepreneurship Research [J]. Journal of Business Research, 1996, 36 (1): 15–23.

[202] ZAHRA S A, NEUBAUM D O, et al. Competitive Analysis and New Venture Performance: Understanding the Impact of Strategic Uncertainty and Venture Origin [J]. Entrepreneurship Theory and Practice, 2002, 27 (1): 1–28.

[203] CHRISMAN J J, MCMULLAN E, HALL J. The Influence of Guided Preparation on the Long–Term Performance of New Ventures [J]. Journal of Business Venturing, 2005, 20 (6): 769–791.

[204] 王华锋，李生校，窦军生. 创业失败、失败学习和新创企业绩效 [J]. 科研管理，2017，38 (4): 94–103.

[205] COOPER A C, GIMENO–GASCON F J, WOO C Y. Initial Human and Financial Capital as Predictors of New Venture Performance [J]. Journal of Business Venturing, 1994, 9 (5): 371–395.

[206] BRUSH C G, VANDERWERF P A. A Comparison of Methods and Sources for Obtaining Estimates of New Venture Performance [J]. Journal of Business Venturing, 1992, 7 (2): 157–170.

[207] CHRISMAN J J, BAUERSCHMIDT A, HOFER C W. The Determinants of New Venture Performance: An Extended Model [J]. Entrepreneurship Theory and Practice, 1998, 23 (1): 5–29.

[208] 刘畅，窦玉芳，邹玉友. 创业者社会网络、资源获取对农村微型企业创业绩效的影响研究 [J]. 农业现代化研究，2016，37 (6): 1158–1166.

[209] 张玉臣，杜千卉. 科技创业企业创新行为与成长绩效：基于分位数回归法的实证研究 [J]. 科技进步与对策，2018，35 (5): 74–80.

[210] WIKLUND J, DAVIDSSON P, et al. What Do They Think and Feel About Growth? An Expectancy–Value Approach to Small Business Managers' Attitudes Toward Growth 1 [J]. Entrepreneurship Theory and Practice, 2003, 27 (3): 247–270.

[211] LUMPKIN G T, DESS G G. Linking Two Dimensions of Entrepreneurial Orientation to Firm Performance: The Moderating Role of Environment and Industry Life Cycle [J]. Journal of Business Venturing, 2001, 16 (5): 429–451.

［212］MINTZBERG H. The Bitter Truth about Entrepreneurial Success［J］. Education and Tranining，2014（7）.

［213］HOANG H I，YI A. Network-Based Research in Entrepreneurship：A Decade in Review［J］. Foundations and Trends in Entrepreneurship，2015，11（1）：1-54.

［214］李海燕. 制度背景对创业者跨国网络形成的影响研究［J］. 科学学研究，2020，38（5）：860-867.

［215］HARRISON R T，LEITCH C M. Entrepreneurial Learning：Researching the Interface Between Learning and the Entrepreneurial Context［J］. Entrepreneurship Theory and Practice，2005，29（4）：351-371.

［216］林嵩. 创业情境研究综述与展望［J］. 外国经济与管理，2012，34（7）：35-41，60.

［217］HOLTSCH D. Entrepreneurial Intentions in Initial Vocational Education and Training［J］. Journal of Science，2014（7）.

［218］HANSEN B. The Digital Revolution：Digital Entrepreneurship and Transformation in Beijing［J］. Small Enterprise Research，2019，26（1）：36-54.

［219］DILL W R. Environment as an Influence on Managerial Autonomy［J］. Administrative Science Quarterly，1958，2（4）：409-443.

［220］GNYAWALI D R，FOGEL D S. Environments for Entrepreneurship Development：Key Dimensions and Research Implications［J］. Entrepreneurship Theory and Practice，1994，18（4）：43-62.

［221］SAXENIAN A L. Silicon Valley's New Immigrant High-Growth Entrepreneurs［J］. Economic Development Quarterly，2002，16（1）：20-31.

［222］SANTOS F J，ROOMI M A，LIÑÁN F. About Gender Differences and the Social Environment in the Development of Entrepreneurial Intentions［J］. Journal of Small Business Management，2016，54（1）：49-66.

［223］刘畅，齐斯源，王博. 创业环境对农村微型企业创业绩效引致路径的实证分析：基于东北地区实地调研数据［J］. 农业经济问题，2015，36（5）：104-109.

［224］郑宝华，陆玉梅. 农业科技园区创业环境对创业者创业行为的影响

研究［J］. 农业技术经济，2016（11）：115–122.

［225］刘宇璟. 创业导向与企业绩效：制度环境和市场环境的调节作用［J］. 中国人力资源开发，2017（11）：54–64.

［226］徐红罡，陈芳芳. 目的地创业环境与旅游小企业创业：不同类型小企业比较研究［J］. 旅游科学，2018，32（1）：29–44.

［227］WIKLUND J，SHEPHERD D. Entrepreneurial Orientation and Small Business Performance：A Configurational Approach［J］. Journal of Business Venturing，2005，20（1）：71–91.

［228］FOGEL G. An Analysis of Entrepreneurial Environment and Enterprise Development in Hungary［J］. Journal of Small Business Management，2001，39（1）：103–109.

［229］KSHETRI N. Developing Successful Entrepreneurial Ecosystems：Lessons from a Comparison of an Asian Tiger and a Baltic Tiger［J］. Baltic Journal of Management，2014，9（3）：330 – 356.

［230］周键，王庆金，吴迪. 创业激情与政治行为对创业认同的作用机理：基于资源依赖理论的研究［J］. 外国经济与管理，2017，39（6）：68–82.

［231］严杰，刘人境. 创业环境动态性、创业学习与创业机会识别关系研究［J］. 科技进步与对策，2018，35（13）：112–118.

［232］杨武，田雪姣，李亚红. 中国创业孵化生态环境健康性评价研究［J］. 科技进步与对策，2018，35（8）.

［233］DUNCAN R B. Characteristics of Organizational Environments and Perceived Environmental Uncertainty［J］. Administrative Science Quarterly，1972，17（3）：313–327.

［234］GARTNER W B. What are We Talking About When We Talk About Entrepreneurship?［J］. Journal of Business Venturing，1990，5（5）：15–28.

［235］ALDRICH H E，MARTINEZ M A. Many are Called，but Few are Chosen：An Evolutionary Perspective for the Study of Entrepreneurship［J］. Entrepreneurship Theory and Practice，2001，25（4）：41–56.

［236］ZAHRA S A. Technology Strategy and New Venture Performance：A Study of Corporate–Sponsored and Independent Biotechnology Ventures［J］.

Journal of Business Venturing, 1996, 11 (4): 289–321.

[237] DESS G G, LUMPKIN G T. The Role of Entrepreneurial Orientation in Stimulating Effective Corporate Entrepreneurship [J]. Academy of Management Perspectives, 2005, 19 (1): 147–156.

[238] BARON R A, TANG J. The Role of Entrepreneurs in Firm–Level Innovation: Joint Effects of Positive Affect, Creativity, and Environmental Dynamism [J]. Journal of Business Venturing, 2011, 26 (1): 49–60.

[239] 倪嘉成, 林汉川. 政府研发资金降低科技人员创业意愿?: 助创环境与市场化进程的调节作用 [J]. 科学管理研究, 2017, 35 (4): 95–98.

[240] 戚湧, 饶卓. 社交指数、风险倾向与创业: 制度环境的调节作用 [J]. 科技进步与对策, 2017, 34 (1): 1–8.

[241] 张璐, 胡君辰. 环境感知与大学生创业意愿: 积极差错导向的调节作用 [J]. 现代管理科学, 2019 (1): 100–102.

[242] FERNHABER S A, PATEL P C. How Do Young Firms Manage Product Portfolio Complexity? The Role of Absorptive Capacity and Ambidexterity [J]. Strategic Management Journal, 2012, 33 (13): 1516–1539.

[243] 吴晓波, 陈颖. 中小企业组织二元性对企业绩效的影响机制研究 [J]. 浙江大学学报: 人文社会科学版, 2014, 44 (5): 97–109.

[244] EBBEN J, JOHNSON A. Bootstrapping in Small Firms: An Empirical Analysis of Change over Time [J]. Journal of Business Venturing, 2006, 21 (6): 851–865.

[245] ACS Z J, AUDRETSCH D B, LEHMANN E E. The Knowledge Spillover Theory of Entrepreneurship [J]. Small Business Economics, 2013, 41 (4): 757–774.

[246] 舒成利, 辜孟蕾. 知识溢出创业理论: 评述与未来研究方向 [J]. 科技进步与对策, 2019, 36 (5): 154–160.

[247] HU R, KANG T W, SHEN Z X, et al. University Evolution, Entrepreneurial Activity and Regional Competitiveness, by David Audretsch, Erik Lehmann, Michele Meoli and Vismara Silvio [J]. Entrepreneurship Education, 2020, 3 (1): 1–6.

[248] SADLER-SMITHE, HAMPSON Y, CHASTON I, et al. Managerial Behavior, Entrepreneurial Style, and Small Firm Performance [J]. Journal of Small Business Management, 2003, 41 (1): 47-67.

[249] MANTELL E H. An Ergodic Theory of Venture Capital Solicitation [J]. International Review of Economics and Finance, 2005, 14 (2): 149-168.

[250] ZAHRA S A, GEDAJLOVIC E, NEUBAUM D O, et al. A Typology of Social Entrepreneurs: Motives, Search Processes and Ethical Challenges [J]. Journal of Business Venturing, 2009, 24 (5): 519-532.

[251] TOK M E. The Incentives and Efforts for Innovation and Entrepreneurship in a Resource-Based Economy: A Survey on Perspective of Qatari Residents [J]. Sustainability, 2020, 12 (2): 626.

[252] XU C G. The Fundamental Institutions of China's Reforms and Development [J]. Journal of Economic Literature, 2011, 49 (4): 1076-1151.

[253] GANGI Y A, KEBAILI B. Do Contextual Factors Matter for New Start-Ups? Institutional Theory and Entrepreneurial Intention: A Proposed Model [J]. World Review of Entrepreneurship Management and Sustainable Development, 2020, 16 (4): 415-429.

[254] BACIU E L, VÎRGĂ D, LAZĂR T A. What Characteristics Help Entrepreneurs 'Make It' Early on in Their Entrepreneurial Careers? Findings of a Regional Study from Romania [J]. Sustainability, 2020, 12 (12): 1-27.

[255] MORALES C, MASUDA A, HOLTSCHLAG C. The Why and How of Entrepreneurial Action: An Integrative Model Based on Individual Values and Action Theory [J]. The Spanish Journal of Psychology, 2019, 22: 1-11.

[256] CLAUSEN T H. Entrepreneurial Thinking and Action in Opportunity Development: A Conceptual Process Model [J]. International Small Business Journal, 2020, 38 (1): 21-40.

[257] GRANOVETTER M S. The Strength of Weak Ties [J]. American Journal of Sociology, 1973, 78 (6): 1360-1380.

[258] COOK K S, EMERSON R M. Power, Equity and Commitment in Exchange Networks [J]. American Sociological Review, 1978, 43 (5): 721-

739.

［259］WALKER G，KOGUT B，SHAN W. Social Capital，Structural Holes and the Formation of an Industry Network［J］. Organization science，1997，8（2）：109–125.

［260］WALKER M A，ROBINSON K M. Method of Making A Sacrificial Self–Aligned Interconnect Structure［J］. ECOLOGI，2001（4）：11–17.

［261］孙笑明，王静雪，王成军，等. 研发者专利合作网络中结构洞变化对企业创新能力的影响［J］. 科技进步与对策，2018，35（2）：115–122.

［262］SHIPILOV A. Network Strategies and Performance of Canadian Investment Banks［J］. Academy of Management Journal，2006.

［263］WANG W，SUN X，CUI W，et al. Impact of Tie Strength and Structural Holes on Knowledge Transfer of Key Inventors：The Moderating Effect of Growth Stage［J］. Journal of Management Science，2019.

［264］章丹，胡祖光. 网络结构洞对企业技术创新活动的影响研究［J］. 科研管理，2013（6）：34–41.

［265］ZHANG Q P，ZENG D D，WANG F Y，et al. Brokers or Bridges? Exploring Structural Holes in a Crowdsourcing System［J］. Computer，2016，49（6）：56–64.

［266］DEMPWOLF C S，LYLES L W. The Uses of Social Network Analysis in Planning：A Review of the Literature［J］. Journal of Planning Literature，2012，27（1）：3–21.

［267］FERRER N F，MOR E，DOMINGO M G. Optimización Del Compertamiento Informacional Mediante El Uso De Herramientas De Bookmaking［J］. Teoría De La Educación：Educación Y Cultura En La Socieded De La Informacion，2011，12（1）：168–189.

［268］BARNEA A，GUEDJ I. Director Networks［J］. SSRN Electronic Journal，2009.

［269］张勇. 独立董事关系网络位置与企业商业信用融资：基于程度中心度和结构洞视角［J］. 中南财经政法大学学报，2021（2）：40–52.

［270］杨勇，王齐晗. PE/VC联合投资网络演化研究［J］. 科技与经济，

2016, 29 (2): 46–50.

[271] SHI J Y, YANG J H, LI Y X. Does Supply Network Location Affect Corporate Investment Efficiency? [J]. Research in International Business and Finance, 2020, 51.

[272] BIRKINSHAW J, GIBSON C. Building Ambidexterity into an Organization [J]. MIT Sloan Management Review, 2004, 45 (4): 47–55.

[273] GUPTA A K, SMITH K G, SHALLEY C E. The Interplay Between Exploration and Exploitation [J]. Academy of Management Journal, 2006, 49 (4): 693–706.

[274] ASHFORTH B E, REINGEN P H. Functions of Dysfunction: Managing the Dynamics of an Organizational Duality in a Natural Food Cooperative [J]. Administrative Science Quarterly, 2014, 59 (3): 474–516.

[275] GARUD R, TURUNEN M. The Banality of Organizational Innovations: Embracing the Substance–Process Duality [J]. Innovation, 2017, 19 (1): 31–38.

[276] STRITAR R, DRNOVŠEK M. What Entrepreneurs Discover When Creating Opportunities? Insights from Skype and YouTube Ventures [J]. International Entrepreneurship and Management Journal, 2016, 12 (3): 659–679.

[277] 金昕，陈松，邵俊岗 . 双元创新战略、组织动态能力对企业绩效的多维度影响 [J]. 预测，2019, 38 (1): 30–36.

[278] 闫娜 . 融媒体时代广电传媒人力资源配置优化研究：基于组织双元理论的视角 [J]. 新闻爱好者，2020 (2): 88–91.

[279] 刘新梅，白杨 . 组织学习影响组织创造力的知识获取路径研究 [J]. 管理科学，2013, 26 (2): 51–61.

[280] 葛宝山，谭凌峰，生帆，等 . 创新文化、双元学习与动态能力关系研究 [J]. 科学学研究，2016, 34 (4): 630–640.

[281] 宋春华，马鸿佳，马楠 . 关系学习、双元创新与企业绩效关系研究 [J]. 外国经济与管理，2017, 39 (9): 32–46.

[282] 薛捷 . 区域创新环境对科技型小微企业创新的影响：基于双元学习的中介作用 [J]. 科学学研究，2015, 33 (5): 782–791.

[283] LI P, SHU W, TANG Q, et al. Internal Control and Corporate Innovation: Evidence from China [J]. Asia-Pacific Journal of Accounting & Economics, 2017, 24: 1-21.

[284] VOSS G B, VOSS Z G. Strategic Orientation and Firm Performance in an Artistic Environment [J]. Journal of Marketing, 2000, 64 (1): 67-83.

[285] WANG D, SUN D J, YU X F, et al. The Impact of CEO Duality and Ownership on the Relationship Between Organisational Slack and Firm Performance in China [J]. Systems Research and Behavioral Science, 2014, 31 (1): 94-101.

[286] NGUYEN B, MELEWAR T C, CHEN J S. A Framework of Brand Likeability: An Exploratory Study of Likeability in Firm-Level Brands [J]. Journal of Strategic Marketing, 2013, 21 (4): 368-390.

[287] 孙永磊，党兴华，宋晶. 基于网络惯例的双元能力对合作创新绩效的影响 [J]. 管理科学，2014，27 (2): 38-47.

[288] 于天琪. 双元理论研究的回顾与展望 [J]. 现代企业，2016 (3).

[289] O'REILLY C A, TUSHMAN M L. Ambidexterity as a Dynamic Capability: Resolving the Innovator's Dilemma [J]. Research in Organizational Behavior, 2008, 28: 185-206.

[290] NOWACKI C, MONK A H B. Dancing with the Stars: How a Sovereign Fund Become an Institutional Entrepreneur [J]. Academy of Management Annual Meeting Proceedings, 2017 (1).

[291] GULATI R. Social Structure and Alliance Formation Patterns: A Longitudinal Analysis [J]. Administrative Science Quarterly, 1995, 40 (4): 619-652.

[292] UZZI B. The Sources and Consequences of Embeddedness for the Economic Performance of Organizations: The Network Effect [J]. American Sociological Review, 1996, 61 (4): 674-698.

[293] UZZI B. Social Structure and Competition in Interfirm Networks: The Paradox of Embeddedness [J]. Administrative Science Quarterly, 1997, 42 (1): 35-67.

[294] DYER J H, SINGH H. The Relational View: Cooperative Strategy and Sources of Interorganizational Competitive Advantage [J]. Academy of Management Review, 1998, 23: 660–679.

[295] MARIE D, CAROLIS D, SAPARITO P. Social Capital, Cognition, and Entrepreneurial Opportunities: A Theoretical Framework [J]. Entrepreneurship Theory and Practice, 2006, 30 (1): 41–56.

[296] BURT R S. The Contingent Value of Social Capital [J]. Administrative Science Quarterly, 1997, 42 (2): 339–365.

[297] 谢其军，冯楚建，宋伟. 合作网络、知识产权能力与区域自主创新程度：一个有调节的中介模型 [J]. 科研管理，2019，40 (11): 85–94.

[298] 王垒，刘新民，董啸. 我国企业家集群创新驱动沿海省域经济增长的实证分析 [J]. 科技管理研究，2016，36 (21): 192–197，202.

[299] JANSEN J J P, BOSCH F A J V D, VOLBERDA H W. Exploratory Innovation, Exploitative Innovation, and Performance: Effects of Organizational Antecedents and Environmental Moderators [J]. Management Science, 2006, 52 (11): 1661–1674.

[300] 徐敏，黄震方，曹芳东，等. 基于在线预订数据分析的旅游流网络结构特征与影响因素：以长三角地区为例 [J]. 经济地理，2018，38 (6): 193–202.

[301] SHANE S, VENKATARAMAN S. The Promise of Entrepreneurship as a Field of Research [J]. Academy of Management Review, 2000, 25 (1): 217–226.

[302] GROVES K S, VANCE C M, CHOI D Y, et al. An Examination of the Nonlinear Thinking Style Profile Stereotype of Successful Entrepreneurs [J]. Journal of Enterprising Culture, 2008, 16 (2): 133–159.

[303] 刘佳，李新春. 模仿还是创新：创业机会开发与创业绩效的实证研究 [J]. 南方经济，2013 (10): 20–32.

[304] KORUNKA C, HERMANN F, LUEGER M, et al. The Entrepreneurial Personality in the Context of Resources, Environment, and the Startup Process: A Configurational Approach [J]. Entrepreneurship Theory and Practice, 2003, 28

（1）：23–42.

［305］张秀娥，孙中博，韦韬. 创业团队异质性如何影响绩效：基于团队氛围中介效应的分析［J］. 武汉大学学报（哲学社会科学版），2014，67（3）：106–111.

［306］马蓝，杨红，茹东燕，等. 创业经验与创业导向对企业竞争优势的影响研究：基于双元机会开发的视角［J］. 技术经济与管理研究，2020（11）：38–44.

［307］ROMÁN C，CONGREGADO E，MILLÁN J M. Start–Up Incentives：Entrepreneurship Policy or Active Labour Market Programme?［J］. Journal of Business Venturing，2013，28（1）：151–175.

［308］芮正云，方聪龙. 互联网嵌入与农村创业者节俭式创新：双元机会开发的协同与平衡［J］. 中国农村经济，2018（7）：96–112.

［309］梁祺，张宏如. 新业态下孵化器社会资本对创新孵化绩效的影响机制研究［J］. 软科学，2019，33（11）：29–34.

［310］FOGEL G. Policies and Socio–Economic Conditions of Private Enterprise Development in Transitionary Economies［J］. International Journal of Entrepreneurship and Small Business，2004，1（1）：136.

［311］LEVIE J，AUTIO E. A Theoretical Grounding and Test of the GEM Model［J］. Small Business Economics，2008，31（3）：235–263.

［312］VALLIERE D. Entrepreneurial Sensegiving and the Attention Contract［J］. International Entrepreneurship and Management Journal，2015，11（1）：77–94.

［313］GARG V K，WALTERS B A，PRIEM R L. Chief Executive Scanning Emphases，Environmental Dynamism，and Manufacturing Firm Performance［J］. Strategic Management Journal，2003，24（8）：725–744.

［314］HMIELESKI K M，ENSLEY M D. A Contextual Examination of New Venture Performance：Entrepreneur Leadership Behavior，Top Management Team Heterogeneity，and Environmental Dynamism［J］. Journal of Organizational Behavior，2007，28（7）：865–889.

［315］VERA D，CROSSAN M. Improvization and Innovative Performance in

Teams [J]. Operations Research: Management Science, 2006, 46 (1): 41–42.

[316] LEE C H, VENKATRAMAN N, et al. Complementarity–Based Hypercompetition in the Software Industry: Theory and Empirical Test, 1990–2002 [J]. Strategic Management Journal, 2010, 31 (13): 1431–1456.

[317] 高静，张应良. 农户创业价值实现与环境调节：自资源拼凑理论透视 [J]. 改革，2014 (1): 87–93.

[318] GOLL I, RASHEED A A. The Moderating Effect of Environmental Munificence and Dynamism on the Relationship between Discretionary Social Responsibility and Firm Performance [J]. Journal of Business Ethics, 2004, 49: 41–54.

[319] ZHAO L, QIU Y J, YU J, et al. Carbon Nanofibers with Radially Grown Graphene Sheets Derived from Electrospinning for Aqueous Supercapacitors with High Working Voltage and Energy Density [J]. Nanoscale, 2013, 5 (11): 4902–4909.

[320] CARROLL T X, BØRVE K J, SÆTHRE L J, et al. Carbon 1s Photoelectron Spectroscopy of CF4 and CO: Search for Chemical Effects on the Carbon 1s Hole–State Lifetime [J]. Journal of Chemical Physics, 2002, 116 (23): 10221–10228.

[321] 崔祥民，梅强. 产业集群内创业者社会资本对创业机会价值影响研究 [J]. 软科学，2011，25 (12): 13–18.

[322] 王海花，谢富纪. 企业外部知识网络能力的结构测量：基于结构洞理论的研究 [J]. 中国工业经济，2012 (7): 134–146.

[323] 彭海军. 创业机会类型、环境感知与创业绩效研究 [D]. 吉林：东北财经大学，2010: 10–17.

[324] 杨俊. 社会资本、创业机会与新企业初期绩效 [M]. 天津：南开大学出版社，2013.

[325] 任胜钢，舒睿. 创业者网络能力与创业机会：网络位置和网络跨度的作用机制 [J]. 南开管理评论，2014，17 (1): 123–133.

[326] 刘树森. 创业环境与新创科技型企业成长关系研究 [J]. 社会科学战线，2014 (12): 251–254.

[327] DESS G G, BEARD D W. Dimensions of Organizational Task Environments [J]. Administrative Science Quarterly, 1984, 29 (1): 52–73.

[328] 李新春，梁强，宋丽红. 外部关系—内部能力平衡与新创企业成长：基于创业者行为视角的实证研究 [J]. 中国工业经济，2010 (12): 97–107.

[329] 胡望斌，张玉利，杨俊. 基于能力视角的新企业创业导向与绩效转化问题探讨 [J]. 外国经济与管理，2010, 32 (2): 1–8.

[330] SHANE S, KOLVEREID L, WESTHEAD P. An Exploratory Examination of the Reasons Leading to New Firm Formation Across Country and Gender [J]. Journal of Business Venturing, 1991, 6 (6): 431–446.

[331] 蔡莉，赵镝，朱秀梅. 女性创业特性研究 [J]. 科学学与科学技术管理，2005, 26 (9): 43–47.

[332] 张虎，田茂峰. 信度分析在调查问卷设计中的应用 [J]. 统计与决策，2007 (21): 25–27.

[333] 吴明隆. SPSS统计应用实务：问卷分析与应用统计 [M]. 北京：科学出版社，2003.

[334] 吴明隆. 问卷统计分析实务：SPSS操作与应用 [M]. 重庆：重庆大学出版社，2010.

[335] FORNELL C, LARCKER D F. Evaluating Structural Equation Models with Unobservable Variables and Measurement Error [J]. Journal of Marketing Research, 1981, 18 (1): 39–50.

[336] JOHNSON S, KWAK J. 13 Bankers: The Wall Street Takeover and the Next Financial Meltdown [M]. New York: Pantheon Books, 2011.

附录1　预测试调研问卷

尊敬的先生/女士：

您好！感谢您能在百忙之中填写此份问卷。这是一份关于创业者结构洞与创业企业绩效方面的学术研究问卷，调查目的是研究企业家的社会关系网络中所拥有的结构洞数量的丰富程度、种类的多样化程度及受限制程度同创业企业的创业机会开发对创业企业绩效的作用与影响。此次问卷调查只作学术研究之用，调查结果绝对严格保密。请根据您的真实情况如实填写。本问卷大概会占用您15分钟时间。感谢您参与此次调查活动！祝您身体健康，工作顺利！

第一部分：企业家个人信息与公司概况

说明：请将符合您及所在企业真实情况的选项代码填在括号里

1. 您的性别（　　）

A.男　　B.女

2. 您的年龄（　　）

A.25岁以下　　B.25～34岁　　C.35～44岁　　D.45～54岁　　E.55岁及以上

3. 您的学历（　　）

A.初中及以下　　B.高中或技校　　C.专科　　D.本科　　E.硕士研究生及以上

4. 贵企业的员工数量（　　）

A.1～10人　　B.11～50人　　C.51～100人　　D.101～150人　　E.150人以上

5. 贵企业成立的时间（　　）

A.1年以内　　B.1～＜3年　　C.3～＜6年　　D.6～10年　　E.10年以上

6. 贵企业的主营业务（　　）

A. 农林牧渔业　B. 采矿业　C. 制造业　D. 电力、燃气及水的生产和供应业　E. 建筑业　F. 批发零售业　G. 住宿餐饮业　H. 金融业　I. 房地产业　J. 租赁和商务服务业　K. 交通运输、仓储和邮政业　L. 信息传输、计算机服务和软件业　M. 科学研究、技术服务和地质勘查业　N. 其他行业

7. 您在企业中担任的具体职务是（　　）

A. 董事长　B. 总经理　C. 企业副职　D. 部门负责人　E. 其他负责人

8. 您对所在企业的总体经营情况（　　）

A. 非常不了解　B. 不太了解　C. 一般了解　D. 比较了解　E. 十分了解

9. 贵企业的营业收入（　　）

A.100万元以内　B.100万元～＜300万元　C.300万元～＜500万元　D.500万元～1000万元　E.1000万元以上

10. 贵企业的资产规模（　　）

A.300万元以内　B.300万元～＜500万元　C.500万元～＜1000万元　D.1000万元～3000万元　E.3000万元以上

11. 您的姓名（自愿）：____________ 您的联系电话（或email）：________

贵企业所在地区：____________省____________地区

第二部分：创业者结构洞（多样性、丰富性以及受限制程度）

说明：请根据您的真实情况在下列条目中勾选一个选项。

序号	问项	非常不同意	比较不同意	不能确定	比较同意	非常同意
1	您所拥有的为企业解决难题进行咨询的人才、机构和关系资源数量非常多（多样性）	1	2	3	4	5
2	您从现有社会关系中获得市场信息和商机的途径非常多（多样性）	1	2	3	4	5
3	与您商谈、讨论企业经营管理问题的本企业之外的人，他们之间非常熟悉（多样性）	1	2	3	4	5

续表

序号	问项	非常不同意	比较不同意	不能确定	比较同意	非常同意
4	在您的社交圈中，有很多社会背景和经验积累不同的人（多样性）	1	2	3	4	5
5	您参加和加入社会团体、同学同乡聚会和商会活动的频率很高（丰富性）	1	2	3	4	5
6	您与合作伙伴的联系频率很高，每周至少能联系一次（丰富性）	1	2	3	4	5
7	您与合作伙伴的关系非常亲密（丰富性）	1	2	3	4	5
8	您与合作伙伴交流时有许多不同话题，且您能从话题中抓住很多对企业发展有用的信息（丰富性）	1	2	3	4	5
7	您没有许多朋友愿意第一时间为您提供对创业企业发展有用的信息（受限制程度）	1	2	3	4	5
8	在关系圈中，您不处在核心位置，不可以做出最终决定（受限制程度）	1	2	3	4	5
9	在关系圈中，您不能自由地接触到很多对企业发展有用的人（受限制程度）	1	2	3	4	5
10	在与关系圈中的朋友进行交流时，朋友对您的信任度不高（受限制程度）	1	2	3	4	5

第三部分：创业机会开发（探索型创业机会和利用型创业机会）

说明：请根据您的真实情况在下列条目中勾选一个选项。

序号	问项	非常不同意	比较不同意	不能确定	比较同意	非常同意
1	开发该项创业机会能帮助我们在所处市场中第一个提供该类型的新产品或新服务（探索型创业机会）	1	2	3	4	5
2	为开发该项创业机会，我们开发新的技术或工艺以提供产品和服务（探索型创业机会）	1	2	3	4	5
3	为开发该项创业机会，我们重视发展专利、版权或商标等无形资本（探索型创业机会）	1	2	3	4	5

续表

序号	问项	非常不同意	比较不同意	不能确定	比较同意	非常同意
4	在开发该项创业机会时，我们引进了大量新技术型人才（探索型创业机会）	1	2	3	4	5
5	为开发该项创业机会，我们对式样、包装、服务等进行改进，以推出新产品或新服务（利用型创业机会）	1	2	3	4	5
6	为开发该项创业机会，我们应用现有技术和工艺流程或对其进行少许改进（利用型创业机会）	1	2	3	4	5
7	为开发该项创业机会，我们对营销方式（诸如价格、促销手段、销售渠道等）进行调整与改进（利用型创业机会）	1	2	3	4	5
8	为开发该项创业机会，我们充分研究市场竞争对手后对应对策略进行改进（利用型创业机会）	1	2	3	4	5

第四部分：创业环境属性（动态复杂型环境和宽松稳定型环境）

说明：请根据您的真实情况在下列条目中勾选一个选项。

序号	问项	非常不同意	比较不同意	不能确定	比较同意	非常同意
1	本企业所在行业领域的技术或产品变化速度很快，且影响企业成长的因素很多（动态复杂型环境）	1	2	3	4	5
2	企业很难预测竞争对手的行动，并且很难预测环境中的各个因素（动态复杂型环境）	1	2	3	4	5
3	企业很难预测消费者的需求偏好，且环境中的各个影响因素会有很大的相互作用力（动态复杂型环境）	1	2	3	4	5
4	对于三年以后企业所处行业的具体发展情况很难在现在做出一个准确的预测（动态复杂型环境）	1	2	3	4	5
5	市场中企业间人才流通速度很快，经常有跳槽的现象发生（动态复杂型环境）	1	2	3	4	5

续表

序号	问项	非常不同意	比较不同意	不能确定	比较同意	非常同意
6	本行业过去三年市场增长速度很快且增速十分稳定（宽松稳定型环境）	1	2	3	4	5
7	本行业目前盈利性很好且将持续保持一段时间（宽松稳定型环境）	1	2	3	4	5
8	本行业长期预期市场增长速度快（宽松稳定型环境）	1	2	3	4	5
9	本行业对稀缺型人才有巨大的吸引力且能长期留住该类型人才（宽松稳定型环境）	1	2	3	4	5

第五部分：创业企业绩效（成长绩效和生存绩效）

说明：请根据您的真实情况在下列条目中勾选一个选项。

序号	问项	非常不同意	比较不同意	不能确定	比较同意	非常同意
1	企业为未来的发展、增长提供了很多吸引人才的机会（成长绩效）	1	2	3	4	5
2	企业的新技术或产品快速增长（成长绩效）	1	2	3	4	5
3	企业有大量的发展机会（成长绩效）	1	2	3	4	5
4	企业的需求一直快速增长（成长绩效）	1	2	3	4	5
5	企业的人才需求一直在增大（成长绩效）	1	2	3	4	5
6	企业内部的资金周转能力很强（生存绩效）	1	2	3	4	5
7	企业相对于竞争对手来说有着较强的技术创新和研发能力（生存绩效）	1	2	3	4	5
8	企业有着较高的市场占有率和客户关系满意度（生存绩效）	1	2	3	4	5
9	企业的营业利润率保持在很高的水平（生存绩效）	1	2	3	4	5

附录2　正式调研问卷

尊敬的先生/女士：

您好！感谢您能在百忙之中填写此份问卷。这是一份关于创业者结构洞与创业企业绩效方面的学术研究问卷，调查目的是研究企业家的社会关系网络中所拥有的结构洞数量的丰富程度、种类的多样化程度及受限制程度同创业企业的创业机会开发对创业企业绩效的作用与影响。此次问卷调查只作学术研究之用，调查结果绝对严格保密。请根据您的真实情况如实填写。本问卷大概会占用您15分钟时间。感谢您参与此次调查活动！祝您身体健康，工作顺利！

第一部分：企业家个人信息与公司概况

说明：请将符合您及所在企业真实情况的选项代码填在括号里

1. 您的性别（　　）

A.男　　B.女

2. 您的年龄（　　）

A.25岁以下　　B.25～34岁　　C.35～44岁　　D.45～54岁　　E.55岁及以上

3. 您的学历（　　）

A.初中及以下　　B.高中或技校　　C.专科　　D.本科　　E.硕士研究生及以上

4. 贵企业的员工数量（　　）

A.1～10人　　B.11～50人　　C.51～100人　　D.101～150人　　E.150人以上

5. 贵企业成立的时间（　　）

A.1年以内　　B.1～＜3年　　C.3～＜6年　　D.6～10年　　E.10年以上

6. 贵企业的主营业务（   ）

A. 农林牧渔业　B. 采矿业　C. 制造业　D. 电力、燃气及水的生产和供应业　E. 建筑业　F. 批发零售业　G. 住宿餐饮业　H. 金融业　I. 房地产业　J. 租赁和商务服务业　K. 交通运输、仓储和邮政业　L. 信息传输、计算机服务和软件业　M. 科学研究、技术服务和地质勘查业　N. 其他行业

7. 您在企业中担任的具体职务（   ）

A. 董事长　B. 总经理　C. 企业副职　D. 部门负责人　E. 其他负责人

8. 您对所在企业的总体经营情况（   ）

A. 非常不了解　B. 不太了解　C. 一般了解　D. 比较了解　E. 十分了解

9. 贵企业的营业收入（   ）

A.100 万元以内　B.100 万元～＜300 万元　C.300 万元～＜500 万元　D.500 万元～1000 万元　E.1000 万元以上

10. 贵企业的资产规模（   ）

A.300 万元以内　B.300 万元～＜500 万元　C.500 万元～＜1000 万元　D.1000 万元～3000 万元　E.3000 万元以上

11. 您的姓名（自愿）____________ 您的联系电话（或 email）__________

贵企业所在地区：____________省____________地区

第二部分：创业者结构洞（多样性、丰富性以及受限制程度）

说明：请根据您的真实情况在下列条目中勾选一个选项。

序号	问项	非常不同意	比较不同意	不能确定	比较同意	非常同意
1	您所拥有的为企业解决难题进行咨询的人才、机构和关系资源数量非常多（多样性）	1	2	3	4	5
2	您从现有社会关系中获得市场信息和商机的途径非常多（多样性）	1	2	3	4	5
3	与您商谈、讨论企业经营管理问题的本企业之外的人，他们之间非常熟悉（多样性）	1	2	3	4	5

序号	问项	非常不同意	比较不同意	不能确定	比较同意	非常同意
4	您参加和加入社会团体、同学同乡聚会和商会活动的频率很高（丰富性）	1	2	3	4	5
5	您与合作伙伴的联系频率很高，每周至少能联系一次（丰富性）	1	2	3	4	5
6	您与合作伙伴的关系非常亲密（丰富性）	1	2	3	4	5
7	您没有许多朋友愿意第一时间为您提供对创业企业发展有用的信息（受限制程度）	1	2	3	4	5
8	在关系圈中，您不处在核心位置，不能做出最终决定（受限制程度）	1	2	3	4	5
9	在关系圈中，您不能自由地接触到很多对企业发展有用的人（受限制程度）	1	2	3	4	5

第三部分：创业机会开发（探索型创业机会和利用型创业机会）

说明：请根据您的真实情况在下列条目中勾选一个选项。

序号	问项	非常不同意	比较不同意	不能确定	比较同意	非常同意
1	开发该项创业机会能帮助我们在所处市场中第一个提供该类型的新产品或新服务（探索型创业机会）	1	2	3	4	5
2	为开发该项创业机会，我们开发新的技术或工艺以提供产品和服务（探索型创业机会）	1	2	3	4	5
3	为开发该项创业机会，我们重视发展专利、版权或商标等无形资本（探索型创业机会）	1	2	3	4	5
4	为开发该项创业机会，我们对式样、包装、服务等进行改进以推出新产品或新服务（利用型创业机会）	1	2	3	4	5
5	为开发该项创业机会，我们应用现有技术和工艺流程或对其进行少许改进（利用型创业机会）	1	2	3	4	5
6	为开发该项创业机会，我们对营销方式（诸如价格、促销手段、销售渠道等）进行调整与改进（利用型创业机会）	1	2	3	4	5

第四部分：创业环境属性（动态复杂型环境和宽松稳定型环境）

说明：请根据您的真实情况在下列条目中勾选一个选项。

序号	问项	非常不同意	比较不同意	不能确定	比较同意	非常同意
1	本企业所在行业领域的技术或产品变化速度很快，且影响企业成长的因素很多（动态复杂型环境）	1	2	3	4	5
2	企业很难预测竞争对手的行动，并且很难预测环境中的各个因素（动态复杂型环境）	1	2	3	4	5
3	企业很难预测消费者的需求偏好，且环境中的各个影响因素会有很大的相互作用力（动态复杂型环境）	1	2	3	4	5
4	对于三年以后企业所处行业的具体发展情况很难在现在做出一个准确的预测（动态复杂型环境）	1	2	3	4	5
5	本行业过去三年市场增长速度很快且增速十分稳定（宽松稳定型环境）	1	2	3	4	5
6	本行业目前盈利性很好且将持续保持一段时间（宽松稳定型环境）	1	2	3	4	5
7	本行业长期预期市场增长速度快（宽松稳定型环境）	1	2	3	4	5

第五部分：创业企业绩效（成长绩效和生存绩效）

说明：请根据您的真实情况在下列条目中勾选一个选项。

序号	问项	非常不同意	比较不同意	不能确定	比较同意	非常同意
1	企业为未来的发展、增长提供了很多吸引人才的机会（成长绩效）	1	2	3	4	5
2	企业的新技术或产品快速增长（成长绩效）	1	2	3	4	5
3	企业有大量的发展机会（成长绩效）	1	2	3	4	5
4	企业的需求一直快速增长（成长绩效）	1	2	3	4	5

续表

序号	问项	非常不同意	比较不同意	不能确定	比较同意	非常同意
5	企业内部的资金周转能力很强（生存绩效）	1	2	3	4	5
6	企业相对于竞争对手来说有着较强的技术创新和研发能力（生存绩效）	1	2	3	4	5
7	企业有着较高的市场占有率和客户关系满意度（生存绩效）	1	2	3	4	5

致 谢

洪都二月，冬意已退，春意渐浓，天朗气清，惠风和煦。吾常叹时光易逝，岁月如梭，韶华难追。此刻回首往昔，恍惚间余飘零于赣已近三秋。懵懵兮已近而立之年，惶惶兮未曾置家立业。值此论文定稿之际，百感交集，拙论新成，思绪悠悠。吾深感道德受之于母校，学问受之于师长，此等育教之恩，吾虽陨首结草不能报之万一。是以为情造文，铭而致谢。唯有恩者众，恐只言片语难以一一尽述。

领乃商都绿城人士也，生于嵩山之东，黄河之南。沐中岳嵩山之恢宏，汲炎黄二帝文化之精华，蒙中原大地物华天宝之昊福。

今归观父母白发日添，忧思与日俱增。乌鸦尚晓反哺之义，羊羔亦知跪乳之恩。吾乃家庭之独子，门庭之弱柱，未曾光耀门楣以事尽孝，反累父母双亲挂念劳神。吾每念及此，常感羞愧难当。十月胎恩重，三生报答轻，一尺三寸婴，今已二八载，非父母之督察，岂有吾学业之小成？此吾跪而叩谢者一也，并祈双亲身康体健。

恩师张先生孝锋，先生常导吾于曲路，示吾以通途，待吾恩深似海。先生修业贞谨，学识渊博，德才兼具，温恭谦和。本论文之整体至细枝，自题目遴选制定至研究方法，自框架结构搭建至数据分析处理，吾事无大小，皆得先生悉心指点教导。先生之所授，毕生难忘。感恩先生拳拳之心，未敢怠学；奉报先生殷殷之谊，当俟异日。

更欲备述其他尊师垂教之恩，然恩长笔短，述之则挂一漏万。《诗经》曰：赫赫师尹，民具尔瞻。吾从诸位尊师之处屡得金石珠玉之言，获益良多。

求学之路漫漫且修远兮，所在管院之领导莫不给予吾学业莫大之关怀鼓励，诸多小事为吾所想。逢彼时荆楚大疫，染疾者数万有余，众人皆恐，足不出户，巷无人烟。是时吾亦困于家中，每逢论文令吾抓耳挠腮之际，吾深感管院治学严谨之风，此论文定稿皆系管院诸师谆谆教诲，雕琢醍醐，由衷感念，唯愿管院宏图更展，一路辉煌，再谱华章。

三人行者，皆吾师焉。同门何国文、唐丹阳、辛敏、曹彩宁、黄睿、徐雪等人之勤奋好学，或能与吾相与分忧，或能与吾谋策解难，凡此种种帮扶，不胜枚举，概莫能外，在此一并谢之。同门深情厚谊令吾铭感五内，感激涕零。只望同门之谊，山高水长。

领之同学少年者，皆乃四海之精英也。恰逢青春之时，幸遇同窗之谊、金兰之交，彼等各擅所长，材称栋梁。受益之深，幸甚至哉。同学者谁？陈春花、王舒婷、周青、周俪、周南、张兵红、李小红、龚亮华。众人博吾之孤陋寡闻，助吾之急难落魄，拓吾之视野胸襟，消吾之疑团块垒，岂容忘哉？海天在望，不忍别离；来日方长，不尽依迟；珍重为盼，不胜祷企。

过往数载吾幸能与池诚、孔令凯、胡豪、肖方斌、卢海涛、姜茂涛、梁超智诸位学弟交情颇深。吾每遇彷徨失意，心绪烦躁，欲知难而退之际，承蒙诸位苦口劝诫，或良言开导，亦或宽言相慰，使吾平心静气，反躬自省，终不至半途而废。诸君之交，永生难忘。

草率书此，祈恕不恭；不足之处，望请见谅。

吾于闲暇时常感人生苦短，时空永恒；智者所能有限；钝者所悟无极。观百川归海，皆为由动至静；感万物齐一，可品苦辣酸甜。故而文末掷笔，酌敬岁月之沧桑，青春之无悔，虔奉初心不忘，砥砺前行；惟愿吾能不负韶华，以梦为马！

癸卯年冬于陋室腑感